刘渝阳 著

区域供需互补性变化中的
西部发展战略研究
——兼论新时期四川区域发展趋势

Research on the Development Strategy of China's West in the Change of Regional Supply and Demand Complementarity: With Additional Research on the Regional Development Trend of Sichuan in the New Era

中国财经出版传媒集团

经济科学出版社
Economic Science Press

图书在版编目（CIP）数据

区域供需互补性变化中的西部发展战略研究：
兼论新时期四川区域发展趋势/刘渝阳著．—北京：
经济科学出版社，2019.9
ISBN 978 - 7 - 5218 - 0823 - 0

Ⅰ．①区…　Ⅱ．①刘…　Ⅲ．①区域经济发展 - 研究 -
西北地区②区域经济发展 - 研究 - 西南地区　Ⅳ．①F127

中国版本图书馆 CIP 数据核字（2019）第 187525 号

责任编辑：孙怡虹　何　宁
责任校对：刘　昕
责任印制：李　鹏

区域供需互补性变化中的西部发展战略研究
——兼论新时期四川区域发展趋势
刘渝阳　著
经济科学出版社出版、发行　新华书店经销
社址：北京市海淀区阜成路甲 28 号　邮编：100142
总编部电话：010 - 88191217　发行部电话：010 - 88191522
网址：www. esp. com. cn
电子邮件：esp@ esp. com. cn
天猫网店：经济科学出版社旗舰店
网址：http：//jjkxcbs. tmall. com
北京季蜂印刷有限公司印装
710×1000　16 开　14.5 印张　300000 字
2019 年 12 月第 1 版　2019 年 12 月第 1 次印刷
ISBN 978 - 7 - 5218 - 0823 - 0　定价：55.00 元
（图书出现印装问题，本社负责调换。电话：010 - 88191510）
（版权所有　侵权必究　打击盗版　举报热线：010 - 88191661
QQ：2242791300　营销中心电话：010 - 88191537
电子邮箱：dbts@ esp. com. cn）

前 言

　　区域间的供需互补是开展区际贸易的重要前提，也是影响区域发展战略的重要因素，区域间的供需关系对国民经济的持续健康发展和国家整体竞争力的提升，以及国内产业空间布局和区域经济协调发展有着深刻影响。1992年被称为我国市场经济"元年"，本书通过深入考察市场化改革进程中，我国区际供需互补关系，并利用大量数据实证和分析，借此洞悉我国区域间产业和贸易发展趋势，为新时期我国西部地区发展战略调整提供支撑，促进区域协调与可持续发展。

　　本书的理论分析工具是产业区位理论、区际贸易理论和增长极理论。区位理论发端于1826年德国经济学家杜能（Johann Tnunen）创立的"农业区位理论"。其后，出现了工业区位理论、梯度转移理论、市场区位理论、反梯度推进理论等。20世纪50年代，法国经济学家佩鲁（Francois Perroux）提出增长极理论，后来与地理空间结合用来解释和预测区域经济的结构和布局。国际（区际）贸易理论的发展大致经历了古典、新古典、新贸易理论以及新经济地理贸易理论等几个阶段。古典和新古典国际贸易理论以完全竞争市场等假设为前提，强调贸易的互利性，主要解释了产业间贸易。第二次世界大战后，以全球贸易的新态势为契机，新贸易理论应运而生，从不完全竞争、规模经济、技术进步等角度解释了产业内贸易现象。新兴古典国际贸易理论则以专业化分工来解释贸易。区际贸易与国际贸易具有相同的理论内核，许多国际贸易理论可以直接用于解释和分析区际贸易现象。上述三大理论体系都对我国改革开放以来的区域发展战略和贸易发展战略产生重要影响。

　　本书分为四个层次，共10章：第一层次（第1~2章）为研究思路立论基础部分，主要阐述本书立题基础，产业区位选择理论和贸易理论的发展状况，以及最新研究进展，研究思路与方法，总体框架与内容安排等。同时，对区域供需互补性的相关概念，外商直接投资（FDI）在我国的区位选择和制造业区位选择，以及我国区际贸易的研究状况做了分析评述，找到本书研究的着眼点，为立论的展开奠定基础。第二层次（第3~5章）为主体研究部分。主要在总结影响供需互补性各种因素的基础上，提出区域供需互补性形成的历史累积与经济制度基础、自然资源基础、社会经济基础、地区产业专业化基础四大基础。通过设定需求满足度的计算方式和评价尺度，分别使用绝对需求满足度指标和相对需求满足度指标，既从行业层面又从产品层面，对区域间供需互补性及其变化的行业特征进行分析，又对东、中、西三大区域和典型省份之间的供需互补性及其变化的产品特征进行分析。第三层次（第6~8章）为西部发展战略的应对部分。通过上述分析，提出西部地区实施增长极战略、资源转化战略、基础设施提升战略等新的开发战略思路。第四层次（第9~10章）以西部地区经济龙头四川省为样本，具体分析四川区域格局的演变历程、发展趋势、面临的困难和对未来的思考和建议。

目 录

第1章

导　　论

1.1　选题目的与意义

1.1.1　问题的提出

中国是幅员辽阔的大国，大多数省份面积相当于一个中等规模的国家，对于国内某个区域而言，贸易可以分为区内贸易与区外贸易，从这个角度上看，区际贸易如同对外贸易，充分开展区际贸易（或省际贸易）能带来典型的"大国优势"。区际供需互补性是开展区际贸易的主要动力，而且区域间的供需互补性状况对区域产业结构、贸易剩余分配、区域发展战略产生重要影响，从而影响区域差距深度和广度。新中国成立以来，行政计划体制对生产要素资源的配置发挥了主要作用，加之客观上，沿海与内陆地区之间就存在资源禀赋差异和历史基础差异，逐步形成了"东工西农"的区域分工格局和供需互补关系。由于那时区域间没有形成"贸易关系"，产品全部计划定价，价格并不完全反映供需关系，区域间差距总体上并不明显。随着改革开放的发展和对市场经济的认识深化，1992年中国共产党第十四次全国代表大会明确提出，中国经济体制的改革目标是建立社会主义市场经济体制；1993年中国共产党第十四届中央委员会第三次全体会议通过了《中共中央关于建立社会主义市场经济体制若干问题的决定》。中国改革开放的步伐由此进一步加快，市场经济体制开始替代计划经济体制对生产要素配置发挥基础性作用，如果说，1992年之前的区域供需互补性是"非市场化"条件下形成的，那么1992年之后，我国市场化改革进程中的区域供需互补性又有怎样的变化？对我国宏观经济和区域发展战略产生怎样的影响？这方面的研究相对较少。从区域供需互补性角度研究我国区际经济关系和区域发展战略，对促进区域协调与可持续发展具有重要意义。

1.1.2 研究的目的

一般认为对于一个国家而言，贸易分为两个方面：一是面向其他国家的对外贸易，二是国内贸易[1]。对于国内某个区域而言，贸易可以分为区内贸易与区外贸易。

从鸦片战争到抗日战争期间，由于沿海地区最先实行门户开放，从而导致沿海省份工商业兴起，初步形成了"东工西农"的产业布局，形成了内陆与沿海地区间的商品供需互补性（周殿昆，1998）。后来，两大地区间这种供需互补性受到战争的破坏。新中国成立后，两大地区间的供需互补关系得到一定程度的恢复和发展，但在计划经济制度下，国内区际贸易的发展长期被忽略和限制。通过"三线建设"战略，对我国内陆与沿海工业布局进行了调整，使内陆重工业前进一大步，形成新的"东工西农"和"东轻西重"的产业布局，以及由此形成的东西部供需互补关系。改革开放初期，我国采取非均衡发展战略，沿海地区率先开放，大量"三来一补"和原始设备制造商（OEM）企业在沿海发展起来，在内陆与沿海的区际供需互补关系上增加了新的内容，"东部加工制造，中西部输出能源原材料和劳动力"，但由于全国市场被分割为多个省份市场，各省份产业结构趋于类同，经济发展趋于自我循环。直到1992年党的十四大明确以建立社会主义市场经济体制为改革目标，市场配置资源的功能才逐步发挥出来，区域间的供需互补关系才逐步成为人们关注的重点。

从区际贸易发展比较充分的美国看，生产活动常常集中在国内少数几个地区。小麦生产集中于南达科他、北达科他、堪萨斯和俄克拉荷马四州；化工品出口的生产集中于俄亥俄州的"化学湖岸"和墨西哥湾的得克萨斯州；钢铁是在匹兹堡；汽车在底特律；飞机在西雅图；计算机在明尼阿波利斯[2]。生产集中化现象也出现在中国，而且市场化改革进程中还有不断增强的趋势。棉花生产集中在新疆；基础能源产品生产集中在山西、内蒙古、新疆、四川和陕西等省份；电子信息产品的生产集中在长三角、珠三角和环渤海地区。显然，产品生产越集中，区域间的供需互补性就越强，区际贸易也就拥有强大的供需基础。与美国不同的是，在区域非均衡发展战略下，与我国生产集中化伴随而行的是区域差距不断扩大。因此对中国区际供需互补性及其对西部区域战略影响的研究就显得尤为重要。

为什么市场化改革阶段进一步加强了西部内陆与东部沿海之间垂直分工形成

---

[1] 但也有不同观点，熊良贤（1994）认为从各国经济系统运行看，对外贸易和国内贸易处于同一层次。

[2] 钟昌标. 国内区际分工和贸易与国际竞争力 [J]. 中国社会科学，2002（1）：94 – 100.

的产业间互补关系？怎样的内在机理？对区域经济发展各方面产生什么影响？区域差距扩大还是缩小？潜在的问题如何消除？本书希望能从区域间供需互补性的变化入手研究区域发展问题，通过理论分析和实证研究，厘清区域间供需互补性变化对西部地区的总体和结构性影响，揭示我国西部地区协调可持续发展中存在的问题，并结合要素流动及产业空间布局，探讨我国西部大开发战略应该调整的方向，为我国区域经济协调和可持续发展提供指导。

1.1.3　选题的意义

区域间的供需互补是开展区际贸易的重要前提，区际贸易的合理结构与充分发展对区域经济的持续健康发展和国家整体竞争力的提升，以及国内产业空间布局和区域发展战略调整有着深刻影响。本书通过深入考察我国市场化改革进程中，西部内陆与东部沿海省份间的供需互补性变化，利用大量数据实证证明和分析，借此洞悉我国西部与东部之间产业和贸易发展趋势，为我国区域经济协调与可持续发展中的隐患治理提供现实依据，也对我国制定区域发展战略促进区域协调发展，推动产业升级，扩大区际贸易具有一定的借鉴意义。

（1）研究市场经济条件下区际供需互补性及其对区域发展战略的影响是缩小我国地区差距的需要。随着区际供需互补性增强，我国区域差距呈现出扩大趋势，已经成为制约我国经济社会发展的重要因素。特别是东西部之间，经济社会各个层面都存在巨大差距。交通、水利、能源、通信等基础设施"瓶颈"仍然存在，西部地区森林植被少、水土流失、土地沙化、旱涝灾害严重、水资源短缺矛盾尖锐，教育、卫生、文化等社会事业滞后，人才不足和流失现象还比较严重，外资和社会资金进入西部地区增长缓慢，经济发展的体制性障碍突出，自我发展能力不足。目前西部地区人口占全国的近28%，但人均国内生产总值只有东部人均的40%，农民人均纯收入只有东部地区的50%左右。全国农村60%以上的贫困人口在西部。全面建设小康社会，重点在西部地区，难点也在西部地区，特别是在西部地区的广大农村①。在这些数据后面更令人担忧的是经济结构和创新能力的差距。西部省份经济结构不合理、自我创新能力不强的状况仍然没有根本改变。一些地区重工业比例过高，一些地区产业结构趋同，优势资源转化程度低。工业发展以资源型产业为主导，能源化工、冶金建材等资源型产业比重较大，初级产品比重高于相应的深加工产品比重，"两高一资"产业比重较大，资

① 温家宝. 开拓创新　扎实工作　不断开创西部大开发的新局面 [N]//人民日报，2005－02－05.

源综合开发利用水平不高，产业链条短，装备制造、高新技术产业基础薄弱。形成地区差距的原因是多方面的，但西部内陆与东部沿海省份之间基于"资源开发"与"加工制造"垂直分工形成的供需互补性造成西部地区长期利益流失，是形成和强化地区差距的重要因素。本书对西部内陆与东部沿海省份间的供需互补性及其变化的研究，就是期望进一步认清供需互补性的实质和变化趋势，在市场经济条件下，一定程度上打破不合理的分工格局，缩小地区差距，促进区域协调发展。

（2）研究供需互补性及其变化是促进西部区域经济可持续发展的需要。自然资源属于不可再生资源，西部内陆省份以资源输出为主的经济结构如果长期没有得到改善和升级，将形成严重依赖资源的产业结构。而资源型产业都属于中间投入型产业，产业关联的特点是后向关联度低、前向关联度高、乘数效应小，难以带动下游产业及相关产业的发展，从而限制了资源型产业对地方经济的关联带动作用，陷入发展的困境。根据《国务院关于促进资源型城市可持续发展的若干意见》精神，国务院先后确定了三批资源枯竭型城市和县级单位名单，其中82.1%位于中西部内陆地区。可见，内陆省份已经成为我国资源枯竭型城市的重灾区。从这个角度上说，研究西部内陆与东部沿海省份间供需互补性，对化解西部对资源过度依赖的畸形经济结构具有重要意义。

（3）研究市场化改革进程中的供需互补性变化是完善区域发展战略的需要。区域经济发展差异很大，区域间低水平垂直分工严重挤压了我国宏观经济运行效率和效益。我国全社会流通费用约占当年 GDP 的 20%，同期，美国、日本两国国内物流成本仅占 GDP 的 10.1% 和 9.6%。[①] 即使当前形成的区际供需互补性具有一定的"惯性"，在短时期内无法彻底改变西部地区资源输出的总体现状，也可以通过对供需结构的分析，找到改善西部内陆资源产品深加工和输出的方式，从而在宏观上调整西部地区发展战略，提高国民经济总体运行质量和效率。

1.2 研究思路与方法

1.2.1 研究思路

本书力图在前人研究的基础上，对我国市场化改革进程中的区域供需互补性

---

① 数据引自宋则. 中国流通创新前沿报告［M］. 中国人民大学出版社 2004：43. 美国是 2000 年的数据、日本是 1997 年的数据。

变化详细描述和深入分析，并对我国经济社会产生的影响提出建议。在写作思路上，第一，围绕区域供需互补性将产业区位理论、区际贸易理论、西部开发研究进行系统梳理和评价，为全书的研究奠定理论基础框架；第二，对我国区域间供需互补性的四大基础进行理论探讨；第三，分别从行业层面和产品层面对我国内陆与沿海区域间的供需互补性变化进行实证描述和分析；第四，在此基础上，进一步剖析东、中、西部供需互补性变化对我国经济社会发展产生的主要影响；第五，在上述分析的基础上，结合我国区际供需互补性的变化趋势，提出我国西部区域经济发展方向和调整建议。

图1-1为本书的逻辑框架。

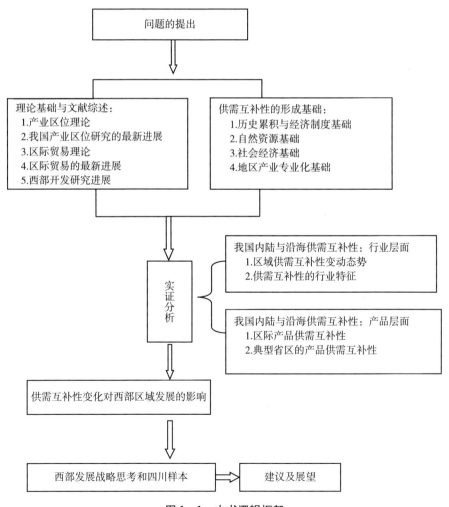

图1-1 本书逻辑框架

1.2.2 研究方法

本书综合运用贸易经济学、区域经济学、产业经济学等基础理论，结合研究的需要，以统计分析、计量分析、区域空间分析方法等相关知识作为分析手段，使本书在论述上，从理论到实际、从定性到定量、从规范到实证有机结合在一起。总体而言，本书遵循主流经济学的基本分析方法。在整理分析材料，分析我国区域间供需互补性变化及其影响的逻辑推理中，主要使用了以下几种研究方法。

1. 唯物辩证法

唯物辩证法是进行科学研究的基本方法，适用于一切科学研究，也是本书研究遵循的基本方法。唯物辩证法认为，世间万物都是变化、运动、联系和发展的。因此，区域间比较优势、优势产业、供需关系不是静止不变的，区域间供需互补性变化必然对区域经济关系和产业区位产生影响。

2. 历史与逻辑相统一的方法

历史与逻辑相统一的方法是马克思理论体系采用的最基本的方法，它对于分析社会科学具有重要的意义。我国内陆与沿海省份间的供需互补性作为一种经济社会现象，具有一定的自然资源基础，更是历史发展的产物。但事物的发展总是经历由简单到复杂，低级到高级，偶然到必然的过程。因此，必须运用逻辑的方法，抓住最能体现本质的、规律性的东西，加以概括、演绎、归纳和抽象。

3. 结构与整体相结合的方法

要研究国内区际供需互补性变化的影响，在研究方法上应该要有整体的观点。本书以唯物辩证法中的整体与部分关系和系统论的观点为指导，结合现代经济学研究中的结构主义或整体主义方法，把研究对象当作一个体系，而不是孤立的各个部分。

4. 辩证客观借鉴和运用西方传统国际贸易理论的方法

本书尽管以国际贸易理论为基础理论之一，由于国际贸易与国内区际贸易（含省际贸易）产生的基础并不相同，前者在传统国际贸易理论中的原因是比较优势，后者发生的原因则可以仅仅由于区域间供需互为补充，不一定具有比较优势。但比较优势仍可以用于分析我国的区际贸易。这一点，俄林（Bertil Ohlin，1993）和 K. B. 巴普洛夫（1999）等国际经济学的先驱均持肯定观点。

1.3　本书结构与内容安排

第1章是导论，介绍了选题的目的与意义，研究思路与方法，总体框架与内容安排，相关概念界定、本书的创新之处。

第2章是理论分析工具与文献综述。本章通过对产业区位和区际贸易两大理论回顾与梳理，奠定了全书的理论基础，更重要的是深化对区域供需互补性及其影响的认识。产业区位理论方面，从古典区位理论、近代区位理论、新古典区位理论、当代区位理论、梯度转移理论，以及外商直接投资（FDI）在我国的区位选择研究、制造业区位选择研究等进行系统梳理；区际贸易理论方面，从古典贸易理论、要素禀赋理论、新贸易理论、新兴古典贸易理论，以及贸易与经济增长、东西部贸易利益、省际贸易壁垒、贸易流量的研究等方面进行梳理。

第3章是我国区域间供需互补性的形成基础。本章提出区域供需互补性形成的历史累积与经济制度基础、自然资源基础、社会经济基础、地区产业专业化基础四大基础。为下文内陆与沿海及重点省份间的供需互补性分析提供支撑和铺垫。

第4章是内陆与沿海及重点省份间的供需互补性变动分析。本章在文中属于实证部分，设定了需求满足度的计算方式，评价尺度和行业与产品分类。然后使用绝对需求满足度指标，从行业层面，对区域间供需互补性及其变化的行业特征进行分析。接着使用相对需求满足度指标，从产品层面，对东中西三大区域和典型省份之间的供需互补性及其变化进行实证分析，指出了供需互补性变化的产品特征，及其在区域经济中的反映。

第5章是供需互补性变化对区域经济发展的影响，本章讨论对西部发展战略的正向影响和存在的问题。

第6章是西部增长极战略：持续改善西部地区在区际供需中的地位。以成渝经济区、关中—天水经济区、北部湾经济区等重点经济区开发为引领，在供需互补性变化中提升西部自我发展能力，改善西部在供需关系中的不利地位。

第7章是西部地区资源转化战略：改善区域供需结构，以优势资源转化促进西部产业发展，结合主体功能区定位、资源特色，重点打造国家六个基地，加快构建以六大基地为中心的现代产业体系，改善西部地区的供需结构。

第8章是西部地区基础设施提升战略：改善区域供需条件，在新的历史时期，把基础设施建设摆在更加突出的位置，重点抓好交通基础设施、水利基础设施等方面的建设，持续改善西部地区的供需条件。

第9章是西部地区发展战略中的四川样本，以四川省五大经济区组团为发展格局。中共十八大后，"一带一路"合作倡议、长江经济带等国家战略，对四川区域经济发展产生重要影响，并呈现出新的发展趋势。在东西部供需互补性变化中，随着四川区域经济"新情况"的持续发展演变，以新的视角探讨、剖析四川省五大经济区战略的发展趋势和前景，深入分析发展中呈现出的主要困难及问题，梳理、归纳发展趋势和特征，从战略层面提出新形势下四川区域经济发展的思考。

第10章是建议及展望。

1.4　相关概念界定

1.4.1　经济区

根据《现代经济辞典》的定义，经济区是指"以劳动地域分工为基础，在一国国民经济中形成各具特色、内部具有共同经济生活和长期经济联系，且在全国或地区担负专门化生产任务的地域生产综合体。它是在生产日益社会化和区域化的条件下，社会生产地域分工的表现形式。每一经济区都拥有自己的专业化生产部门，这些生产部门是全区经济的主体，是地区经济的主要特征，也反映着一个经济区在整个国民经济中的地位和作用。各经济区专业化部门所生产的产品彼此交换，构成区际联系的主要内容，反映着各经济区互为市场、相互依存、在整个再生产过程中分工协作的经济关系。"[1] 可见，经济区不同于行政区，它没有明确而固定的边界，其区域市场的吸引力和辐射力往往超越行政区边界而达到更广泛的区域，经济区之间的贸易不受行政区边界的限制。

我国地区间资源禀赋差异很大，在长期发展过程中，形成了区域范围大体与行政区相重合的一、二、三级经济区。一级经济区是由相邻的多个三级和二级经济区结合而成，以一到两个特大中心城市或多个大城市为中心，其区域范围大体与几个相邻的省级行政区相重合，如东、中、西部地区、西南经济区、东北经济区等。二级经济区是以几个大城市为中心，其区域范围大体与一个省级行政区重合，如云南、广西和福建经济区等。三级经济区是以几个中等城市为中心，区域范围大体与几个相邻地、市、州行政区相重合，如川南经济区、成都经济区、武汉经济区等[2]。由于我国区域统计资料是以行政区划来统计的，所以本书就以省级行政区来替代二级经济区。

---

① 刘树成. 现代经济辞典 [M]. 南京：凤凰出版社，2005：555–556.
② 周殿昆. 中国东西部市场关系与协调发展 [M]. 成都：西南财经大学出版社，1998：5–7.

1.4.2 区际贸易

区际贸易是指不同经济区之间进行的商品交换活动。由于在现实中经济区的划分有多种层次，有跨国的经济区，如东南亚经济区、北美经济区；有一国之内跨省的经济区，如沿海经济区、长三角经济区、成渝经济区；也有更小范围的经济区，如成都经济区、长株潭经济区等。根据《经济大辞海》中的定义，区际贸易指"区域之间开展的贸易活动。影响和决定区际贸易的主要因素有：生产性因素，即区域拥有生产要素的广度、丰度及组合比例；区域性因素，即区域的贸易区位如何；体制性因素，即国家的经济管理体制对贸易的影响。这些因素对区际贸易产生的综合性影响，决定着区际贸易的发展规模。"① 可见，区际贸易是一个比较宽泛的概念，根据研究的需要有广义与狭义之分。广义的区际贸易涵盖了国际贸易，将国际贸易纳入区际贸易的考察范围；狭义的区际贸易则是指一国内部经济区之间的贸易活动，至于在国内什么程度的经济区之间的贸易，则根据研究需要确定。

根据前述经济区的概念，本书的区际贸易既包括东、中、西部之间的区际贸易（即沿海与内陆之间的贸易），也包括二级经济区之间的贸易活动，也可以理解为省际贸易（即沿海省份与内陆省份之间的贸易）。根据研究需要，本书所述区际贸易也将涉及内陆与沿海地区多个省份之间的贸易活动。

1.4.3 需求满足度

需求满足度是周殿昆（1998）为了对东西部地区间商品供求互补状况做定量分析时，首先引入并使用的概念，是指一个国家或地区在某一时刻或某个时期内，某种商品的供给满足消费需求的程度。公式表示为：$M = S/D$，M 表示为某商品的需求满足度，S 为某商品的供给量，D 为某商品的需求量。$M = 1$ 表示供求平衡；$M > 1$ 说明某区域生产的某商品量大于自身需求量，有能力向区外输出；$M < 1$ 说明某区域生产的某商品量小于自身需求量，需要从区外输入满足自身需要。

由于实际使用这个概念的时候，受统计资料的限制，很难直接测算某个商品的需求量，因此本书将上述需求满足度称为绝对需求满足度。本书利用《中国区

---

① 转引自蔡丛露. 我国区际贸易发展的现状分析及其对策 [J]. 亚太经济, 2003 (3)：28－30.

域投入产出表》中的各省份的产出和投入数据测算了 2002 年和 2007 年部分行业的绝对需求满足度。更常用的情况是利用相对量代替绝对量，计算区域间的商品相对需求满足度。公式表示为 XM = $(S/\sum S)/(GDP/\sum GDP)$，XM 为相对需求满足度，$S/\sum S$ 为某区域某商品相对供给量；$GDP/\sum GDP$ 为某区域某商品的相对需求量[①]；S 表示单个省份某商品产量，$\sum S$ 代表该商品全国产量；GDP 表示地区生产总值，$\sum GDP$ 表示国内生产总值。

1.4.4 沿海省份与内陆省份

本书提出的沿海省份与内陆省份范围主要以我国中央政府实施区域发展战略中我国大陆东、中、西三大区域划分范围为基础，结合研究需要和数据的获取情况确定。

早在 1986 年，第六届全国人民代表大会第四次会议通过的"七五"计划中将我国大陆区域空间划分为东部、中部、西部三个地区。当时，东部地区包括北京、天津、河北、辽宁、上海、江苏、浙江、福建、山东、广东和海南 11 个省（市）；中部地区包括山西、内蒙古、吉林、黑龙江、安徽、江西、河南、湖北、湖南、广西 10 个省（区）；西部地区包括四川（含重庆）、贵州、云南、西藏、陕西、甘肃、青海、宁夏、新疆 9 个省（区）。2001 年 9 月 29 日国务院办公厅转发《国务院西部开发办关于西部大开发若干政策措施实施意见的通知》指出："实施西部大开发若干政策措施和本实施意见的适用范围，包括重庆市、四川省、贵州省、云南省、西藏自治区、陕西省、甘肃省、宁夏回族自治区、青海省、新疆维吾尔自治区（新疆生产建设兵团单列）和内蒙古自治区、广西壮族自治区。其他地区的民族自治州（湖南省湘西土家族苗族自治州、湖北省恩施土家族苗族自治州、吉林省延边朝鲜族自治州），在实际工作中比照有关政策措施予以照顾。"根据《国务院关于促进中部地区崛起规划的批复》文件，中部地区范围包括 6 个省：山西、河南、湖北、湖南、安徽、江西。

由于本书以东、中、西的划分格局为基础，结合历史划分方法和现实状况，本书沿海省份所指范围为北京、天津、河北、上海、江苏、浙江、福建、山东、

---

① 这里以地区生产总值占国内生产总值比重来表示相对需求量，实际计算时，相对需求量将根据具体商品采用不同的指标计算。如工业产值比重、居民消费额比重、下游产业产值比重等。后文对此有详细说明。

广东、辽宁、海南 11 个省市；内陆省份范围指西部地区的四川、重庆、贵州、云南、陕西、甘肃、青海、宁夏、新疆、广西、内蒙古、西藏 12 个省份，以及中部地区的山西、安徽、江西、河南、湖北、湖南、黑龙江、吉林 8 个省。但是，西藏自治区和海南省的研究数据基本缺失，而且西藏自治区和海南省经济体量不大，对国民经济和区际贸易的影响不大，因此没有纳入研究范围。以上除西藏自治区和海南省外的 29 个省份将作为本书研究的主要省份。

1.5 创 新 之 处

（1）本书揭示了形成区域供需互补性的四大基础性因素，进一步完善了供需互补性的理论框架。前期相关研究中，对区域供需互补性形成基础的认识往往集中在历史因素、自然资源因素和社会资源因素的分析，而对基于规模收益的地区产业专业化所导致的供需互补性缺乏足够的重视。本书分析认为，区域间的自然资源和社会资源禀赋差异，必须经过"产业生产"和经济社会发展转换，才能形成有效的供给和需求。因此，经济体制度、自然资源、经济社会发展水平和产业专业化水平，是形成有效供给和需求的基础性因素。受其诱导和影响，在优化资源配置，提高生产效率的动力驱使下，产业、企业及其产能向具有资源禀赋优势的省份集中，导致其供给能力显著增强，与供给缺口显著省份构成显著供需互补性。

（2）本书从宏观、中观、微观多个维度和层面分析研究了区域间供需互补性问题。既使用了相对需求满足度指标，又使用了绝对需求满足度指标；既从区域和省域两个维度，又从行业中观和产品微观两个层面，对我国市场化改革进程中的区域间供需互补性变化，进行了计量分析。对东、中、西三大地带间的供需互补性变动也有所涉及。多维视角的分析使结论更具说服力。

（3）前期研究国内贸易的相关文献在强调推动区际贸易时，更多关注区际贸易中存在的市场分割、西部贸易逆差和不等价交换问题，而对于我国区际贸易结构不合理所导致的东西区域发展差距扩大、西部自我发展能力较弱等一系列问题缺乏应有的关注，这在本书中得到弥补。本书就促进区际贸易发展，促进西部地区科学发展提出几点建议：一是鼓励西部省份延伸原料加工业产业链，改善和提升输出产品结构；二是支持和鼓励民间资本进入西部省份基础能源行业，加快发展增强供给能力；三是在完善西部省份交通运输网的基础上，大力发展高效能综合物流体系，降低物流能耗和排放；四是推动区际产业转移，加快西部重点经济区加工制造发展，促进东中西部供需互补性向水平分工型层面转变。

第 2 章

理论分析工具与文献综述

本书的理论分析工具是产业区位理论和西方经济学的国际（区际）贸易理论。区位理论发端于 1826 年德国经济学家杜能（Johann Tnunen）创立的"农业区位理论"。其后，出现了工业区位理论、梯度转移理论、市场区位理论、反梯度推进理论等。国际（区际）贸易理论的发展大致经历了古典、新古典、新贸易理论以及新经济地理贸易理论等几个阶段。古典和新古典国际贸易理论以完全竞争市场等假设为前提，强调贸易的互利性，主要解释了产业间贸易。第二次世界大战后，以全球贸易的新态势为契机，新贸易理论应运而生，从不完全竞争、规模经济、技术进步等角度解释了产业内贸易现象。新兴古典国际贸易理论则以专业化分工来解释贸易。这两大理论体系都对我国改革开放以来的发展战略产生了重要影响。

2.1 产业区位理论

区位是自然地理区位、经济地理区位和交通地理区位在空间地域上有机结合的具体表现。产业区位理论是关于各类产业的空间分布及其空间中的相互关系的学说，具体地讲，是研究空间区位选择及空间区内经济活动优化组合的理论。生产要素不完全流动性、经济活动的不完全可分性以及创新区位的稳定性和知识溢出的局部性，常被用来解释产业区位选择问题。资源禀赋分布不均匀性在一定程度上解释了各种经济活动的区位特征，生产要素的不可流动性是区位形成各自比较优势的核心内容，而比较优势则是区域专业化和区际贸易的重要基础。区位理论认为，产业区位选择是建立在资源禀赋的丰度、聚集的经济性和稳定增长的市场规模等基础之上。根据区位理论产生与发展的先后及内容差异，可分为古典区位理论、近代区位理论、新古典区位理论、当代区位理论和梯度推移理论。静态的区位理论主要是新古典及以前的区位理论，动态的区位理论主要是当代区位理论及梯度推移理论。

2.1.1 古典区位理论

古典产业区位理论的创始人是德国经济学家冯·杜能（J. H. von Thunen），他于 1826 年完成《孤立国对农业和国民经济之关系》，是第一部关于区位理论的专著，该专著认为距离城市远近的地租差异，即区位地租或经济地租是决定农业土地利用方式以及生产专业化方向的关键因素，提出了以城市为中心呈同心圆状分布的农业区位理论，即著名的"杜能圈"。其后，另一德国经济学家阿尔弗雷德·韦伯（Alfred Weber，1909）创立了工业区位理论，其理论核心就是通过对运费、劳动费用及集聚或分散因素相互作用的分析和计算，找出工业产品的生产成本最低点，作为工业区位指向的决定因素，由此得出运输区位法则、劳动区位法则、集聚或分散法则。韦伯认为，区位因素作为区位经济动因所产生和发挥作用的力量，是经济活动发生在指定的某些地点所获得的优势，优势主要体现在成本的节约，经济动因作用的对象便是区位单元[①]。以韦伯为代表的古典工业区位理论是微观、静态、局部均衡的特殊区位理论，主要从成本—效益角度进行工业区位研究，是当今研究产业布局的理论基础[②]。

2.1.2 近代区位理论

德国地理学家克里斯泰勒（W. Christaller，1933）在其著作《南德的中心地》中以古典区位理论的静态局部均衡理论为基础，进而探讨静态一般均衡理论，首创了以城市聚集中心进行市场面与网络分析的理论，为以后动态一般均衡理论奠定了基础。同时，中心地理论还突破古典区位理论的局限，将区位理论研究由农业、工业等生产领域扩展至商业、服务业等消费领域，由局部微观分析扩展至大区域的宏观综合分析，成为一种宏观、静态，以市场为中心的，涵盖农、工、商的区位理论。

此后，部分学者在澳大利亚南部、美国华盛顿等地区对中心地理论进行了检验，研究结论表明，中心地体系与克氏模型有较大出入。于是，学者纷纷开始放

---

① Alfred Weber. Theory of the Location of Industries [M]. Translated with and notes by Carl J. Friedich, The University of Chicago Press，Chicago&London，1968：17 - 18.

② 张秀生. 区域经济学 [M]. 武汉：武汉大学出版社，2007：75.

松中心地理论中严格的理论假设，研究具有消费水平差异、消费者行为差异、运输条件差异等条件下的中心地变化。此类研究为中心地理论提供了大量的补充和修正，使其进一步完善和发展。

德国经济学家廖什（A. Losch，1940）把需求作为空间变量，引入成本和需求两个空间变数，论证并发展了克里斯泰勒提出的中心地理论。廖什认为最佳区位的选择不仅考虑单个厂商，而且要顾及多个厂商之间的相互依存关系，并且大多数工业总是选择最能获取利润的市场地域，建立以市场为中心，由利润原则决定区位选择的市场区位理论。于是区位系统的平衡不能再用图解的方式来表达，而是由一系列联立方程来表达。廖什从宏观的一般均衡角度考察工业区位问题，提出了按经济原则排列所形成经济分布空间的等级序列，从而极大地改进了古典产业区位理论体系。廖什称按此原则形成的市场网络为"经济景观"。美国经济学家弗兰克·费特尔（Frank A Fetter，1924）将贸易区边界的研究思路引入工业区位研究；瑞典经济学家俄林（1933）在其著作《区际贸易与国际贸易》中，把区位研究同贸易、区域分工相结合，认为区域间生产要素价格比率平衡关系被打破，导致资源重新配置，建立新的均衡关系，是推动工业区位移动的根本动力。

2.1.3　新古典区位理论

新古典产业区位理论又称为现代产业区位理论，分为新古典微观区位论和新古典宏观区位论。前者是利用新古典微观经济学的基本研究工具如价格、供求、竞争等对微观经济主体的空间经济活动进行分析；后者是在市场区位论、区际贸易理论的基础上，利用凯恩斯的宏观均衡分析方法对区域经济主体的经济活动进行分析。

新古典产业区位理论两位代表性人物艾萨德（Walter Isard）和贝克曼（BecK-man）尝试企业区位理论与市场需求理论相结合，引入"距离投入"与"距离投入边际替代率"等变量和概念，对多企业、多市场、多原料来源地条件下的最优区位选择问题进行了研究。[1] 此后，新古典产业区位理论吸取了凯恩斯经济理论、地理学、人口学、社会学、城市科学和经济学等许多学科的研究成果对影响区位选择的各类因素进行了宏观的、动态的和综合的分析研究，将投入和产出的地理

---

① Walter Isard. A General Location Principle of An Optimum Space – Economy [J]. Economica, 1952 (20)：406－430.

分布以及价格和成本的地理变化纳入一般均衡框架，提出了区位和空间经济的一般理论，从而将传统一般均衡理论、产业区位理论、市场区理论、土地利用理论、贸易理论和城市结构理论有机统一起来。

2.1.4　当代区位理论

20 世纪以来，发达国家产业在空间上更加集聚，对于现实中大量出现的产业集聚现象，传统区位理论的研究滞后于现实经济的发展，当代区位理论的研究弥补了这一缺陷。从经济学角度看，集聚（agglomeration）就是指经济活动在地理空间上的群集，是经济活动者为获得某些优势条件或利益而向特定区域聚集的过程。产业集聚是指同一类型或不同类型的相关产业向一定地域的集中和聚合（黄新飞和舒元，2010）。一些经济学家发现产业集聚现象大量地存在于许多地区，如，东京都市圈，占日本国土面积的 3.5%，GDP 却占日本全国的 1/3；美国工业集中在东西沿岸狭长地带，面积只约占全国的 8%，但却集中了美国 1/2以上的制造业；英国格拉斯哥市与爱丁堡市之间的高速公路地带集中了大量电子工业厂商，集成电路产品占英国 79%，占欧洲 21%[①]。发达国家存在着典型的制造业集聚现象（克鲁格曼，1991；艾立森和格莱赛，1997；费瑟，2001），而且发展中国家也普遍存在着这种产业现象（伍得沃德，2000；亨得森，2001）。当代区位理论对集聚现象给予了各种不同的解释。

1. 外部性集聚论

马歇尔（Marshall，1920）在其《经济学原理》中指出，造成产业非均衡分布和产业集聚的根本原因是外部规模经济，在产业向某个区位集中的过程中，外部性是关键因素，它会产生锁定效应（lock-in effect）。并认为促进产业集聚的外部性包括：规模化生产、中介服务的便利性、专业化劳动力和活跃的思想、共享的基础设施等（马歇尔，1964）。美国经济学家胡弗（E. M. Hoover）从历史角度研究不同经济发展阶段的区位形式，他认为集聚是区位中的一个变量，如果考虑到生产、运输、市场销售等环节，产业的集聚区位应该是成本最低的区域，并用城市化经济（urbanization economics）和地方化经济（localization economics）对此进行解释。城市化经济指单个企业因整个城市地区总产出的扩大而带来的成本节约，是整个城市经济规模的扩大而形成的规模经济。城市化经济与城市经济活

---

① 中国大学科技园信息网《英国高技术产业的空间分布与发展模式》，http：//www. chinahightech. com。

动的多样化程度有关，来源于廉价的中间产品和服务，广泛的知识溢出和大量的劳动力储备导致的生产成本节省。地方化经济指一定产业内的企业，在特定区域中随着整个行业的总产出扩大而产生的成本节约。地方化经济来源于同一产业的企业间信息溢出，本地某一产业或产品的专业化知识的遗留能够强化知识的积累与共享①。

2. "循环累积因果"集聚论

著名经济学家缪尔达尔（Myrdal）在1957年提出了"循环累积因果"的理论解释，认为无论什么原因，一个新的产业一旦出现在一个地区，就会通过需求增加、劳动力素质提高、产业关联加强以及地方服务业的发展进一步吸引新的产业，进而使工业在空间上累积增长。总之，"循环累积因果论"认为，市场力的作用一般倾向于促使经济首先从一些较好的地区开始集聚，从而增加而非减少地区间的不平衡，一旦某些地区由于初始优势而超前于别的地区获得发展，那么这种发展优势将保持下去。因此发展快的地区将发展得更快，发展慢的地区将发展得更慢。

3. 竞争优势集聚论

迈克·波特（2002）在《国家竞争优势》一书中，提出"产业集聚"这一概念来分析集聚现象。波特认为，产业集聚是在某一特定领域内互相联系的、在地理位置上集中的公司和机构的集合，它包括一批对竞争起重要作用的、相互联系的产业和其他实体，以及与技能技术或投入相关的产业公司。波特指出，产业集聚的核心内容是其竞争力的形成和竞争优势的发挥，这是产业集聚在市场经济中生存和发展的根本保障。波特认为，产业集群的产生过程必须有市场竞争的参与，同时也强调地区禀赋的作用和地区政府战略的影响。卢拉派加（2001）通过对芬兰信息和通信技术（ICT）产业集聚的实证分析，认为ICT产业集聚是芬兰基于知识的经济增长的发动机，该产业集聚优化了芬兰的产业结构，形成了芬兰国家竞争优势。

4. 新经济地理集聚论

从20世纪90年代初开始，以克鲁格曼（Krugman）、藤田、维纳布尔斯（Venables）为代表的新经济地理学派经济学家把集聚出现在最初的地方归因于"历史的偶然"，然后出现循环累积效应，吸引更多产业的集聚。新经济地理理论认为，产业集聚受企业规模报酬递增、运输成本和生产要素转移等影响，制约区域产业

---

① Glaeser E, Kallal H D, Scheinkaman J A, et al. Growth in Cities [J]. Journal of Political Economy, 1992, 100（6）：1126－1152.

集聚的主要原因是要素之间的经济联系，同时也受到消费者需求规模和偏好变化的影响，而产业间的技术外溢只是影响集聚的次要因素。在要素流动的情况下，产业集聚导致物价下降，就业率上升，市场规模扩大，进一步促进产业集聚。在要素不能流动的情况下，产业的前后向联系促使产业集聚；需求联系促使企业接近供应商；成本联系促使上游企业接近下游企业或消费者，促进企业的地理集聚。但新经济地理理论也承认，在集聚力发生作用的同时，交易成本和一体化水平也可能使产业向外扩散。①

5. 国际生产折中理论

邓宁（Duning，1988）的国际生产折中理论主要说明了企业开拓国际市场的方式选择，认为只有当企业同时具备了所有权优势、内部化优势及区位优势的时候才可以选择对外直接投资，若只具备所有权优势及内部化优势则可选择许可贸易方式，若仅具备所有权优势则只能选择出口方式。邓宁基本理论的框架下隐含着重要的区位思想，他的理论把直接投资的区位因素分为四大类：市场因素、贸易壁垒、成本因素和投资环境。邓宁认为，随着全球化的迅速发展，跨国公司的区位选择不仅要考虑传统的要素成本、交通成本、市场需求格局以及聚集经济效应，同时要重视交易成本、动态外部经济性、知识积累、技术创新等因素。②

2.1.5　梯度推移理论

在产业区位理论的发展过程中，由产品生命周期理论演化出的"梯度推移理论"对我国区域政策影响较大。梯度推移理论重视地区间经济发展水平和实力的差距，认为较为发达地区属于高梯度地区、不发达地区属于低梯度地区。新兴产业和高技术产业应在高梯度地区优先发展，而传统产业应在低梯度地区发展。从各国生产布局和地区经济发展历史看，新产业、新产品、新技术空间推移或扩散的总体趋势一般是由高梯度地区向低梯度地区扩散。梯度推移理论提出后，一些学者从不同方面对该理论提出了质疑，学术界出现了梯度与反梯度之争③。反梯度推移理论认为，梯度推移理论阻碍落后地区技术革命和建设，也是同实现区域

---

①　王俊松. 集聚经济与中国制造业新企业区位选择［J］. 哈尔滨工业大学学报（社会科学版），2011（11）：19－26.

②　牛艳华，许学强. 高新技术产业区位研究进展综述［J］. 地理与地理信息科学，2005（5）：70－74.

③　李国平，赵永超. 梯度理论综述［J］. 人文地理，2008（1）：61－64.

平衡发展总目标背道而驰的，技术革命将会给落后地区带来超越发展的机会，不要以为在落后地区发展新的生产就是经济效益低，或没有接受能力的。落后的梯度地区，只要经济发展需要，也可直接引进新技术，实现超前发展，然后反过来，实现反梯度推移。①

梯度推移理论在20世纪80年代被引入我国，引发了研究我国区域间经济梯度和产业推移问题的热潮。针对我国经济分布的不平衡性，梯度推移理论把中国的地域空间按照经济发展水平划分为东、中、西三个地带，实行由东向西逐步推移的战略。在我国西部开发实践中，不少学者提出西部地区不要固守按照"梯度推移理论"划分的东、中、西梯度转移次序，西部地区完全可以积极承接产业的"跨梯度转移"，即第一梯度的东部地区产业直接向第三梯度的西部地区转移。该理论对中国区域经济发展战略影响深远。

2.2　我国产业区位的最新研究进展

2.2.1　外商直接投资在我国的区位选择

我国正处于经济转型时期，产业区位在计划经济体制下初步形成了"东工西农、东轻西重"的布局，国有经济比重非常高。改革开放后，我国吸引了大量FDI，新增了大量外资企业，这些"增量"比国有经济"存量"具有更高的市场意识，在区位选择中具有更强的主体性，因此，对我国FDI区位的研究成为我国产业区位研究的重要内容。

陈（1996）主要使用1987~1991年统计年鉴数据，利用Logit模型分析区位特征对FDI在省际进行区位选择的影响②。另一项对中国1985~1995年的FDI的研究显示，沿海地区较大的市场规模、良好的基础设施、优惠政策对FDI区位选择产生显著正面影响，但工资成本和教育的影响不显著（Cheng and Kwan，2000）③。布罗德曼和孙（Broadman and Sun，1997）以及陈春来（Chunlai Chen，1997）的

①　李立辉，等. 区域产业集群与工业化反梯度推移 [M]. 北京：经济科学出版社，2005.

②　Chien - Hsun Chen. Regional Determinants of Foreign Direct Investment in Mainland China [J]. Journal of Economic Studies, 1996, 23 (2): 18 - 30.

③　Cheng, L. K. , Kwan, Y. K. What Are the Determinants of the Location of Foreign Direct Investment? The Chinese Experience [J]. Journal of International Economics, 2000 (2): 379 - 400.

研究表明，我国各省份的 FDI 流入量受地方 GDP、交通基础设施、教育水平等因素影响较大。[1][2] 韩国在中国投资的企业区位选择也受到上述正面因素较大影响外，工资成本发挥了显著负面影响（Sung JinKang，Hong Shik Lee，2007）。[3] 国内学者的研究结论显然与此不同。魏后凯（2001）的研究显示，以税收为代表的优惠政策对欧美、日本、韩国制造业区位选择没有显著影响，而且与欧美和日本在华制造业投资的区位选择不同，韩国投资很大程度上受地理和传统联系的支配，在地区分布上则高度集中在环渤海湾和东北地区，具有自己的特殊性。[4] 梁琦（2003）研究表明，地区的开放度和产业集聚所产生的关联效应正成为影响外商投资区位选择的最主要的因素，优惠政策和低层次的专业化都不会对吸引 FDI 有太多帮助；因此建议西部地区注意引进外向化程度较高的企业，从而提升区域开放度，以强化产业的关联效应，提高本地产业基础和集聚水平。[5] 许罗丹和谭卫红（2003）[6]、桂安生和朱尚林（2010）[7] 的研究结论也支持产业集聚产生的关联效应是影响外商区位选择的主要因素这一结论。

余珮和孙永平（2011）对《财富》世界 500 强中近千家美国和欧洲子公司在华个体区位选择决定因素的实证分析发现，集聚效应是外资公司区位选择的重要决定因素，欧洲公司更倾向于扎堆聚集；而美国公司的区位选择则受市场规模的影响更大；中西部地区由于远离港口对于吸引欧美公司投资存在明显劣势。[8] 克鲁格曼在研究爱尔兰的 FDI 时指出，对外投资由于面临更大的不确定性，在投资区位选择上有很强的动机追随前人的脚步。

黄肖琦和柴敏（2006）则在新经济地理学视角下，探讨了 FDI 的区位选择决策，他们的研究表明，相比劳动力成本和优惠政策等传统影响 FDI 区位选择的因素，新经济地理学所揭示的贸易成本、技术外溢、市场规模以及循环累计因果效应等因素对于 FDI 的区位选择具有显著影响，能够较好地解释 FDI 的区位分布。[9]

---

① Harry G. Broadman，Xiaolun Sun. The Distribution of Foreign Direct Investment in China [J]. The World Economy，1997，20（3）：339 – 361.

② Chunlai Chen. Provincial Characteristics and Foreign Direct Investment Location Decision Within China [R]. Chinese Economy Research Unit Working Paper No. 97/16（University of Adelaide）.，1997.

③ Sung JinKang，Hong ShikLee. The Determinants of Location Choice of South Korean FDI in China [J]. Japan and the World Economy，2007（19）：441 – 460.

④ 魏后凯. 欧美日韩在华制造业投资的区位决定 [J]. 经济研究参考，2001（39）：4 – 12.

⑤ 梁琦. 跨国公司海外投资与产业集聚 [J]. 世界经济，2003（9）：29 – 37.

⑥ 许罗丹，谭卫红. 外商直接投资聚集效应在我国的实证分析 [J]. 管理世界，2003（7）：38 – 44.

⑦ 桂安生，朱尚林. FDI 区位选择和产业集聚关系的实证分析 [J]. 中国商界，2010（9）：6 – 7.

⑧ 余珮，孙永平. 集聚效应对跨国公司在华区位选择的影响 [J]. 经济研究，2011（1）：71 – 82.

⑨ 黄肖琦，柴敏. 新经济地理学视角下的 FDI 区位选择 [J]. 管理世界，2006（10）：7 – 13.

但对跨国公司的研究结果表明，成本因素（如标准化总成本、工资成本和土地成本）对于跨国公司对中国区位选择倾向依然重要，但不同类型的企业在进行区位选择时也有不同的倾向，欧美、日本、韩国高科技企业要依靠沿海地区的人力资本和市场优势，对成本变化的敏感度较低，对区域的技术基础或人力资本、通信能力等较为敏感（徐康宁、陈健，2008；汪建成、丘凌峰，2010）[1][2]。徐雪（2010）也持类似观点，并认为软环境差是导致增加投资成本的重要因素[3]。此外，茹玉骢等（2010）利用中国 19 个制造业地区外资净流入数据所做的经验研究表明，地区合约实施效率与产业专用性中间品使用密集度显著地影响了外资区位选择和外资产业结构。[4]

2.2.2　制造业的区位选择

工业企业有不同类型，按资本类型分类，有国有、集体、私营、港澳台资和外资控股企业；按企业或产业在生产活动中对生产要素的依赖程度进行划分，有自然资源密集型、劳动密集型、资本密集型、知识技术密集型；根据影响成本的主导因素不同，工业可以分为不同的导向型，如自然资源导向型、劳动力导向型、能源导向型、市场导向型（国内市场导向型和国际市场导向型）、技术导向型。研究结论表明，无论什么类型的制造企业，左右企业或行业区位选择的因素主要是资源条件、地理区位、市场容量、生产成本、制度、基础设施和历史累积等（刘静，2010；高然，2012）。郝寿义（2007）在非均质空间假定下研究得出[5]，不同空间区域所蕴含的"区域性要素"的差异，使得同类的经济活动趋向于选择相同的区位。郝的研究提供了一个有意义的启示，张松林和李清彬（2010）在此基础上，借助分工视角的分析框架分析了从区位选择到空间集聚，得出微观主体集聚在某地能降低交易成本的多少对他们选择在哪里集聚至关重要，而能在多大程度上降低交易成本，关键在于集聚所在地的硬、软环境对他们之间分工网络的形成所起的作用[6]。王俊松（2011）用条件逻辑模型研究了中国工业新设

① 徐康宁，陈健. 跨国公司价值链的区位选择及其决定因素 [J]. 经济研究，2008（3）：138 – 149.

② 汪建成，丘凌峰. 成本变动与跨国公司在华区位选择倾向 [J]. 国际经贸探索，2010（10）：73 – 78.

③ 徐雪. FDI 在中国的区位选择 [J]. 贵州财经学院学报，2010（1）：11 – 16.

④ 茹玉骢，等. 合约实施效率、外资产业特征及其区位选择 [J]. 管理世界，2010（8）：90 – 101.

⑤ 郝寿义. 区域经济学原理 [M]. 上海：上海人民出版社，格致出版社，2007.

⑥ 张松林，李清彬. 从区位选择到空间集聚：一个基于分工视角的分析框架 [J]. 未来与发展，2010（7）：36 – 39.

企业区位选择的聚集经济效益和循环累计因果效应。姜海宁等（2011）采用 Moran's I 指数等空间研究方法对中国制造业 500 强总部的区位选择进行研究。韦伯的产业区位理论难以对高技术产业区位作出合理解释（姚凯 1996）[1] 牛艳华和许学强（2005）的研究认为技术、知识资源的可获得性；对发达通信及网络设施的可达性；良好的创新环境；优良的自然和生活环境；集聚因素等宏观因素对高新技术产业区位选择影响显著。熊文等（2010）利用主成分回归分析研究了我国高技术产业枢纽的区位选择。

根据上述研究成果可知，区位选择时受资源条件因素影响较大的主要是资源依赖型行业，如煤炭、石油、天然气等资源开采业，金属冶炼及压延加工业等；受生产成本影响较大的主要是劳动密集型产业，对劳动力、土地成本等变化非常敏感，如纺织业、服装鞋帽加工业等；受市场因素影响较大的主要是市场导向型行业，如果产品主要依赖国际市场（出口），则主要在沿海港口城市或航空便利城市布局，如果产品以内地市场为主，则在中西部选址的可能性较大；受技术因素影响较大的是知识技术密集型产业；市场化程度对私营企业、外资企业和集体企业的区位选择具有较强的影响，对国有企业影响不大；而聚集因素和循环累计因果效应几乎对所有类型企业或行业的区位选择都具有较明显的影响，这可能是由于前期的大量聚集并逐渐产生了产业关联、专业化供应商以及知识溢出等外部经济，经过循环累计因果效应放大，可以极大地提升企业的竞争力，从而增强了区域的吸引力（王宏，2012）。

2.3　区际贸易相关理论回顾

贸易具有从国内向国际演进的规律，区域是贸易发展的最初单位，如果从地区角度考虑，贸易具有从区内到区际再向国际演变的层次性（陈晓谦，2009）。区际贸易是国际贸易的基础，具有相同的理论内核，许多国际贸易理论可以直接用于解释和分析区际贸易现象。

2.3.1　古典贸易理论

古典贸易理论从各国间劳动生产率差异角度解释国际贸易产生的原因以及一

---

① 姚凯. 论高技术产业的区位因素 [J]. 对外经济与管理，1996（1）：23－26.

国在现存资源和供求力量作用下的最优贸易模式。

2.3.1.1　绝对优势理论

该理论的公认奠基人是英国古典经济学家亚当·斯密（1776），他在其著名的《国富论》中批判重商主义的贸易差额论，认为一个国家或地区财富只能以两种方式增加：一是提高社会实际雇用的有用劳动力的生产力；二是增加社会实际雇用的有用劳动力的数量[①]。斯密认为在地域分工的基础上劳动效率得到极大提高，每个国家或地区只生产自身效率最高的商品，通过自由贸易可以促进生产的发展和产量的增加，从而参与贸易的国家和地区都能实现最大的贸易利益。按绝对优势理论的观点，一个国家或地区在生产和出口某种商品上具有自然优势或可获得性优势，也就是具有了成本优势和价格优势，贸易的发生就在于各国或地区间因生产条件的不同而形成生产成本的差异。并指明，一个国家或地区出口的应当是本国（区）生产比较有效率的商品，进口的则是在国外生产比较有效率的商品。在区际贸易中也常常用绝对优势理论来分析某些贸易的形成。但这一理论无法解释在任何产业部门都不具有绝对优势的国家或地区如何参与贸易获利。

2.3.1.2　比较优势理论

大卫·李嘉图（1817）继承和发展了亚当·斯密经济理论中的精华，在其经典著作《政治经济学及赋税原理》中，对斯密的绝对优势理论进行修正和发展，正式提出比较优势理论，对世界贸易产生重大和深远影响。

李嘉图比较优势理论认为，决定一国商品的相对价值的规则并不适用于决定在两国或多国之间进行交换的商品相对价值[②]，而各国开展贸易的原因是它们在生产上存在成本的相对差别，这种差别的存在归于劳动生产率的差异。因此，在所有商品生产方面都具有绝对优势的国家，没有必要生产所有商品，而应在多种商品中择优，即选择生产优势最大的那些商品进行生产；在所有商品生产方面都处于劣势的国家，不能什么都不生产，可以选择不利程度最小的那些商品进行生产[③]。在李嘉图看来，地区间贸易动机是多方面的，并不限于各个地区间绝对成本的差异，只要各地区产品生产成本相对比率不同，地区间经过贸易都可以获取相对利益。

---

① 亚当·斯密. 国富论 [M]. 唐日松, 等译. 北京: 华夏出版社, 2005: 487.
② 大卫·李嘉图. 政治经济学及赋税原理 [M]. 丰俊功, 译. 北京: 光明日报出版社, 2009: 114.
③ 刘树成. 现代经济辞典 [M]. 南京: 凤凰出版社, 2005: 32.

　　比较优势理论没有解释产生相对成本差异的原因，这一空缺为比较优势理论的发展提供了重要空间。在李嘉图之后，赫克歇尔（Hecksher Eli – Filip）、俄林（Ohlin Bertil – Gotthard）、J. S. 穆勒（John Stuart Mill）、马歇尔（A. Marshall）、萨缪尔森（P. Samuelson）和埃奇沃思（Edgeworth）等都对这一理论的完善作出了重要贡献，他们的研究突破传统比较优势理论的种种假设，从不同角度探讨了比较优势来源，发展了李嘉图的比较优势理论使之更为成熟，并进一步划分为完全竞争市场的静态比较优势、不完全竞争市场的静态比较优势、不完全竞争市场的动态比较优势、非成本价格的比较优势和企业比较优势等诸多形态。虽然比较优势理论一直受到各种严厉的批评，但是对各种比较优势成因的解释都没有超出李嘉图所说的相对优势、劣势的范畴[①]。

2.3.2　要素禀赋理论

　　瑞典经济学家赫克歇尔和俄林共同从资源禀赋的角度对国际贸易中生产成本和价格差异提出一种新解释。他们认为，国际贸易源于不同国家质检商品的价格存在差异，而价格差异的原因在于不同国家生产成本不同，生产成本差异又是因为各国生产要素价格有差别，而生产要素价格的差别又与各国生产要素丰裕程度密切相关。因此，要素禀赋理论[②]将国际贸易产生的根本原因归于不同国家和地区生产要素丰裕程度的差异。在此意义上，国际贸易可以看作，一国出口的是本国供给丰裕的要素，进口的是本国供给不足的要素[③]。之后，在保罗·萨缪尔森、斯托尔珀、罗勃津斯基等经济学家的努力下，从 H – O 定理出发还得到三个重要推论：自由贸易将必然使不同国家或地区间生产要素相对价格和绝对价格均等化，这也称为生产要素价格均等化定理；国际贸易可以改善国内的收入分配状况，稀缺资源的报酬将下降，密集资源的报酬将上升，即斯托尔珀 – 萨缪尔森定理；在自由贸易和商品相对价格不变的情况下，某种生产要素的增长会使密集使用该要素的商品生产扩大规模，使密集使用其他要素的商品生产缩小规模，区域间生产的专业化不可能充分实现，即罗勃津斯基定理。上述定理均对 H – O 定理进行了重要拓展，并称为要素禀赋原理的四大定理。

　　不同区域的要素丰裕度差异，实际上形成了区际的供需互补性，这是贸易产生的基础。要素禀赋理论从资源配置的角度解释了比较优势的来源，对产业间贸

---

①　周怀峰. 国内贸易对大国区域产业成长的影响研究 ［M］. 北京：人民出版社，2007：56.

②　部分文献称之为"H – O 定理"。

③　伯特尔·俄林. 区际贸易与国际贸易 ［M］. 商务印书馆，1986：38 – 41.

易给予了很好的解释。第二次世界大战后，大量国际贸易却发生在资源禀赋相似的西方发达国家或地区之间，产业内贸易（intra-industry Trade）超过了产业间贸易（inter-industry Trade），对于出现的许多新现象，要素禀赋理论无法解释。

2.3.3 新贸易理论

新贸易理论大量地运用于市场结构和产业组织来解释当今世界的贸易现象，并认为要素禀赋的差异会决定产业间的贸易，而规模经济则决定着产业内贸易。

2.3.3.1 规模经济贸易理论

比较优势理论将国际贸易的根本原因归结为技术的差异；赫克歇尔和俄林把要素禀赋看成国际贸易的基础，其理论本质也是比较优势，只不过比较优势的基础是要素禀赋差异而非技术差异。第二次世界大战后传统贸易理论的解释与现实严重背离。鉴于此，以克鲁格曼（Krugman）为代表的部分国际贸易理论家，将规模经济、不完全竞争和差异化产品纳入贸易理论模型中考察，从而彻底扭转了国际贸易理论的尴尬境地，奠定了新贸易理论的坚实基础。其中影响力最大的是基于垄断竞争市场结构的规模经济贸易理论，该理论强调规模经济效益是产生并获取贸易利益的重要原因，从根本上打破传统理论中完全竞争和规模收益不变的基本假定，很好地吻合了现实中的产业内贸易模式。克鲁格曼在《报酬递增、垄断竞争与国际贸易》（1979）和《规模经济、产品差异化与贸易模式》（1980）两篇论文中用规模经济来分析说明国际分工和国际贸易，形成了规模经济贸易理论，对国际贸易理论的发展产生深远影响。赫尔普曼（Helpman，1985）和克鲁格曼（1985）在《市场结构和对外贸易》中指出了传统贸易理论遇到的四种困境：不能解释现有的贸易量；不能解释现有的贸易构成；不能解释产业内贸易的作用和现有规模，也不能解释外商直接投资；不能解释贸易自由化的福利效果[①]。这些事实对传统贸易理论构成了严峻的挑战。

克鲁格曼认为当两个各方面都相同的国家开展贸易时，在贸易方面的效应就像一个国家的人口增大了 1 倍一样，两国的产品生产就无须局限于国内市场规模，工业制成品的生产往往具有规模经济特征，随着生产规模的扩大，产品成本和价格就不断下降。从而增进贸易双方的福利水平。规模经济贸易理论向我们说明，只要有规模经济存在，即使是两个资源禀赋和技术水平完全相同的国家，也

---

① 林发勤，崔凡. 克鲁格曼新贸易理论及其发展评析［J］. 经济学动态，2008（12）：79 - 83.

同样可以进行国际分工和贸易，这就弥补了传统的比较利益理论解释力的不足。此外，由于规模经济推动的国际分工和国际贸易具有不确定性，历史和偶然的因素也会发挥重要作用。萨姆尔森和诺德豪斯（1999）在垄断竞争和规模经济基础上将研究领域扩展至产业内部，指出企业在区域内形成集群优势，这样有利于劳动力市场共享和知识外溢，有利于市场规模导致规模经济产生。林发勤和崔凡（2008）基于对新贸易理论的研究分析，认为我国传统劳动力资源丰富的比较优势有可能会被规模经济的比较优势所取代。

2.3.3.2　产品生命周期理论

产品生命周期理论是由美国哈佛大学教授弗农（R. Vernon）于 1966 年在《产品周期中的国际投资与国际贸易》一文中首先提出的，后经威尔斯（Louise. T. Wells）、赫希什（Hirsoh）等不断发展完善。该理论主要从科学技术进步、技术创新角度展开，将市场学的产品生命周期理论与技术进步结合起来，解释国际贸易的形成和发展的理论。该理论将产品的生命周期分为创新阶段、成熟阶段和标准化阶段。新产品在创新阶段的生产一般开始于某个发达国家，由于拥有垄断性的技术优势，这种产品生产和出口逐渐增加。随着其他发达国家依托技术和资本优势开始模仿甚至改进创新，跟随国家将逐渐从净进口向净出口转变，成为主要的产品生产地和出口供应商。在成熟阶段，跟随国家的出口逐步达到高峰，创新国家逐步成为净进口国。当该商品生产技术已标准化，一些发展中国家凭借其资源和劳动力成本低廉的优势，取代发达国家成为主要的生产地和出口商。基辛（D. B. Keesing）、克鲁伯（W. H. Gruber）、梅达（W. D. Mehta）、梅基（S. P. Magee，1978）、罗宾斯（N. T. Robins，1978）等进行补充和验证，提出了研究与开发（R&D）要素论。产品生命周期理论将比较优势论与资源禀赋论动态化，技术创新和劳动力等多种因素都成为不同阶段的比较优势来源，很好地解释了第二次世界大战后一些国家从某些产品的出口国变为进口国的现象。

2.3.3.3　雁行产业形态理论

"雁行产业形态论"是赤松要（1956）通过对日本棉纺业发展过程的考察总结出来的一种描述和揭示后进国家在工业化过程中，产业结构演变及其与国际贸易关系的理论。该理论认为后进国家的产业发展将按照"进口—国内生产—出口"的顺序依次推进，如同三只大雁在排队飞翔。第一只雁是进口商品，推动国内市场扩大；第二只雁是国内市场兴起和进一步扩大；第三只雁是随后的出口扩大和外部市场的开拓。这样的发展轨迹实际上是主张本国产业发展要与国际贸易紧密地结合起来，使产业结构国际化。

国外有学者认为，中国国内区际贸易的发展将推动内部以上海市为雁首的"雁行产业发展模式"，即通过沿海发达地区的产业转移，带动内陆地区的产业升级，从而在整体上形成一种雁阵发展形态。

2.3.3.4 偏好相似理论

该理论以消费者需求偏好为基础解释国际贸易，由瑞典经济学家林德（S. B. Linder）于 1961 年在其名著《论贸易和转变》一书中提出。林德认为 H‒O 定理有很大的局限性，"不同地区或国家间资源禀赋差别越大，发生贸易的机会就越多，贸易量也越大"的结论只能解释自然资源密集型产品的贸易，而现实世界发达国家之间存在的大量制成品双向贸易只能由需求偏好来解释。林德认为不同国家或地区人均收入水平相同，其对工业品的需求偏好就相似，它们之间进行此类工业品贸易的可能性就越大。因为按照林德的推断，新产品的发明动力首先来自国内市场需求，企业也会首先在本国市场进行贸易，然后才是国际市场。由此，只有在经济发展水平相似的地区或国家才能找到市场，才能形成对此类制成品的强烈需求。

基于上述分析可知，平均收入水平是影响需求结构的最主要因素；产品出口的可能性决定于它的国内需求；两国的贸易流向、流量取决于两国需求偏好相似的程度，两国或地区人均收入水平相同，需求偏好相似，两国或地区间的贸易范围可能越大；反之则越小；如果某国具有某种产品的比较优势，而另一国对这种产品没有需求，则两国间贸易很难扩展。

2.3.3.5 国家竞争优势理论

哈佛大学教授迈克尔·波特（Michel Porter）1990 年在他的名著《国家竞争优势》中提出"国家竞争优势"理论，从企业参与国际竞争这一微观角度解释国际贸易，弥补了比较优势理论在有关问题论述中的不足。与其他研究者一样，波特认为传统的比较优势理论存在一定的缺陷，无法解释为何一个国家在某个特定行业能够获得国际性的成功并进而取得垄断性的行业地位。例如，为何日本在汽车工业经营如此出色？为何瑞士在精密仪器设备和化学药品生产和出口领域独领风骚？为何德国和美国在化学工业占尽优势？从国家资源角度论述国际经济贸易的 H‒O 定理无法圆满回答这些问题，比较优势理论也只能给出部分的解释①。

---

① 张毅，焦秀红. 迈克尔·波特的"国家竞争优势"理论 [J]. 商业研究，1998（3）：7‒10.

波特基本观点就是一国的竞争优势就是企业与行业的竞争优势，一国形成贸易优势的根本原因在于它能否在国际市场中取得竞争优势，而竞争优势的形成有赖于主导产业具有优势，关键在于能否提高劳动生产率，其源泉就是国家是否具有适宜的创新机制和充分的创新能力。波特提出的"钻石模型"中，生产要素、需求状况、关联产业和支持产业、企业战略、结构和竞争对手、政府、机遇都是国家竞争优势的决定因素。从发展阶段来看，一个国家优势产业的发展可分为四个不同阶段，即生产要素推动阶段、投资推动阶段、创新推动阶段，财富推动阶段。"国家竞争优势"理论对当今世界经济和贸易格局进行了理论上的归纳总结，而且对国家未来贸易地位的变化有一定的前瞻和预测性。

2.3.4 新经济地理贸易理论

新经济地理强调经济规模是地区贸易和国际贸易的驱动力，这种力量被克鲁格曼称为"本国市场效应"（home market effects）。由于规模报酬递增和运输成本的存在，生产活动倾向于在规模较大的市场需求附近形成集聚。"本国市场效应"一方面使得拥有更多劳动力的地区会有更高的真实工资水平，同时能够生产更多的产品品种，规模大的经济体中人们的福利会相对较高，整个消费中只有小部分担负了运输成本。"本国市场效应"从需求角度解释了为什么一个国家在生产某一特定产品上具有优势。该理论指出，不同国家在分工中拥有哪些优势产业，往往取决于分工发生前初始条件的细微差别。而且分工模式一旦形成，优势产业就会由于路径依存而在相当长时间内得以延续。该认识已经蕴含着混沌理论中蝴蝶效应的思想。克鲁格曼的新兴古典贸易理论之所以具有强大的生命力，还在于他为其后的贸易理论发展提供了一个可扩展的分析框架。

维纳布尔斯（Venables，1996；1999）把新经济地理学模型作为区际贸易新类型的基础，将运输成本纳入传统的区际贸易模型，发现生产方式和贸易方式不仅取决于要素密度和资源禀赋，还依赖于运输成本，可能导致"中心—外围"体系的形成。浙江大学金祥荣等（2002）认为，当一个市场具有一定规模之后，就会产生"本国市场效应"，对其他专业批发市场产生极化，使得其他同类中小型专业市场逐渐萎缩和消亡，随后其辐射作用将遍布区域市场。[①] 安虎森（2010）在分析区际贸易与地区工业化关系中，运用多边贸易模型推演，在"本国市场效应"基础上进一步衍生出生产转移效应、多米诺效应和轴心效应，对新经济地理

---

① 金祥荣，朱希伟. 专业化产业区的起源与演化 [J]. 经济研究，2002 (8)：74 - 82.

的贸易理论做了更深入的分析①。

2.4 我国区际贸易的研究进展

计划经济时期，我国国内物资在省际的流动主要是通过计划分配，行政调拨。即使在改革开放后很长一段时期，在"计划为主市场为辅"的指导方针下，政府决策和行政指令仍然是配置资源的主要力量②，国内贸易仍然带有很强的行政调拨的计划经济特征，国内区域间的贸易极不发达，相关研究也非常少。1992年中共十四大召开，明确提出建立社会主义市场经济体制后，区际贸易从无到有曲折发展，国内学者对国内区际贸易（含省际贸易、区际贸易和国内贸易）的研究才逐步兴起。而传统的国际贸易理论是以国家为基本单位，并假定国内贸易机会已得到充分利用。我国内部实际情况与传统理论的前提假定大相径庭，中国是典型的国内贸易潜力巨大的大国。笔者在中国文献资料总库检索了相关文献，以此为基础对我国区际贸易的近期研究进展梳理如下。

2.4.1 区际贸易与经济增长关系研究

有学者利用统计年鉴中"支出法地区生产总值"以及"各地区按境内目的地和货源地分货物进出口总额"的相关数据，对东西部区际贸易逆差进行测算（梁双陆和杨先明，2004；朱泽山，2007；王兆峰和陈盼，2011），发现西部内陆地区长期处于区际贸易逆差，而东部沿海地区的省市则长期顺差③，分析认为巨额贸易逆差对地区经济增长的抑制作用是东西部地区经济增长差距扩大的重要原因④。也有观点认为，区际贸易差额在 GDP 中的占比较大，会带来地区经济发展的市场空间变化，不仅导致增长差异，还将加剧区际利益矛盾⑤。有学者建立两区域模型，将需求因素加入比较优势理论进行分析，认为长期的贸易逆差不仅对

---

① 安虎森，等. 新区域经济学（第二版）[M]. 大连：东北财经大学出版社，2010：204.

② 钟昌标. 国内区际分工和贸易与国际竞争力 [J]. 中国社会科学，2002（1）：94 – 100.

③ 王兆峰，陈盼. 西部地区省际贸易空间差异与经济协调发展研究 [J]. 科学·经济·社会，2011（2）：5 – 12.

④ 梁双陆，杨先明. 中国西部地区省际贸易逆差研究 [J]. 经济界，2004（5）：81 – 85.

⑤ 朱泽山. 区际贸易差额与区域经济协调发展 [J]. 西南大学学报（人文社会科学版），2007（3）：135 – 140.

欠发达区域的发展产生消极影响，也会阻碍发达区域的经济增长①。王黎黎和朱泽山（2012）研究了广西壮族自治区的区际贸易逆差问题，认为仅仅依靠资源优势，广西壮族自治区在矿产资源和农业产品处于可输出的地位，但不能弥补其他产品的不足所带来的净流出额，区际贸易逆差持续扩大，是制约广西壮族自治区经济发展的重要因素。②

王梦奎和李善同等（2000）系统考察我国 1980～1992 年 18 个省份的商品贸易，发现我国各省份 20 世纪 80 年代～90 年代初，外向需求带动地区经济增长的特征显著增强。他们将各省份贸易输出类型分为服务与制成品类型、制成品类型、初级产品类型和混合型四种类型，通过对 18 个省份 1987 年与 1992 年贸易输出结构（即外部需求结构）的比较，得出北京、上海两市的输出结构转向高级化，制成品输出省份明显增加，而欠发达省份原始矿产品输出越来越少，产品加工程度在不断提高；区内需求带动地区经济增长效应增强的结论③。卢名辉和周明生（2009）基于 1952～2007 年数据的研究，发现国内贸易与经济增长存在变协整关系，长期以来国内贸易对经济增长具有正向但并不十分显著的效应，但总体呈上升态势④。

2.4.2 对东西部区际贸易利益的研究

熊贤良（1993）对我国 1979 年以来制成品行业从生产的地区分布、区际分工程度和劳动生产率地区差异三个方面进行考察，指出我国制成品区际贸易不发达状况并没有根本性改变，还导致了独特的"贸易转移"现象，即国内贸易因扭曲而转化为国际贸易，带来不必要的利益损失⑤。

中国社会科学院财贸研究所"中国省际贸易与省际投资"课题组（1993）对此问题的看法有所不同，他们研究认为在宏观意义上，海外竞争不会对国内市场上的省际贸易构成真正的威胁。课题组按空间结构将我国大陆地区划分为华

---

① 周学. 从贸易理论创新看西部经济发展战略 [J]. 经济学家，2001（1）：58-64.

② 王黎黎，朱泽山. 广西区际贸易不平衡的成因分析与经济发展战略调整 [J]. 商业时代，2012（7）：134-136.

③ 王梦奎，李善同. 中国地区社会经济发展不平衡问题研究 [M]. 北京：商务印书馆，2000：177-196.

④ 卢名辉，周明生. 中国国内贸易与经济增长均衡关系研究：1952～2007 [J]. 社会科学辑刊，2009（2）：112-115.

⑤ 熊贤良. 国内区际贸易与国际竞争力：以我国制成品为例的分析 [J]. 经济研究，1993（8）：71-76.

北、东北、华中、华南、西南、西北六个大区，分别选取北京、辽宁、上海、广东、四川、陕西六省份作为研究样本。研究发现，1985～1991 年，样本省市国际贸易发展速度快于国内贸易，北京市、上海市、广东省对外最大的需求是资源、副食品，而四川省、陕西省是主要输出省，上海市、广东省则是轻工产品的主要输出地。财贸所课题组的研究对我国区际需求互补和贸易流向有了初步分析，特别指出阻碍省际贸易结构优化的主要因素来源于地方保护主义和集权式的投资分配体制，以及资源配置中的计划指令制度①。

尽管在许多研究中都提到地区间的供需互补性是区际贸易发展的重要前提，特别是我国东西部之间的市场互补关系以及区际贸易规模对我国经济发展具有决定性意义②。朱泽山（2000）分析了基于自然资源禀赋差异的东西部传统贸易和市场互补关系的发展局限后，指出构筑技术发展水平相同，产业结构不同而又相互关联的东西部经济关系，使行业间投入产出关系转换为地区间投入产出关系，是建立和扩大东西部市场互补关系的重心。从产品结构看，区际贸易结构表现为区域间的商品供求互补（阳国新，1995）。但由于实证统计数据的局限，从供需互补性角度研究区际贸易的文献不多。周殿昆教授引入"需求满足度"概念，并使用相对需求满足度近似替代绝对需求满足度，将东西部之间互补性领域分为农产品原料、农产品生活资料、工业品生活资料和工业品生产资料四个方面③，并在这一领域做了开拓性研究。

2.4.3 对区际贸易壁垒的研究

如果国内区际贸易不能得到充分发展，使得理论上表现为价格均等化的国内资源配置效率无法实现，即使比较优势产品进入国际市场，也是以较高成本生产进入国际市场参与竞争，获得的贸易剩余将更少，乃至形成"竞相收购、低价竞销、多头对外、肥水外流"的局面④。对于我国 20 世纪 80 年代出现的区际贸易摩擦（如资源大战、市场封锁等），究其原因主要归为价格扭曲和不等价交换、区域政策不公、行政分权体制、政府行为与企业行为倒置、产业结构趋同等（陈栋生和魏后凯，1989；夏永祥，1993；韦伟，1994；叶裕民，2000；钟昌标，

① 中国社科院财贸所"中国省际投资与省际贸易"课题组. 中国国内市场发展研究：省际投资与省际贸易格局［J］. 财贸经济，1993（7）：35－40.

② 朱泽山. 西部开发应注重建立和拓展东西部的市场互补关系［J］. 经济体制改革，2000（4）：52－55.

③ 周殿昆. 中国东西部市场关系与协调发展［M］. 成都：西南财经大学出版社，1998.

④ 钟昌标. 国内区际分工和贸易与国际竞争力［J］. 中国社会科学，2002（1）：94－100.

2002；黄赜琳和王敬云，2007；赵永亮和徐勇，2007）。

韦伟（1994）从建立全国统一市场的角度对阻碍区际贸易发展的体制因素、区域产业结构、比价关系、基础设施四个方面进行分析，提出将目标分为两个层次，先完善区域市场，再建立全国性统一市场，并认为重点是要素市场的统一。叶裕民（2000）以省际铁路货运作为研究样本，测算了我国各省份商品的自我循环比率，发现我国各省份之间经济联系比较弱，各省份自成体系，地区自我循环比重大，割裂了全国统一市场①。但其仅仅将我国国内贸易障碍的根本原因归于地方政府设置贸易壁垒的行为和缺乏竞争力的企业，未对更深层次的制度因素做深入分析。王兆峰和陈盼（2011）对西部地区省际贸易的空间差异做了进一步的实证研究，发现西部各省贸易逆差逐年增加，占 GDP 的比重较大，而且西部各省份开展的省际贸易具有很强的区域性特点②。钟昌标（2002）通过对国内分工和贸易现状，以及区际贸易壁垒的形成机制进行考察，指出区际贸易壁垒扭曲了价格、排斥了竞争、限制了市场范围，使我国内部各地的比较优势和规模经济运行受阻，无法形成专业化生产和市场分工体系，从而妨碍国际竞争力的提高③。

对于我国区际贸易壁垒的严重性和形成机理，学术界意见基本一致，但对国内贸易壁垒的变化趋势却结论不一。诺顿（Naughton，1999）、白重恩等（2004）、李善同（2004）、万伦来等（2009）、胡向婷和张璐（2005）、刘刚（2010）等认为我国区际贸易壁垒在减弱。诺顿（1999）对我国 1987 年和 1992 年的省际贸易流量考察后发现，省际贸易流量很大而且逐年增加，这种趋势反映出贸易地方保护主义在减弱，统一市场在逐步形成④。不过诺顿的研究仅局限于 1987~1992年，不能分析我国市场化改革进程中的国内贸易障碍情况⑤。白重恩等在区位商基础上构建区域专业化指数，研究发现我国地区专业化程度有很大提高⑥。刘刚利用相对价格法度量我国省际贸易壁垒演进的时序变化，发现我国商品市场一体化进程较快，但近期发展趋势处于停滞状态⑦。持有相反结论的学者有杨

---

①　叶裕民. 中国区际贸易冲突的形成机制与对策思路 [J]. 经济地理，2000（11）：13 - 16.

②　王兆峰，陈盼. 西部地区省际贸易空间差异与经济协调发展研究 [J]. 科学经济社会，2011（2）：5 - 10.

③　钟昌标. 国内区际分工和贸易与国际竞争力 [J]. 中国社会科学，2002（1）：94 - 100.

④　Naughton B. How Much Can Regional Integration Do to Unify China's Markets [D]. Memo University of Califomia，San Diego，1999：1 - 33.

⑤　Sandra Poncet. 中国市场正在走向 "非一体化"？——中国国内和国际市场一体化程度的比较分析 [J]. 世界经济文汇，2002（1）：1 - 15.

⑥　白重恩，等. 地方保护主义及产业地区集中度的决定因素和变动趋势 [J]. 经济研究，2004（4）：29 - 39.

⑦　刘刚. 我国省际贸易壁垒的演进：1988~2008 [J]. 兰州学刊，2010（11）：69 - 72.

（Young，2000）、庞赛特（Poncet，2001）、叶裕民（2000）、赵永亮和徐勇（2007）等。杨（2000）从价格和各省经济结构等方面考察，认为我国经济体制改革不彻底导致区域市场各自为政，地区封锁有增强的趋势[1]。庞赛特（2001；2005）的研究却发现我国省际贸易逐年减少并且总体强度不高，具有"非一体化"的明显趋势[2]，地方保护政策倾向于追求经济平稳和财政收入最大化目标[3]。叶裕民（2000）利用省际铁路货运流向数据的研究也显示我国很多省份高度"体内循环"，区域间市场分割显著。朱恒鹏（2004）、王雷（2003）等则认为区际贸易壁垒基本没有变化。黄赜琳和王敬云（2007）利用边界效应模型和计算产业地区集中度两种分析方法考察我国三次产业贸易壁垒情况，结论是第一产业的区际贸易壁垒在增强，第二、第三产业的区际贸易壁垒在减弱[4]。李秉强（2008）利用动态面板数据研究省际贸易对各地经济地位的影响，发现省际贸易对经济地位的影响存在区域差别，东部要求市场放开，而中西部则要求市场封闭[5]。张辑（2008）对区际贸易壁垒进行博弈分析，发现地区间的贸易壁垒具有从"显性"向"隐性"，从"有形"向"无形"变化的趋势[6]。

2.4.4　对区际贸易流量的估算研究

对省际贸易研究的难点在于省际贸易没有现成的数据。随着对区际贸易认识的深入，以及西方数量化研究方法逐步引入，20 世纪 90 年代中后期至 21 世纪初期，研究人员借鉴西方学者的研究方法，开始利用各种模型对区（省）际贸易进行估计和测算。如桂琦寒等（2006）、陈敏等（2007）借鉴巴西利和魏（Parsley and Wei）的测算方法[7][8]。朱泽山（2007）参照四部门收入流转模型对我国东、

---

① Young，A. The Razor's Edge：Distortions and Incremental Reform in the People's Republic of China ［J］. Quarterly Journal of Economic，2000，115（4）：1091 – 1136.

② Sandra Poncet. 中国市场正在走向"非一体化"？——中国国内和国际市场一体化程度的比较分析［J］. 世界经济文汇，2002（1）：1 – 15.

③ Sandra Poncet. A Fragmented China：Measure and Determinants of Chinese Domestic Market Disintegration ［J］. Review of International Economics，2005，13（3）：409 – 430.

④ 黄赜琳，王敬云. 基于产业结构区际贸易壁垒的实证分析［J］. 财经研究，2007（3）：4 – 16.

⑤ 李秉强. 省际贸易、经济地位与市场分割［J］. 太原理工大学学报（社会科学版），2008（3）：18 – 21.

⑥ 张辑. 区际贸易壁垒成因的博弈分析［J］. 国情观察，2008（1）：29 – 31.

⑦ 桂琦寒，等. 中国国内商品市场趋于分割还是整合：基于相对价格法的分析［J］. 世界经济，2006（2）：20 – 30.

⑧ 陈敏，等. 中国经济增长如何持续发挥规模效应？——经济开放与国内商品市场分割的实证研究［J］. 经济学（季刊），2007（10）：125 – 150.

中、西部区际贸易差额做了理论分析，认为区际贸易差额可能引发区际利益矛盾，甚至可能导致统一开放的市场转向闭锁①。在他的分析中，将导致区际贸易差额的主要原因归为区际经济技术发展水平不平衡和区域产业结构趋同。陈秀山和张若等（2008）在多区域经济核算框架下，利用数学规划模型对省（区）际贸易流量进行估算和分析，从对外贸易与省（区）际贸易联系的角度，考察了西北地区贸易空间格局变动的原因②。孙久文和彭薇（2010）则借鉴了刘刚和冈本信广（2002）及莱昂蒂·斯特劳特（Leontie Strout）在引力模型研究上的成果，从地区间贸易联系出发，考察了国内区际贸易发展态势、贸易模式和空间特征③。上述研究均是对区际贸易整体流量的估算，不能用于分析行业贸易和不同类型商品的区际贸易状况。

2.5 西部发展战略的相关研究

中央实施西部大开发战略以来，国内外对中国西部大开发的研究十分活跃，其中许多观点对西部的发展产生重要影响，对西部开发战略的研究尤其丰富。中央举办若干重大研讨会：国务院西部开发办与西部各省份联合举办三次西部论坛（成都，2001；西安，2002；南宁，2004）。加拿大维多利亚大学 2003 年于温哥华、西部开发联合体（留美经济学会与西部科研院校联合组建）2004 年于成都和 2005 年于银川举办三次大型国际研讨会。北京市和西部各省份科研院校都设立了西部大开发研究机构，出版了多种期刊、报纸和书籍，西北大学设立了教育部人文社会科学重点研究基地中国西部经济发展研究中心，并于 2005 年牵头出版"西部经济发展蓝皮书"。国务院发布了 4 个重要文件：2000 年《国务院关于实施西部大开发若干政策措施的通知》、2001 年《办公厅转发国务院西部开发办关于西部大开发若干政策措施实施意见的通知》、2002 年《"十五"西部开发总体规划》、2004 年《国务院关于进一步推进西部大开发的若干意见》。温家宝2005 年时任国务院总理发表《开拓创新扎实工作不断开创西部大开发的新局面》重要文章；2010 年发布了《中共中央国务院关于深入实施西部大开发战略的若干意见》；2016 年 12 月 23 日李克强总理召开会议审议通过《西部大开发"十

---

① 朱泽山. 区际贸易差额与区域经济协调发展 [J]. 西南大学学报，2007 (3)：135 – 140.

② 陈秀山，张若，杨艳. 西北地区贸易联系与空间流向分析 [J]. 经济理论与经济管理，2008 (3)：63 – 69.

③ 孙久文，彭薇. 基于区域贸易联系的国内区际贸易合作 [J]. 社会科学研究，2010 (6)：20 – 25.

三五"规划》；2019 年 3 月，中央全面深化改革委员会第七次会议审议通过了《关于新时代推进西部大开发形成新格局的指导意见》，这些文件和文章既是中央对西部大开发战略和政策的全面阐述和重大部署，也是学术界研究成果的结晶。

促进西部地区科学发展的研究不断深化和丰富，在早期对西部的研究中，陈栋生和魏后凯等（1997）重点研究了大西南和大西北两大区域发展的基本战略，涉及能源基地建设、重化工业基地建设、特色农产品加工基地建设、大农业建设、通道建设、对外开放，以及重点开发区域和中心城市建设等战略。较有代表性的学者和近期观点有：改变"西部开发输出资源、东部加工制造"的垂直分工格局，输出资源与就地转化并重，基础设施建设与制造业协调发展（林凌和刘世庆，2002）；大型工程要与富民和当地小康建设结合（林凌和刘世庆，2003；周天勇，2005）；西部大开发重大工程存在漏出效应，东部与中西部工业总产值增长率差异约有33% ~56%缘于投入增长率差异（魏后凯，2005）；西部地区要发展特色优势产业，走新型工业化道路（林凌、魏后凯、廖元和、刘卫东、何炼成、韦苇等，2003~2005）；西部地区工业化需要解决主导产业和扩散效应，建立健全互动机制和利益补偿机制（陈栋生，2005）；西部大开发要重点推进，三大地带战略（西陇海兰新线、长江上游经济带、南贵昆经济区）进一步向成渝、关中、环北部湾城市集中（马凯，2005；陈栋生、杜肯堂、林凌、刘世庆等，2004）；"7 + 1"区划和建立西部生态特色经济区（国家发改委宏观研究院，2005）；通过从东到西四大经济带实现东西合作与互动（李善同和侯宗义，2003）；我国由东向中西部梯度推进的战略已经过时，实行东西部联动和协调发展才是西部大开发更科学的模式（林凌和刘世庆，2000）；推进公平的经济增长（陈伯君，2003）；社会事业优先和社会公共服务均等化（林凌和刘世庆，2003；林家彬等，2005）；西部大开发要求建设一个均衡发展的和谐社会（陈锋，2005）。也有研究表明西部大开发的实施并没有提高西部地区的能源利用效率，反而扩大东西部能源效率差距（邓健和王新宇，2015）；周真刚（2017）认为西部大开发并未改善西部地区在区域发展的不利地位，反而出现"东西部失衡""西部省份内部失衡""西部中心城市与中小城镇失衡"等多元区域失衡。"政策换能源"实际上抵消了政策优惠带来的效果，在一定程度上抑制了西部大开发政策效应的发挥（谭周令和程豹，2018）。

国外学者认为，中国西部大开发成功关键是向东移民和城市化，形成人向东部走，资金向西部流，认为解决城乡差距是纲，区域政策是目（Dwighy Perkins，2003），肖金成（2005）也持这种观点，他认为应向东部移民以使人口分布与GDP 分布逐渐一致；鼓励资本流动和人口流动，优先投资人力资本、公共卫生、教育事业，特别是农村公共卫生（萨克斯，2004）；采用 T Roberto Bachia 迁移优先指数分析西部地区迁移类型与变化趋势（鲍曙明和吴永泰，2003）。四川大学西部开发研究院（2005）认为国家投资于人力资本对西部地区更为重要，无论这些人口留在西部还是流向东部，都有助于他们收入的提高，应该选择促进人口自由流动的政策；西部生态环境脆弱，生态环境保护与重建是西部大开发的根本和切入点，减轻人口压力的政策选择是促进人口流动，向沿海经济发达地区流动、向西部大城市流动；在推进西部开发中，要培育资本形成能力，包括财政性资本形成能力、资本市场的权益资本形成能力和货币市场的信贷资本形成能力、FDI 的外部资本形成能力。澳大利亚国立大学经济与商业系的简·戈利（2007）通过对我国西部大开发的研究，认为中国应该更多地采取培育市场的滴入性政策，而应减少两极化政策的实施。

对西部大开发战略也一直存在争论。较有代表性的是刘吉（2002）和楼继伟（2003），他们认为，西部投资效率低，从苏联开发西伯利亚和日本开发北海道等国际经验看，难以取得成功。林凌对他们的观点写了专文进行商榷（2003）。2003 年国家发改委启动了长三角经济区等区域规划，成渝经济区也纳入国家的视野。由林凌、廖元和、刘世庆主编的《成渝经济区发展思路研究》为成渝经济区纳入国家"十一五"规划，提供了前期研究成果。南水北调西线工程近年更引起地质学界、水电工程界、生态环保界、经济学界的热烈讨论，林凌、刘宝君、马怀新、刘世庆主编《南水北调西线工程备忘录》（2006）出版后，引起国家决策层和社会舆论广泛关注，已决定缓行。在战略实施步骤上，王洛林和魏后凯（2002）强调，西部大开发应分三个阶段进行，同时指出，西部要从"物本"开发转向"人本"开发，实行以人为本的"人本"开发战略和"投资于人民"的发展政策；实行科教优先发展战略，提高西部地区全民素质和产业升级，实现生产力跨越式发展；树立进一步扩大对外开放的新理念，实行"点线面"开放的新模式和实行"以线串点，以点带面"的点轴开发战略。赵曦（2003）和刘世庆（2003）对西部大开发进行较系统地探索，提出以发展为主旨进行西部开发的思路，将体制转型和产业转型，制度创新和技术创新作为西部发展的主线，以及西部反贫战略。白永秀（2005）主要从体制创新的角度提出西部大开发的总体思路、战略目标、战略重点、战略步骤及战略措施。郭俊华（2007）运用发展经济学、产业经济学、区域经济学等理论和方法，提出西部地区推进新型工业化的结构优化路径及运作框架。江世银（2007；2009）从国家战略与政策的视角，对我国西部大开发战略的实施效果和经验教训进行评价和总结，在此基础上，提出了继续推进西部大开发的战略和政策选择思路；创新性地提出了构建增强西部地区发展能力的长效机制和政策建议，为进一步加快西部地区经济发展，完善西部地区开发政策措施，提供了新的视野。何春和刘来会（2016）认为西部地区经济的发展主要是依靠固定资产投资等实物资本的增加来实现的，一般具有短期效应，那些具有长期效应并能够反映经济增长质量的因素产业结构、外商投资、人力资本水平等并未因政策的实施而得到显著改善。霍强和韩博（2019）认为西部多个省份表现出不同的发展模式，其中，"技术—市场—外需"的发展模式更具导向性，创新力和市场化水平高的省份经济发展表现更为优异。

"十一五"以来，国家对西部大开发采取一系列重大举措。成渝经济区、环北部湾经济区、关中—天水经济区等皆纳入国家规划之中；沿"10 + 1"自由贸易区的广西壮族自治区、云南省，在上海合作组织框架下的新疆的沿边开放有了很大发展，通向东南亚的铁路、高速公路建设、经贸合作进展迅速；天然气、水电、矿产开发大规模展开；重型装备制造业、国防科技工业积极参与了核电设备和大飞机、军机的制造；基础设施建设、教育、医保、社保等基本公共服务均等化等大幅提高；重庆市和成都市被国家确定为统筹城乡改革试验区，已取得初步进展。在这些方面的研究，也大量出现。一本集众多作者撰写的《中国西部地区减贫与可持续发展》① 的重要著作在这一领域做了大量探索尝试。

关于西部新时期的发展战略和重点，学者们从不同视角提出了很多有益的观点。王军和潘方勇（2011）认为，强化创新是西部实现转变经济发展方式，最终实现西部地区跨越式发展的主要动力；西部更要注重把地区比较优势转变为比较竞争优势，实施以比较竞争优势为导向的经济发展战略（峻峰，2011）；西部开发的区域重点是成渝、关中—天水、北部湾经济区（林凌，2006；魏后凯和邬晓霞，2010），近年来，打造"西三角"经济圈的呼声也非常高（洪峰，2010）；产业上强调重点发展六大产业：能源开发及化工业、重要矿产开发及加工业、特色农牧业及加工业、重大设备制造业、高新技术产业、旅游和文化产业（曹钢，2010）。新一轮西部开发更需要的是战略转型，从之前的"打基础"阶段逐渐转向"巩固基础"和以"富民"为核心持续促进经济发展的阶段；从之前实施的总体性政策转向更加明晰的差异化区域政策，实施"抓两头、带中间"的开发策略（刘卫东等，2010）；同时，西部开发要坚持不均衡发展理念，培育和打造一系列的新增长极和增长点（曹玉书，2011），大力推进实施"三化"互动和新型开放战略，适时调整西部大开发的着力点（魏后凯，2010）。

关于西部资源开发战略的讨论一直没有停止。西部学者林凌和刘世庆较早提

---

① 郑易生主编. 中国西部减贫与可持续发展 [M]. 北京：社会科学文献出版社，1998.

出这一问题，认为在以建立社会主义市场经济体制为目标的改革进程下，西部大开发继续把原材料、能源基地的开发建设作为战略重点，继续实行东西部地区之间资源开发、加工制造的垂直分工，已不再适宜（林凌、刘世庆，2000）。许多研究指出，建立有效的资源开发补偿机制是深入推进西部大开发，破除"富饶贫困"的关键点（邢天添，2011；刁其怀，2011；敖华，2011；张秀萍、马玲群、柯曼綦，2010；李香菊、祝玉坤，2011），对水能资源开发的研究同样支持这一观点（劳承玉和张序，2010），利用合理的资源税费机制也是提升西部资源开发效率的重要方式（胡德胜，2012；王艳、程宏伟，2011）。新一轮西部大开发中，要建立资源节约型生产体系，走保护生态环境、保护战略性资源的可持续发展模式（原枨，2004）。全毅（2016）提出东部沿海地区加工贸易因物流成本无法转移到西部地区，但可以将东部地区的资金、技术和营销经验与西部地区的优势资源相结合，培育面向当地市场和返销东部地区和丝路沿线国家市场的特色产业。谭周令和程豹（2018）认为未来西部大开发应加强对"软环境"的建设，明确政府权力的界限，通过深化地区市场机制体制的建设与发达地区建立有效合作。

上述研究都是遵循自然规律和经济规律的前提下，从不同的角度对西部如何发展进行系统的研究，这些研究成果都是西部向科学发展迈进的重要基础。

第3章

我国区域间供需互补性的形成基础

供需关系本质上是生产与需求（生产需求和消费需求）的关系。区域的生产能力与行业或企业的区位选择密切相关，行业或企业的区位选择决定了区域供给能力，一定程度上也决定了需求状况。特定行业在空间的聚集改变了供给和需求能力。区域间供需互补性与地区专业化是同一事物的两个方面，可互为补充。区域间供需互补性又反映出供给过剩与供给缺口在区域上的分布情况，实质是行业（产业）在区域上的聚集程度。而地区专业化反映的是地区间的产业结构差异，产业结构产业必然导致供需差异，地区专业化增强也必然反映出行业（产业）在区域空间集聚程度的增强。由此可见，地区产业专业化对于区域供需互补性的形成具有基础性作用，关键在于产业的区位选择。前期研究认为，由（包括自然、社会、经济、文化、制度等）资源禀赋差异形成区域间的供需互补，才构成区域间的市场关系（周殿昆，1998），更进一步说，区域间的禀赋差异必须经过"产业生产"环节，并在市场经济条件下才能形成有效的供给和需求，从这一角度看，区域间供需互补性形成基础包括经济制度基础、自然资源基础、社会经济基础和产业专业化基础。因此，本章通过分析四大基础条件，厘清对区域间供需互补性的认识。①

3.1 历史累积与经济制度基础

我国近代产业发展水平低下，工业区位分布很不平衡。1936 年，全国约90% 的企业分布于东部沿海省份，仅上海市就集中了全国工业企业的 48.7%，内陆省份工业企业总数仅占 10%②。20 世纪 30 年代外国对华投资的 80% 也集中在

---

① 本章数据若无特别说明，均来自《中国统计年鉴》和《2009 中国西部发展报告》。

② 周殿昆. 中国东西部市场关系与协调发展［M］. 成都：西南财经大学出版社，1998：5.

上海市（刘静，2010）①。总之，近代中国经济的区域非均衡发展的特征突出。新中国成立前，中国的工业企业选择区位有很多局限，当时的重工业企业主要集中在东北的辽宁地区，轻纺工业企业主要集中在上海、天津、青岛、广州等少数沿海城市，占国土面积 85% 左右的广大内陆地区，除武汉、重庆等几个城市外，几乎没有什么现代工业，以农业为支柱产业。这种状况说明那时中国已经初步形成"东工西农"的产业格局。

　　新中国成立后，从"一五"计划开始至中共十一届三中全会召开的计划经济时期，尽管我国"东工西农"的产业空间格局在国家计划命令的强制调整下并没有根本性的改变，但由于众所周知的原因，计划经济制度下我国缺乏从事"市场交易"的土壤，无法建立区际体现市场交易的供需互补性关系。这一时期，我国产业布局经历了行政性的强制调整阶段，主要措施是调整工业布局状况，纠正沿海与内陆之间工业布局的不合理状况。新中国成立初，为了促进区域经济均衡发展，政府计划指令下的企业的区位选择更多地指向内陆省份，在内陆兴建了一大批大中型工业企业，如"一五"期间有著名的 156 项重点工业项目，形成了一批新兴的工业基地。之后，国家先后在"三线"地区②投入 2 000 多亿元资金，形成了以国防工业为重点，以交通、煤炭、钢铁、电力、有色金属工业为基础，机械、电子、化工相配套，2.9 万个工业企业，形成了门类比较齐全的工业体系，大大加快了内陆的工业化进程。在"三线"建设中，国家不仅在内陆地区的四川（重庆）、陕西、贵州三省投入 655.6 亿元建设资金，而且强制沿海地区的重要工业企业整体或部分搬迁到西部地区，因而是计划强制下沿海地区生产力向内陆地区跨区域大流动③。但是由于内陆地区工业集聚水平很低，企业之间、工业部门之间、各产业之间没有很好地建立起正常的经济联系，难以产生带动效应。因此，多数企业效率低下，投资收益差，实际上是以延缓沿海地区经济社会发展为代价来推动内陆地区工业化的区域发展政策。经过大规模建设，内陆地区（主要是西部地区）形成了 45 个大型工业生产和科研基地，35 个新兴工业城市，极大地促进了内陆地区中心城市的经济社会发展，而且在内陆地区形成了我国重要的重工业生产能力。根据相关统计，20 世纪 80 年代初，仅内陆"三线"地区钢铁生产能力占全国的 27%；有色金属生产能力占全国的 50%；原煤生产能力占全国的 27%；电力装机容量占全国的 30%；机械加工能力占全国的 30%，电子元

---

　　① 刘静. 我国企业区位选择与区域布局问题探讨［J］. 当代经济研究，2010（7）.

　　② 所谓"三线"地区包括：四川、贵州、云南、陕西、甘肃 5 省全境和河南、湖北、湖南 3 省西部，其中以西部的四川、陕西、贵州 3 省为重点.

　　③ 周殿昆. 中国东西部市场关系与协调发展［M］. 成都：西南财经大学出版社，1998：5.

器件生产能力占全国的 70%。尽管这一时期，由于强制性的调整工业空间布局，内陆地区工业取得了长足进步和发展，内陆与沿海地区之间工业产值比重差距缩小了 10 个百分点，但从总体上看，我国"东工西农"的宏观产业格局仅有少许改善。1957 年我国工业总产值的东、中、西地区比重为 65.9∶22.6∶11.5，到 1978 年"三线"建设尾声，则为 60.9∶25.9∶13.2，我国工业产值的东、中、西地区比重仍然是东部占六成以上，内陆地区工业产值比重仅上升 5 个百分点，而且内陆地区的轻工业产值仍然仅占全国轻工业产值的 35%，相较于"三线"建设初期改善甚微。

改革开放后，市场交易逐步恢复。改革开放初期至 20 世纪 90 年代中期，国家实施鼓励沿海地区率先发展的非均衡发展战略，集中资金、资源和优惠政策重点发展沿海省份，使沿海产业快速发展。在出口导向战略和局部开放政策影响下，沿海地区聚集了大量外资企业和"三来一补"经济形式，同时，涌现了大量乡镇企业和民营企业，奠定了沿海地区市场化经济基础。1992 年我国确立"市场化改革方向"后，随着市场配置资源的基础功能日益增强，沿海地区受惠于非均衡发展战略，其外资经济、民营经济的发展领先于全国其他地区，相较而言，沿海地区经济的市场化程度更高，市场经济制度也更完善。而市场经济体制中经济主体的逐利性，往往更有利于优势地区发挥其"回波效应"或者"集聚效应"。制造型产业进一步向沿海地区集中，沿海地区对内陆（特别是西部）地区的资源需求不断增强，形成消费制成品向西流动，资源类初级产品向东流动的市场供需互补性关系。

在循环累积因果效应的作用下，通过市场竞争，沿海地区进一步发展成为我国轻工业基地、先进制造业基地和高新技术产业基地。沿海地区许多现在著名的大型先进制造企业都是当年合资企业、乡镇企业、私营企业或者为外商代工企业在市场竞争中发展壮大起来的，如创维集团、华为集团、吉利集团、娃哈哈集团、联想集团、雅戈尔集团、江苏阳光集团、红豆集团、奥克斯集团、德力西集团、新世纪集团等。很明显，市场经济体制促进了产业集中化过程。一些发达国家的经验也表明，产业的集中化是历史累积和市场经济制度的结果，优势企业将不断扩大市场份额和规模，由此推动区际供需互补性增强。

3.2 自然资源基础

区域间的自然资源禀赋差异对它们的产业结构和供需关系往往具有决定性作

用。我国在能源、矿产、土地、气候等自然资源方面的分布和特点，对资源依赖型产业的区位选择具有"硬约束"，区域主导产业专业化突出，如采掘业、原材料加工业、农业等。自然资源的"西富东穷"与经济社会发展水平的"东强西弱"，使内陆与沿海具有吸引不同类型产业聚集的各自优势，并造成两大区域间资源产品和原材料产品，深加工和高技术产品的生产供给与需求能力的明显错位，形成显著的供需互补性（周殿昆，1998）。

3.2.1　影响产业区位选择的自然资源因素分布

1. 土地

我国大陆区域整体上分为东、中、西三大块，东部省份有 11 个，也称为沿海地区，陆地面积 105.73 万平方千米，占全国陆地总面积的 11%；中部和西部省份，本书统称为内陆地区，面积 846.87 万平方千米，占全国陆地总面积的 88%，其中西部省份有 12 个，面积 683.37 万平方千米，占 71%，中部省份 8 个，面积 163.5 万平方千米，占 17%。而三大区域的人口比重却与土地面积呈现"反向分布"结构，东、中、西部省份人口比重分别为 41%，32% 和 27%。可见，无论是土地总量资源还是人均土地资源，内陆地区比沿海地区丰富。

农产品[①]产出水平对土地面积等自然条件具有很强的依赖性。以粮食产量为例，决定其产量的最大相关因素就是耕地面积。全国土地利用现状调查数据显示，1995 年我国耕地面积为 19.78 亿亩左右，人均占有耕地仅 1.76 亩，为世界人均数 3.75 亩的 47%[②]。随着人口增加，2010 年人均耕地降至 1.43 亩，在快速工业化、城市化和人口增长趋势下，这一数据还将继续下降。而且，我国耕地资源分布也很不平衡，各省份人均耕地资源差别很大（见表 3 - 1）。根据联合国粮农组织（FAO）按照人均昼夜食物消费 2 300 大卡热量，粮食作物单产 320 公斤条件下，养活 1 人所需最低耕地面积为 0.8 亩，若低于此限，即使在现代化生产条件下也难以保证粮食自给。以 FAO 标准来看，1995 年不能满足粮食自身需求的有上海、北京、福建、天津、广东 5 个省市。如果以县级行政单位划分，人均耕地低于 0.8 亩的县级区划主要分布在辽宁、河北、北京、天津、山东、江苏、上海、浙江、福建、广东、广西（政策上属于西部）11 个东部沿海地区。

---

① 广义农产品包括农、林、牧、渔等产业部门所生产的产品，涵盖了食用和非食用的动物、植物、微生物产品及其直接加工品。狭义农产品主要指粮食、水产品、畜产品，以及经济作物中的油料作物、饮料作物和糖类作物，而不包括林产品和经济作物中的橡胶、纤维等。本文的农产品是广义的农产品。

② 课题组. 近年来我国耕地变化情况及中期发展趋势 [J]. 中国社会科学, 1998 (1)：75 - 90.

2010 年低于人均 0.8 亩耕地标准的地区，在 1995 年东部 5 省市的基础上增加了浙江省。

表 3 - 1　　　　　　　　　　　　全国各省份人均耕地面积

省份	年份	耕地（亩/人）	省份	年份	耕地（亩/人）	省份	年份	耕地（亩/人）
内蒙古	1995	5.61	黑龙江	1995	4.84	宁夏	1995	3.78
	2010	4.34		2010	4.63		2010	2.62
新疆	1995	3.53	吉林	1995	3.37	甘肃	1995	3.25
	2010	2.83		2010	3.02		2010	2.73
陕西	1995	2.48	云南	1995	2.45	山西	1995	2.37
	2010	1.63		2010	1.98		2010	1.70
西藏	1995	2.29	贵州	1995	2.20	青海	1995	2.18
	2010	1.80		2010	1.93		2010	1.44
河北	1995	1.69	海南	1995	1.64	辽宁	1995	1.61
	2010	1.32		2010	1.26		2010	1.40
安徽	1995	1.57	广西	1995	1.48	河南	1995	1.40
	2010	1.44		2010	1.37		2010	1.26
山东	1995	1.39	湖北	1995	1.32	四川	1995	1.25
	2010	1.18		2010	1.22		2010	1.13
江西	1995	1.15	江苏	1995	1.10	湖南	1995	0.93
	2010	0.95		2010	0.91		2010	0.87
浙江	1995	0.85	广东	1995	0.80	天津	1995	0.79
	2010	0.53		2010	0.41		2010	0.51
福建	1995	0.74	北京	1995	0.54	上海	1995	0.37
	2010	0.54		2010	0.18		2010	0.16

注：因统计口径等原因本书所有统计数据均不含我国香港、澳门特别行政区和台湾地区。
资料来源：1995 年数据引自课题组．近年来我国耕地变化情况及中期发展趋势 ［J］. 中国社会科学，1998.1；2010 年数据根据《中国统计年鉴 2011》计算整理；四川省的数据含重庆市；2010 年数据源自自然资源部 2008 年度土地变更调查，截至时点为 2008 年 12 月 31 日。

从表 3 - 1 中可以看出，东部沿海地区耕地递减速度快于内陆地区，如北京市减少了 66.7%；上海市减少 56.8%；广东省减少 48.8%。说明在我国市场化发展以来，东部地区城镇化、工业化发展更快，以及对内陆地区人口的吸引，土地消耗非常大。尽管内陆地区耕地也在减少，但速度相对较慢，如黑龙江省仅减少 4.3%；吉林省减少 10.4%；贵州省减少 12.3%；四川省减少 9.6%；湖北省减少 7.6%；河南省减少 10% 等。这样的发展趋势，在耕地资源条件与人口分布结构关系上进一步强化了内陆省份作为粮食供给地，东部沿海地区为输入地的供需互补性。

2. 水资源

水资源通常指逐年可以得到、恢复和更新的淡水量，是自然环境的基础，又是战略性经济资源。水资源开发具有发电、防洪、航运、灌溉、供水、旅游、水土保持等综合效益。水资源总量指当地降水形成的地表水和地下水的产水量，我国水资源总量为 25 255.2 亿立方米，次于巴西、俄罗斯、加拿大、美国和印度尼西亚，居世界第 6 位。但人均水资源占有量只有 2 200 立方米，仅为世界人均水资源量平均值的 1/4 左右，居世界第 121 位，为中度缺水国家之一。我国水资源分布的总体格局是：北方少、南方多；西北少、东南多。[①] 南方水资源总量占全国的 81%，北方的黄河、淮河、海河三大流域的水资源总量仅占全国的 7.5%，而人口和耕地却分别占全国的 34% 和 39%。南方和北方相比，前者人均水量为后者的 4.5 倍。

3. 能源

这里的能源主要指煤炭、石油、天然气和水能四种自然资源。

（1）煤炭资源。我国煤炭资源分布面积 60 多万平方千米，保有资源量 10 202 亿吨，截至 2002 年底，中国探明可直接利用的煤炭储量为 1 886 亿吨，煤炭资源总量位居世界第一，可采储量居世界第二。我国煤炭资源虽然丰富，但资源分布与消费区域存在明显错位。从大的区域看，煤炭资源"西多东少"，工业比重"东多西少"。我国煤炭资源主要分布在西部省份，以山西、陕西、内蒙古等省份的储量最为丰富，三省份占中国煤炭资源的 60%，另外还有近 9% 集中在西南的云南、贵州、四川、重庆地区。从较小的区域内部看，同样存在明显错位，如华东地区的煤炭资源储量的 87% 集中在安徽省和山东省，而工业主要在以上海市为中心的长江三角洲地区；中南地区煤炭资源的 72% 集中在河南省，而工业主要在武汉市和珠江三角洲地区；西南煤炭资源的 67% 集中在贵州省，而工业主要在四川省；东北地区相对好一些，但也有 52% 的煤炭资源集中在北部黑龙江省，而工业集中在辽宁省。[②]

① 周殿昆. 中国东西部市场关系与协调发展 [M]. 西南财经大学出版社，1998：64.

② 崔村丽. 我国煤炭资源及其分布特征 [J]. 科技情报开发与经济，2011，21（24）.

（2）石油资源。根据新一轮全国油气资源评价结果统计，石油地质资源量为765.01亿吨、可采资源量为212.03亿吨。石油资源的分布呈极不均衡态势。从地区上看，我国石油资源集中分布在东部（含近海）地区，其可采资源量为129.52亿吨，占全国可采资源量的61.1%；内陆地区可采资源量为82.5亿吨，占全国可采资源量的38.9%，如表3-2所示。

表3-2　　　　　　　　　　　　　我国石油资源的区域分布情况

地区	地质资源量（亿吨）	可采资源量（亿吨）	比重（%）
东部区（含近海）	431.77	129.52	61.1
中部区	88.50	20.63	9.7
西部区	244.74	61.87	29.2
全国总计	765.01	212.03	100

资料来源：本表引自周庆凡. 我国石油资源分布与勘探状况［J］. 石油科技论坛，2008（6）：13。表中资源量数据引自全国新一轮油气资源评价（2003-2007）。

（3）天然气资源。目前，我国已探明天然气地质储量63.36亿立方米，可采储量为38.69亿立方米，资源探明率仅为11.34%，尚有待探明资源量近50万亿立方米，勘探潜力巨大。截至2007年，我国天然气资源基础储量为3.2万亿立方米，西部为2.6万亿立方米，占全国的81.2%，主要分布在内陆西部的塔里木、鄂尔多斯、四川、柴达木、准噶尔盆地等地区，远离工商业发达、能源需求旺盛的沿海消费区。

（4）水能资源。我国是世界上水电能资源最丰富的国家之一。截至2010年底，我国电力装机突破2亿千瓦，继续稳居世界第一。根据最新的水能资源普查结果，我国水能资源的技术可开发量、经济可开发量、年发电量均名列世界第一。但我国水能资源分布极不均衡，西部省份拥有全国81%的水能资源，其中西南地区的四川、云南、西藏3省份水能资源占全国水能技术可开发量的60%以上，特别是四川省水力资源技术可开发量高达1.2亿千瓦，年发电量6 131.86亿千瓦时，占全国20%以上，居全国首位。[①] 东部地区地势平缓，水能资源仅占全国的7.2%。

4. 矿藏

（1）金属矿。截至2002年底，我国探明储量的金属矿产总共54种，其中计

---

① 资料来源：全国水力资源复查工作领导小组. 中华人民共和国水力资源复查成果（2003年）总报告［Z］. 北京：中国电力出版社，2004.

有黑色金属 5 种；有色金属 13 种；贵金属 8 种；稀有、稀土和稀散金属 28 种。从地域上看，中西部地区新增储量潜力很大。中部地区以有色金属、贵金属为主，铜、铝、金、银的保有储量在东、中、西三个地区中居首位。西部地区的铬、钒、钛、镍、汞、铂、铅、锌、磷、芒硝、重晶石等矿产资源比较丰富，磷矿、铅锌矿储量均大于东部和中部之和。此外，西部地区有色金属、贵金属资源潜力很大。

尽管我国金属矿资源遍布全国，但也呈现相对集中的分布格局。如铁矿，近60% 的资源储量集中辽宁省鞍山—本溪、河北迁安—北京密云、四川攀枝花—西昌、湖北宜昌—恩施、山西五台—岚县、江苏南京—安徽马鞍山—庐江、内蒙古包头—白云鄂博及海南石碌等地；内蒙古自治区胜利煤田查明锗资源量 1 600吨，占全国查明资源量近 1/3；铜矿 77% 的资源储量主要集中于长江中下游、赣东北、甘肃省白银市和金昌市金川区、山西省中条山、青海省、海南省、南岭地区、西昌—滇中、西藏昌都、黑龙江嫩江和内蒙古阿巴尔虎右旗等地；全国铅锌矿 76% 的探明储量却集中于云南、内蒙古、湖南、广东、甘肃、江西、广西、四川 8 省份。

我国主要金属矿产大、中型矿床占有的储量比例相当大，一些世界级的超大型矿床主要分布在我国中西部省份。例如，内蒙古自治区白云鄂博矿区含铌稀土铁矿床，拥有铁矿资源储量 9.2 亿吨及大量的稀土氧化物和铌。甘肃省金昌市金川白家嘴子铜镍硫化矿床，拥有 500 多万吨镍、350 万吨铜，还有大量的钴和铂族金属。四川省攀枝花钒钛磁铁矿拥有铁矿 27 亿吨、钛金属 1.4 亿吨，还有大量的钒。湖南省柿竹园钨锡钼铋铍多金属矿床，所含的金属总量超过 100 万吨。湖南省锡矿山锑矿、广西壮族自治区大厂锡多金属矿、云南省个旧锡矿、云南省兰坪金顶铅锌矿、甘肃省成县厂坝铅锌矿、河南省栾川钼矿、陕西省金堆城钼矿等，内陆省份这些大型、超大型矿床都已成为我国重要的矿物原料基地，在我国金属矿业中有举足轻重的作用①。

（2）非金属矿。中国是世界上非金属矿产品种比较齐全的少数国家之一，全国现有探明储量的非金属矿产产地 5 000 多处。大多数非金属矿产资源探明储量丰富，分布广泛，如萤石、耐火黏土、硫、重晶石、盐矿、云母、石膏、水泥灰岩、玻璃硅质原料、高岭土、膨润土、花岗石、大理石等矿产地分布覆盖面广至全国 2/3 以上的省份，其中水泥灰岩、玻璃硅质原料、花岗石和大理石等大宗矿产的矿产地遍及全国各省份。但是，大多数非金属矿产储量分布不平衡，相对集

---

① 曹新元. 我国主要金属矿产资源及区域分布特点［J］. 资源产业，2004，6（4）：21.

中在我国经济比较发达的东部和中部地区，特别在东南沿海一带，如硫、石英砂、高岭土、石材、石墨、滑石、萤石、重晶石等，为开发利用提供方便的地理条件，然而，探明储量尚不能满足沿海经济发展需求。唯磷矿相对集中在云南、贵州、四川、湖北等省，形成南磷北运的不利布局；而钾盐、芒硝、盐矿、天然碱等盐类矿产则大量分布在青海省柴达木盆地和四川省，地处边远高原，开发难度大。

辽宁省菱镁矿储量占全国的85.6%；萤石矿湖南省最多，占全国总储量的38.9%，内蒙古自治区、浙江省分别占16.7%和16.6%；山西省耐火黏土矿占全国总储量的27.9%；硫铁矿以四川省最为丰富；芒硝矿资源以青海省储量最多，约占40%，四川省次之，约占30%；贵州省重晶石矿最多，保有储量占全国的34%，湖南、广西、甘肃、陕西等省份次之，以上五省份储量占全国的80%；矿盐资源以青海省为最多，占全国的80%，四川、云南、湖北、江西等省次之；我国钾盐矿产资源贫乏，钾盐主要产于青海省察尔汗盐湖，其储量占全国的97%；辽宁省硼矿最多，储量占全国的57%，青海省占24.7%；湖北、云南两省磷矿资源分别占22%和21%，贵州省和四川省次之，以上4省合计占全国储量的71%；金刚石矿资源主要分布于辽宁省，其储量约占全国的52%，山东省蒙阴金刚石矿田次之，占44.5%；石墨矿资源主要分布在黑龙江省，储量占全国的64.1%；吉林省硅灰石矿资源占全国的40%，云南、江西、青海、辽宁4省次之；江西省滑石矿资源占全国的30%，辽宁、山东、青海、广西等省（区）次之；青海省石棉矿储量占全国的64.3%，四川、陕西两省次之；新疆维吾尔自治区云母储量占全国的64%，四川、内蒙古、青海、西藏等地也有较多的云母资源；山东省石膏矿占全国储量的65%，内蒙古、青海、湖南3省份次之；辽宁省的岫岩玉保有储量最多，占全国玉石储量的一半；高岭土矿广东省最多，陕西省次之，分别占全国储量30.8%和26.7%，福建、广西、江西3省份探明储量也较多；膨润土矿资源以广西壮族自治区、新疆维吾尔自治区、内蒙古自治区为多，分别占全国储量的26.1%、13.9%和8.5%；花岗石矿产以山东省、北京市为多，分别占全国储量的23.8%和18.5%；大理石矿以广东省、河北省储量最多，各占16.6%。[①]

总体上看，东中西三大地带的矿产资源各有优势，但由于西部地广人稀，加之矿区规模较大，资源供给方面呈现西丰东歉的格局。西部探矿工作比东部落后很多，从长远看，西部矿产资源增长潜力最大，将对经济发达的沿海地区构成很

---

① 资料来源：中国非金属矿产资源简介 ［EB/OL］. 2010-03-24. http://www.ky114.cn.

强的供给能力。目前，由于西部地区矿产资源大多分布在偏远、闭塞、气候条件恶劣地区，开发难度大，沿海和中部地区的许多矿产资源承担着主要的供给任务。

5. 气候

我国幅员辽阔，地形多样，高原、山地、盆地、丘陵、平原都有，气候类型复杂，有热带季风气候、亚热带季风气候、温带季风气候、温带大陆性气候和高原山地气候五大类型，小区域气候更多。南北温度，东西降雨，都有天壤之别，我国沿海与内陆的东、中、西三大地带的气候差异非常大。气候对工业区位选择的直接影响不大，主要通过对农业原材料产出的影响，间接影响工业布局，因此，在此不详述各个区域气候特点，而是以几个典型原材料产区的气候条件为例阐明观点。

新疆维吾尔自治区阿克苏地区，全年无霜期 205 ~ 219 天，年平均太阳总辐射量为 130 ~ 141 千卡/平方厘米，年日照 2 855 ~ 2 967 小时，年均气温 9.9 ~ 11.50℃，平均降雨量 44.6 ~ 60.8 毫米，年蒸发量 1 980 ~ 2 602 毫米，年均风速 1.7 ~ 2.4 米/秒，属暖温带干旱气候区，热量丰富、日照充足、降水稀少、空气干燥、昼夜温差大，非常适合棉花的生长。加上丰富的雪水灌溉，减少了大量病虫害，为棉花的生长提供了我国其他棉区所不及的良好条件。因此，新疆地区种植棉花有较大优势，生产成本低，棉花产量大，絮色白，品级高。全国棉花产能不断向新疆地区集中。

广西壮族自治区属中亚热带过渡的季风气候区，气候温和，雨量充沛，年平均气温 20.2℃、日照时数 1 582 小时、降雨量 1 360 毫米、无霜期 331 天。甘蔗是一年生热带和亚热带草本植物，为喜温、喜光作物，年积温需 5 500 ~ 8 500℃，无霜期 330 天以上，年均空气湿度 60%，年降水量要求 800 ~ 1 200mm，日照时数在 1 195 小时以上。积温在 5 500℃以上，年极低气温 ≥ -2℃ 为最适宜种植气候区，这一气候区基本上都位于北纬 24°以南，广西是我国最符合这一条件的省份。

3.2.2 自然因素影响下的区域产业发展

自然资源的分布完全独立于人的主观意识而客观存在，人力无法改变，即使人为强力干预（如南水北调），也不能根本上改变资源分布总体格局，而且人力干预的经济性、生态性也受到诸多质疑。于是，自然资源分布状况就决定了资源依赖型产业的区位选择。

1. 矿产资源依赖型产业

基础能源产业受资源条件的约束很大，对资源的依赖程度很高，而且资源陆上大规模远距离运输困难，或者受技术条件限制，不经济。从长期来看，资源丰度决定其行业整体长期成本水平。因此，此类行业倾向于聚集在资源丰富的地区，能降低其长期生产成本，如煤炭、石油、天然气开采业，水电业，石油气加工业等。近年来，随着管道运输条件的成熟，油气加工行业的区位选择自由度变得更大。

能源导向型产业是指该产业生产过程中能源消耗量大，每单位产品的能耗比重高的行业。包括电解铜、电解铝、石油加工、化工、铁合金、电石、烧碱、水泥、钢铁、黄磷、锌冶炼。这类产业对能源的依赖性很强，作为一般性工业，对能源成本、劳动力成本、土地成本等要素成本更加敏感，因此倾向于在内陆能源丰富，劳动力和土地成本低廉的地区聚集。

原材料产业的区位选择与上述产业情况类似，受金属矿产资源和非金属矿产资源分布的影响较大，原材料远距离运输困难，主要聚集在矿产资源丰富的地区。

据统计，全国14%的城市是因矿产资源（能源、金属和非金属矿产）集中区开发而形成（曹新元，2004），也从侧面印证了矿产资源富集区域吸引相关产业聚集。资源优势区域通过吸引相关产业，将资源优势转化为经济优势，即形成强大的供给能力，这一趋势还将进一步增强。《全国矿产资源规划（2008~2015年)》中明确提出，以西部十大矿产资源集中区为重点，新建一批大中型矿产资源勘查开发基地，推动西部地区石油、天然气、有色金属、钾盐等区域优势矿产的开发和深加工，加快资源优势向发展优势转化。[①] 根据国家发展和改革委2007年发布的《可再生能源中长期发展规划》目标，到2020年全国水电装机容量将新增1.3亿千瓦，大部分都位于四川、云南省境内的金沙江、雅砻江、大渡河、澜沧江上，这些流域骨干电源点的开发建设是现在及未来10年内我国水能资源开发的主战场。[②]

2. 农业

我国农业仍是一个"靠天靠地"的产业，土地资源和气候条件决定了农业及其附属产业的区位选择。中部省份耕地充裕，气候适宜，使其成为我国粮食主产区；西部地区则以独特的地理和气候条件成为农特产品的主要产区，如新疆维吾尔自治区、广西壮族自治区以独特气候条件分别成为我国棉花和甘蔗主产区，云南省、贵州省成为烟叶主产区。

---

① 《全国矿产资源规划（2008~2015年)》发布实施［EB/OL]. 中央政府门户网站，（2009-01-07). http://www.gov.cn/jrzg/2009-01/07/content_1198988.htm.

② 国家发展改革委. 可再生能源发展中长期规划［R]. 2007.

3.3　社会经济基础

影响我国区域供需互补性的因素，除前述的自然资源分布外，由于历史的原因，东中西部之间经济社会发展水平和软环境已经形成了较大差距。加之，我国改革开放后实施的非均衡区域发展战略，政策和投资大量向东部倾斜，循环累计因果效应和马太效应使区域差距进一步放大，导致东中西经济社会发展水平差距不断扩大，构成了经济社会资源分布"东丰西歉"的区域落差。而这种经济社会资源分布差别往往对非资源依赖型产业的区位选择产生主要影响。

3.3.1　经济发展总体水平

一个区域的经济发展水平高低，决定其市场规模和市场潜力的大小，是吸引产业区位选择的基础条件，从而决定区域供需能力的强弱。表 3 - 3 以 2010 年东、中、西三大经济区域经济发展总体水平进行比较可见，（1）衡量地区经济实力强弱的地区生产总值（GDP）也是衡量区域市场规模的宏观指标之一。东部地区的地区生产总值比内陆地区的总和还多 34.27%，是西部地区的 3 倍以上；在业人口东部地区是中部地区的 1.32 倍，西部的 1.48 倍，说明沿海地区市场总体规模和潜力远大于内陆地区。（2）沿海地区不仅市场规模大，而且其经济密度高，市场更加集中。经济密度是指每单位土地的经济总量，或者说每单位土地经济活动的地理密度，即每单位土地面积的经济产出水平。沿海地区经济密度高达 2 316 万元/平方千米，内陆的中部和西部地区分别仅为 629 万元/平方千米和 121 万元/平方千米，沿海地区更是西部地区经济密度的 19 倍之多。（3）市场层次方面，沿海与内陆地区处于明显不同阶段。东部地区人均 GDP 达 45 510 元，按 2010 年年均汇率计算，人均超过 6 700 美元，达到中等偏上收入国家水平①。中部和西部地区人均 GDP 分别仅为 3 600 美元和 3 300 美元，处于中等偏下收入国家水平。从地区居民购买力看，东部地区居民消费支出总额超过中、西部地区总和，东部地区是西部地区的 2.80 倍，中部地区的 2.23 倍；人均消费支出，东部地区是西部地区的 1.83 倍，中部地区的 1.72 倍。从而东部地区的市场需求结构

---

① 按世界银行公布的数据，2008 年的最新收入分组标准为：人均国民收入低于 975 美元为低收入国家，在 976 ~ 3 855 美元之间为中等偏下收入国家，在 3 856 ~ 11 905 美元之间为中等偏上收入国家，高于 11 906 美元为高收入国家。我国人均国民总收入与人均 GDP 大致相当。

更容易吸引高端行业，高端产品的聚集。（4）从对固定资本的需求看，东部固定资本形成总额超过中、西部之和，东部是西部的 2.24 倍；人均新增固定资本，东部地区分别是中、西部地区的 1.47 倍。

表 3 - 3　　　　2010 年东、中、西地区经济发展总体水平主要指标

指标	全国	东部地区	中部地区	西部地区	东：中：西
1. GDP（亿元）	401 202	250 488	105 146	81 408	308：129：100
人均 GDP（元）	29 920	45 510	24 871	22 570	202：110：100
经济密度（万元/km²）	422	2 316	629	121	1 914：520：100
2. 在业人口（万人）	76 105	31 571	23 976	21 288	148：113：100
3. 固定资本形成（亿元）	234 338	118 952	62 276	53 110	224：117：100
人均新增固定资本（元）	17 476	21 612	14 731	14 724	147：100：100
4. 居民消费支出（亿元）	143 219	79 322	35 523	28 374	280：125：100
人均消费支出（元）	10 681	14 412	8 403	7 866	183：107：100

资料来源：作者根据《中国统计年鉴 2011》计算整理。

3.3.2　区际生产要素成本水平

在赫克歇尔（Heckscher，1919）和俄林的贸易理论中（Ohlin，1933），要素禀赋是决定生产区位模式的关键。劳动密集型产业对生产要素成本极为敏感，区位选择时一般工业中的劳动密集型产业更倾向于向要素成本较低的区域聚集（王俊松，2011），从而形成较强的供给能力。本书用地区生产总值收入法中的劳动者报酬计算比较东、中、西部地区劳动力成本，用各地房地产企业购地成本来代表土地成本，计算结果如表 3 - 4 所示。（1）东部地区每个就业人员年均收入大约为 3.48 万元，中部和西部地区均不足 2 万元，可见，东部地区劳动力成本大约是西部的 1.88 倍。再从部分地区最低工资标准也可见一斑（见表 3 - 5）。（2）土地资源天然不可流动性，导致沿海与内陆地区土地成本差异更甚于劳动力成本。从房地产企业平均购地成本看，东部地区单位土地成本分别是中、西部地区的 2.50 和 2.54 倍。因此，从劳动力和土地成本看，内陆地区相比沿海地区具有优势，对劳动力成本占总成本比例较大的行业，而且市场主要以区域市场为主的行业具有很强吸引力。对于以出口为导向的劳动密集型产业，沿海地区的交通优势和交易成本优势仍然是影响区位选择的主要因素。

表 3 - 4　　　　　　　　　**2010 年区际要素成本水平比较**

要素	全国	东部地区	中部地区	西部地区	东：中：西
劳动力成本（万元/人·年）	2.58	3.48	1.98	1.85	188：107：100
土地成本（元/平方米）	2 503	3 679	1 472	1 451	254：101：100

资料来源：作者计算劳动力成本的数据来源为《中国统计年鉴 2011》相关栏目，计算土地成本的数据来源于"中经网统计数据库"。

表 3 - 5　　　　　　　**2012 年部分沿海与内陆地区最低工资标准比较**　　　　单位：元

沿海省份	最低工资标准	内陆省份	最低工资标准
上海	1 450	重庆	870
天津	1 310	江西	870
浙江	1 310	黑龙江	880
广东	1 300	青海	920
北京	1 260	贵州	930

资料来源：来自中国新闻网。

现实情况印证了理论分析结论，江苏省在纺织行业中有着传统比较优势。例如，南通市在历史上纺织业就比较发达，20 世纪 90 年代初，在日本两大服装公司"东丽"和"帝人"的投资带动下，吸引纺织类企业聚集在南通市发展，成为目前国内较大的服装生产基地。我国纺织业东、中、西三大地带的需求满足度都显著过剩，这一行业对外依存度很高（2010 年为 42.5%[①]），说明很多企业属于出口导向型企业，从节省运输成本角度来说，沿海地区仍然是出口型纺织企业的首选区域。同时，纺织行业也是劳动密集型产业，对生产成本（劳动力成本和土地成本）的变动十分敏感，产业区位选择时劳动力指向特征明显，特别是对于一般性纺织制造产品，因此，生产中低端纺织产品而且主要面向国内市场的纺织企业对于内陆地区劳动力低成本和土地成本等具有明显倾向性。20 世纪 90 年代中后期和 21 世纪初期，上海、浙江等沿海纺织业大省市在产业结构调整的大背景下，纺织业通过"关、停、并、转、破、卖、送、迁"的举措推进纺织业转移，转移的方向，一个是出口型纺织企业向沿海的"内陆"地区转移，生产中高

[①]　此处的对外依存度 = 纺织业进出口总额/纺织业工业总产值×100%，数据来自《中国统计年鉴 2011》。

端出口产品；另一个转移方向是向中西部内陆地区转移，利用生产要素低价的优势生产满足国内市场的产品。

3.3.3 交通、物流、信息基础设施

交通、物流、信息等基础设施完善程度直接影响着地区交易费用高低，也是产业区位选择的重要影响因素。当根据新贸易理论，规模报酬递增的行业的区位选择对交通、物流、信息等基础设施条件决定的贸易成本更为敏感[①]。原因在于，生产规模越大，对区际贸易的依赖性也越强，更加完善的流通基础设施必然有利于降低交易成本，从而导致产业集聚。从全社会固定资产投资看，1992~2010年，西部地区全社会固定资产投资从1 224.77亿元增长至54 834.7亿元，增长了43.77倍，年均增长高达23.52%，比东部高2.95个百分点；中部地区全社会固定资产投资从1 661.2亿元增长到77 573.6亿元，增长了45.7倍，年均增长高达23.81%，比东部高3.24个百分点。尽管中西部地区增速都快于东部地区，但沿海与内陆地区的绝对差距仍然呈现扩大趋势。就同期东西部地区比较来看，全社会固定资产投资差距从3 324.56亿元扩大至77 062.3亿元，绝对差距扩大了22.18倍，如表3-6所示。

表3-6　　　　1992~2010年全社会固定资产投资东、中、西部地区比较

地区	1992年（亿元）	2010年（亿元）	2010年/1992年	1992~2010年年均增长（%）
东部	4 549.33	131 897	28.99	20.57
中部	1 661.20	77 573.60	46.70	23.81
西部	1 224.77	54 834.70	44.77	23.52
全国合计	7 854.98	278 121.90	——	——
东西差距	3 324.56	77 062.30	23.18	19.08

资料来源：历年《中国统计年鉴》，并经过作者计算整理。

从表3-7中可以看出，中西部铁路里程密度分别仅相当于东部铁路密度的79.07%和22.60%；中西部内河航运里程分别仅相当于东部地区的46.98%和

---

① 钱学锋. 国际贸易与产业集聚的互动机制研究 [M]. 上海人民出版社，2010：7-9.

9.22%；中西部等级公路里程密度分别仅相当于东部地区的 70.59% 和 17.73%。其中，高速公路里程密度分别相当于东部地区的 50.04% 和 11.11%，一级公路里程密度分别仅相当于东部地区的 16.24% 和 4.25%。由此可见，内陆地区（特别是西部地区）交通基础设施供给远远低于东部地区水平。西部地区交通基础设施供给不足也降低了西部地区承接东中部地区和国外先进产业转移的速度，影响西部地区经济发展。

表 3 - 7　　　　　　我国东、中、西部地区交通基础设施比重　　　　　　单位：%

区域	铁路	内河航运	等级公路	高速公路	一级公路
中部/东部	79.07	46.98	70.59	50.04	16.24
西部/东部	22.60	9.22	17.73	11.11	4.25

资料来源：作者根据《中国统计年鉴 2011》相关数据计算。

信息基础设施方面，沿海地区与内陆地区具有明显的差距。东部地区长途电话交换机容量占全国的一半；互联网宽带接入端口东部地区占全国的 58.52%，而西部地区仅占全国的 18.77%，中部地区好于西部地区，也仅占全国的 22.71%，如表 3 - 8 所示。

表 3 - 8　　　　　　内陆与沿海地区信息基础设施比重　　　　　　单位：%

地区	长途电话交换机容量 （路端）	局用交换机容量 （万门）	移动电话交换机容量 （万户）	互联网宽带接入端口 （万个）
东部占比	49.42	52.62	48.99	58.52
中部占比	29.69	24.19	26.30	22.71
西部占比	20.61	23.18	24.70	18.77

资料来源：作者根据《中国统计年鉴 2011》相关数据计算。

3.3.4　投资软环境发育水平

区域投资环境涵盖内容较多，如地区的市场化程度、开放水平、创新能力、劳动者素质、优惠政策等。许多研究表明，投资软环境已成为影响产业区位决策重要因素，也是区域吸引力的关键因素（高新才和张婷婷，2009）[①]，特别是对技术密集型产业，欧美和日本企业等（王伟凯，2011）[②]。本书通过比较分析东、中、西部地区市场化、开放度和创新能力的相关指标，可以判断不同区域市场化程度，开放水平，区域创新等经济活力强弱。(1) 以工业的非国有经济比重来看市场化程度，东部地区达 79.5%，分别高于中、西部地区 14.8 个和 23.7 个百分点。市场体系完善与否最能代表市场经济发育情况，而区域专业市场的数量与区域市场体系发育密切相关。东部地区的专业市场数占全国专业市场总数的 65.5%，中西部地区仅占 21.3% 和 13.3%，东部地区专业市场数量是西部地区的 5 倍。从技术这一要素市场来看，东部地区技术市场交易额占全国技术交易额的 75.9%，内陆中西部地区仅占 8.1% 和 8.9%，东部地区是中西部地区的 8.5 倍。从市场化的相关指标看，东部地区市场化程度远高于内陆中西部地区，对于吸引市场化程度较高的产业具有显著优势。(2) 区域开放度的高低对外资企业、出口型企业和技术密集型产业具有较强的吸引力。本书选自区域开放度的相关指标有外贸依存度、外商投资企业数和外商企业累计投资额。东部地区外贸依存度高达 72.6%，是典型以出口导向型战略发展起来的地区，开放程度很高；中西部地区由于处于内陆地区，外贸依存度则仅为 10% 左右。截至 2010 年底，东部地区累计外商投资企业数量为 35.3 万户，占全国的 79.3%，中西部地区合计也不超过 10 万户。累计 FDI 也呈现类似的格局，东部地区外商企业累计投资达 21 440 亿美元，占全国累计吸引外商投资的 79.2%，是西部地区的 10 倍以上。(3) 区域创新能力是技术密集型产业非常看重的区位选择因素之一。从相关指标看，东、中、西三大区域的创新能力也存在显著的差距，东部地区大学与科研单位数量占全国的 63.5%，中西部地区仅分别为 21.6% 和 14.9%，东部地区是西部地区的 4.3 倍；东部地区的专利授权项目数占全国 76%，中西部地区仅分别占 11.3% 和 9.8%，东部地区是西部地区的 7.8 倍；东部地区 2010 年新产品项目数占全国的 68.7%，而中西部地区仅分别占 18.7% 和 12.6%，东部是西部的 5.5 倍。区域制度创新和政策创新往往是造成区际投资环境巨大差距的重要原因，对区域的产业结构具有长期持久的影响，进而形成区际除资源产品之外的另一层次上的供需互补性，如表 3 - 9 所示。

---

① 高新才，张婷婷. 产业区位选择因素研究综述 [J]. 中国流通经济，2009 (2)：58 - 61.
② 王伟凯. 制造业外资企业地理集聚及其区位选择 [J]. 哈尔滨工业大学学报（社会科学版），2011 (11)：27 - 34.

表 3 - 9　　　　　　　　内陆与沿海地区间投资环境因素比较

指标	全国	东部地区	中部地区	西部地区	东：中：西
1. 市场化程度					
工业非国有经济比重（%）	73.4	79.5	64.7	55.8	—
专业市场数占比（%）		65.5	21.3	13.3	494：161：100
技术市场交易额占比（%）		75.9	8.1	8.9	857：92：100
2. 区域开放度					
外贸依存度（%）	50.2	72.6	10.3	10.7	679：96：100
外商投资企业数（万户）	44.5	35.3	5.0	4.2	836：119：100
累计 FDI（亿美元）	27 059	21 440	2 522	1 990	1 077：128：100
3. 创新能力					
大学与科研单位数量比重（%）		63.5	21.6	14.9	426：145：100
专利授权数比重（%）		76.0	11.3	9.8	776：115：100
新产品项目数比重（%）		68.7	18.7	12.6	545：148：100

资料来源：《中国统计年鉴2011》，私营与个体经济比重是作者按照就业人数计算。

3.3.5 社会经济因素影响下的区域产业发展

高技术产业属于知识密集型、技术密集型产业，具有典型的"非资源依赖型"特征，技术资源和智力资源在产业发展中占据着核心地位。对自然资源的依赖程度很低，决定其在区位选择上自由度更大，同时，高技术产业对社会经济发展环境的要求也相对更高，特别是市场规模、制度环境、创新能力、基础设施等社会经济因素的综合效应对其区位选择具有重要影响。① 为进一步阐明非资源依赖型产业在东、中、西部地区的分布格局和发展状况，本书以高技术产业代表非资源依赖型产业，对市场化改革时期的 1995～2008 年高技术产业统计数据进行分析。1995～2008 年，我国高新技术产业从 4 097.76 亿元增长至 57 087.38 亿元，增长了 12.93 倍，从区域来看，东部地区增长了 15.11 倍，中部地区增长了 7.08 倍，西部地区增长了 4.99 倍，东部地区高技术产业发展显著快于内陆中西部地区，领先于全国。区域间高技术产业不同的发展速度反映了各区域社会经济

---

① 熊文，等. 我国高新技术产业枢纽的区位选择 [J]. 科学学研究，2010（9）：1338 - 1346.

因素综合效应产生的不同程度的吸引力和集聚力，使得东、中、西三大区域的高技术产业比例（按产值计算）从 1995 年的 76：13：11 变化为 2008 年的 88：7：5（见图 3 - 1）。显然，内陆地区社会经济条件与沿海地区拉开差距的同时，对高技术产业和高端加工制造业等非资源依赖型产业的空间布局也产生重要影响，从而进一步强化了加工制造品在区域间的供需互补关系。

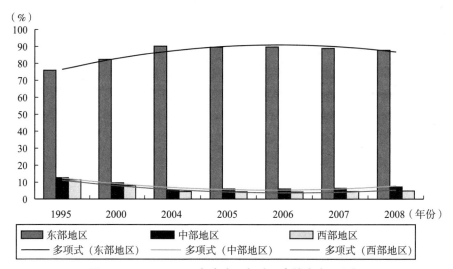

图 3 - 1　1995 ~ 2008 年东中西部地区高技术产业比例

资料来源：作者根据《中国高技术产业统计年鉴》数据计算整理。

3.4　地区产业专业化基础

　　无疑，沿海与内陆地区产业发展的历史累积和市场经济制度的确立为区域间市场化供需互补关系奠定了历史和制度基础；区际的自然资源差异和社会经济发展差异是形成供需互补性的物质基础；生产力在比较优势引导下的空间集聚所形成的地区产业专业化则是形成区际供需互补性的现实基础。地区产业专业化（regional industry specialization）是指某一地区的生产要素集中配置在某些具有比较优势的产业部门，并向外部大量输出该产业部门的产品，从而该地区产业结构与其他区域形成显著差异。无论是新古典贸易理论提出的由于技术、劳动力和自然资源等外生资源禀赋导致的地区产业专业化提高，还是新经济地理学框架中提出的规模报酬递增导致的地区产业专业化提高，地区专业化都是一个地区专业化生产其具有优势的产品，地区专业化是生产专业化的空间表现形式，是劳动地区分工不断深化的结果，必然强化不同地区特定产业和产品的供给能力，引起地区需求满足度的变化，从而增强区域间供需互补性。

3.4.1　产业专业化与供需互补性的关系

对这一问题的判断，可以再从地区产业专业化和需求满足度的度量指标进行分析。本书利用广泛使用的胡弗（Hoover）地方专业化系数（Hoover and Giarratani，1984）进行分析。胡弗地方专业化系数计算公式为：$Hoover_i = \frac{1}{2} \sum_{j=1}^{n} \left| \frac{E_i^j}{\sum_j E_i^j} - \frac{\sum_i E_i^j}{\sum_i \sum_j E_i^j} \right|$，其中，$E_i^j$ 是 i 区域 j 行业的产出量；$\sum_i E_i^j$ 是全国 j 行业的产出量；$\sum_j E_i^j$ 是 i 区域的工业产出量；$\sum_i \sum_j E_i^j$ 是全国工业总产出量。胡弗专业化系数用于衡量区域的生产结构与全国的生产结构的相对差异。如果工业在地理上平均分布，则每个区域的工业各行业从业人数比重或产值比重将等同于全国的平均比重，在这种情况下胡弗专业化系数得到最小值零。胡弗地方专业化系数越高，说明行业在地理上的集中程度越高，也即行业的地区专业化水平越高，否则，行业的地区专业化水平越低。该指标的特点是它的专业化是相对于全国平均水平而言，是个相对概念而非度量地区自身专业化的发展状况。而某产业或产品地区相对需求满足度的度量公式为

$$XM = \frac{S_{ij} / \sum_i S_{ij}}{D_{ij} / \sum_i D_{ij}} \qquad (3-1)$$

S_{ij} 表示 i 地区 j 产品的产出量，$\sum_i S_{ij}$ 表示全国 j 产品产出量，$S_{ij} / \sum_i S_{ij}$ 表示区域某产品相对供给能力，即占全国该产品的产出比重，同理，$D_{ij} / \sum_i D_{ij}$ 表示相对需求水平。由于在很多情况下，难以直接测量一个地区某产品的需求量，因此，对于用途比较广泛的产品往往用工业产出比重表示相对需求水平，将此代入式（3-1）变形，可得

$$XM = \frac{S_{ij} / IP_i}{\sum_i S_{ij} / \sum_i IP_i} \qquad (3-2)$$

IP_i 表示 i 地区的工业产出量，$\sum_i IP_i$ 表示全国工业产出量。从式（3-1）和式（3-2）可以看出，需求满足度与产业专业化指数具有相同的变化趋势。如果全国某行业或产品产出比重变化不大的情况下（一般都比较稳定），i 地区如果将资源集中于某些少数行业，这些行业（及其产品）产量占 i 地区的产出比重必

然大幅增加，从而带动地区产业专业化水平上升，这些专业化的行业需求满足度也必然上升。

区域间供需互补性与地区产业专业化既有联系又有区别，他们是同一事物的两个方面。区别是前者主要从区域产业的供需角度出发，而后者主要从区域产业的产出角度出发，但是两者是紧密关联的，地区产业专业化水平的高低实质就是产业分布的不均匀程度，集聚水平越高产业布局越不均匀[1]，给定地区产业专业化水平，也就决定了区域间供需互补强度。除了所有产业集中于一个区域的极端情况外，地区产业专业化水平越高，区域间供需互补性关系就越显著；地区产业专业化发展水平越低，说明地区经济倾向于自我循环，区域间供需互补性则越弱。

3.4.2 市场化改革进程中地区产业专业化的变化趋势

1. 测度指标及说明

根据相关学者的研究，测算地区产业专业化程度的指标主要有胡弗（Hoover）地方专业化系数、Krugman 专业化指数、基尼系数、熵指数、锡尔系数、赫芬达尔系数、变异系数等（Hoover and Giarratani，1984；范剑勇，2004；樊福卓，2007；张建华、程文，2012；胡贺灿飞、谢秀珍，2006；林秀丽，2007）。鉴于区域供需互补性涉及区域间的比较，且上述地区产业专业化各指标测量结果彼此之间高度相关[2]，本书采用胡弗地方专业化系数对我国东、中、西三大区域的产业专业化进行度量。计算公式为：

$$\text{Hoover}_i = \frac{1}{2} \sum_{j=1}^{n} \left| \frac{\sum_i E_i^j}{\sum_i \sum_j E_i^j} - \frac{E_i^j}{\sum_j E_i^j} \right| \tag{3-3}$$

其中，E_i^j 是 i 区域 j 行业的产值；$\sum_i E_i^j$ 是全国 j 行业的产值；$\sum_j E_i^j$ 是 i 区域的工业总产值；$\sum_i \sum_j E_i^j$ 是全国工业总产值。指数取值范围为 0～1 之间，其数值大小反映的是地区产业专业化水平，数值越接近 1，表明该地区产业专业化水平越高；数值越接近 0，表示该地区产业专业化水平越低。

---

① 徐圆. 中国工业地区专业化程度分析 [J]. 产业经济研究，2008（3）：57–63.

② J. Imbs and R. Wacziarg. Stages of Diversificationg [J]. American Economic Review，2003，93（1）：63–86.

2. 数据说明

本书利用《中国工业经济统计年鉴》和《中国经济普查年鉴》等资料中各地工业产值和行业产值数据。中国工业门类划分标准在 1993 年和 2003 年发生了较大调整，为了保证指标的连续性和统计口径的一致性，本书选取了 1992～2010 年统计数据连续的 24 个行业。在此基础上，将"农副食品加工业"和"食品制造业"合并为"食品加工制造业"；将"纺织业"和"纺织服装、鞋、帽制造业"合并为"纺织服装业"；将"造纸及纸制品业"和"印刷业"合并为"造纸印刷业"；将"普通机械制造业"和"专用设备制造业"合并为"机械制造业"，共得到 20 个行业产值数据。由于无法获得 1995 年、1996 年和 1998 年相关数据，基于对地区产业专业化指数变化趋势具有稳定性和连续性的设定，本书采用插值法估算了这三年的产业专业化指数。

3. 地区产业专业化的统计描述

（1）沿海与内陆地区产业专业化的总体趋势。中国从计划经济向市场经济转型过程中地区产业专业化必然发生显著变化，有研究认为中国东、中、西部各地区的产业专业化呈"U"型变化趋势（张建华等，2012）；而使用地区相对专业化指数的研究所得到的判断却是中国地区产业专业化呈现倒"U"型曲线的上升阶段（范建勇，2004；徐圆，2008；樊福卓，2009；贺灿飞等，2006）分别利用胡弗专业化指数、Krugman 专业化指数和基尼系数对中国 20 世纪 80 年代至 21 世纪初期产业专业化的研究表明，中国地区产业专业化呈现显著上升趋势。尽管在改革过程中关于产业层面上中国各地区专业化程度和商品结构是否趋同的问题上存在着多种结论，但对我国启动市场化改革以来的地区产业专业化变化趋势的判断则比较一致，认为从 20 世纪 90 年代以来我国地区专业化水平持续上升。

上述研究我国专业化或东、中、西部地区专业化水平时，先计算相关地区专业化指数，再平均，其实质上衡量的还是地区产业专业化水平，而不是我国东、中、西部地区之间的产业专业化水平。本书在上述研究成果基础上，先将东、中、西三大区域相关省份 20 个行业产值数据分别汇总，计算三大区域间胡弗专业化指数，并每 5 年作为一个发展阶段进行平均，以此衡量沿海与内陆地区相互间产业专业化水平。计算结果显示（见表 3 - 10），我国启动市场化改革以来，东、中、西三大地区间的专业化分工不断深化，其中东部沿海地区的专业化变化趋势相对比较平稳，内陆地区专业化变化速度明显快于东部沿海，西部的产业专业化水平在 2000 年后超过中部地区。说明西部大开发战略实施以来，要素资源加快向西部地区具有比较优势的行业集中，这一变化趋势必然对同一时期的东、中、西区际供需互补性变化产生重要影响。而对于为什么地区产业专业水平呈现与"技术梯度"反向的西、中、东部高低分布，本书认为主要由于我国初级工业化阶段还未完成，产业结构决定了对能源、原材料，进而对自然资源的依赖性强，加上国家实施"西部大开发"和"中部崛起"发展战略，推动生产要素向内陆地区具有自然资源禀赋的产业部门聚集，刺激并加快了这些产业的发展，而使内陆地区（西部、中部）产业专业化水平大幅度提高。

表 3 – 10   1992 ~ 2000 年沿海与内陆地区专业化指数

地区	T1	T2	T3	T4	变化率（%）
	1992 ~ 1995 年	1996 ~ 2000 年	2001 ~ 2005 年	2006 ~ 2010 年	T4/T1
东部	0.0684	0.0793	0.0869	0.0898	31.29
中部	0.1345	0.1942	0.2203	0.2292	70.41
西部	0.1326	0.1837	0.2359	0.2361	78.05

资料来源：历年《中国工业经济统计年鉴》和《中国经济普查年鉴》的行业产值，作者根据 20 个行业数据计算。

（2）沿海与内陆地区特色产业专业化趋势。地区专业化可以分为产业和地区两个维度深入分析专业化水平（樊福卓，2009）。东部沿海地区的产出能力特点主要体现在加工制造型产业，而内陆地区（特别是西部地区）的产出能力特点主要体现在资源型产业。为了进一步阐明沿海与内陆地区专业化与区际供需互补性的关系，本书在 20 个行业的基础上，选取 13 个具有较强区域特色的行业做进一步测算（见表 3 – 11），以此分析沿海地区具有比较优势的制造型产业与内陆地区具有比较优势的资源型产业的专业化水平。表 3 – 11 中数据显示，由于东部沿海地区经济体量庞大，工业产值占全国工业产值近 7 成，其特色产业往往也是全国的特色产业，因此与全国平均水平相比，东部沿海呈现的"差异"水平较低。但其专业化变化趋势仍然呈现平稳增长态势，说明沿海与内陆地区间的专业化分工仍然在不断加深。中西部两大内陆地区，西部地区特色产业专业化变化幅度远高于 78.05%，说明西部资源型产业规模的增长是带动西部专业化水平的主要力量，也是东西部区际供需互补性增强的主要因素。实施西部大开发战略后，西部地区的专业化水平显著增高，也说明西部大开发政策推动西部资源开发成效显著，并进一步强化西部地区在我国区域分工中的"资源开发型"特征，与东部沿海地区的"加工制造型"特征相对应，区际的供需互补性随之增强。

表 3 – 11　　　　　　　　1992 ~ 2010 年沿海与内陆地区特色产业专业化指数

| 地区 | T1 | T2 | T3 | T4 | 变化率（%） |
	1992 ~ 1995 年	1996 ~ 2000 年	2001 ~ 2005 年	2006 ~ 2010 年	T4/T1
东部	0.0639	0.0721	0.0732	0.0788	23.32
中部	0.1750	0.2616	0.2653	0.2314	32.23
西部	0.1331	0.1748	0.2638	0.2951	121.71

资料来源：历年《中国工业经济统计年鉴》和《中国经济普查年鉴》的行业产值，作者根据 13 个特色行业计算。

（3）内陆与沿海地区典型省份产业专业化趋势。典型省份的专业化水平往往代表一个地区的总体水平。本书以经济规模较大，产业具有地域特色的省份为典型省份，分别选取内陆地区的山西、内蒙古、贵州、四川、陕西和沿海地区的上海、江苏、浙江、山东、广东为两大区域的典型省份。从图 3 – 2 看，第一，全部典型省份专业化水平总体趋势向上。第二，内陆典型省份专业化指数明显高于沿海典型省份，特别是山西、陕西、内蒙古、贵州 4 个能源大省份，煤产业发展很快，合计产量已经占全国的一半以上，能源产业的快速发展使其地区产业专业化水平明显高于其他地区，且增长显著。第三，沿海典型省份的产业专业化也呈现增长态势，但较为平缓。第四，典型省份专业化指数的均值，内陆地区位于0.25 ~ 0.4 之间，沿海位于 0.2 ~ 0.25 之间，随着市场化改革的推进呈上升趋势，如图 3 – 3 所示。

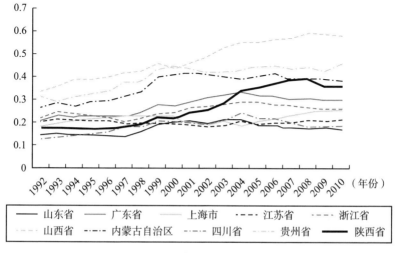

图 3 – 2　1992 ~ 2010 年主要省份产业专业化趋势

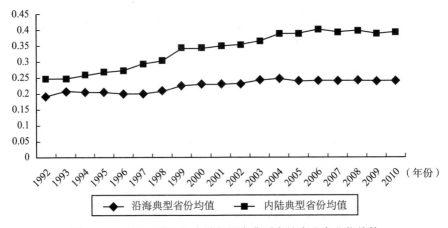

图 3 – 3　1992～2010 年内陆与沿海典型省份产业专业化趋势

3.4.3　产品区域集中度的变化

区域集中度（CR）一般以产业内规模最大的若干家厂商的有关指标值（产量、销售额、职工人数等）占整个市场或行业的份额①。本书借用区域集中度概念用 CR 指标表示我国典型省份产业（产品）供给能力的区域集中度，即用典型省份的产量比重表示供给能力的区域集中度 CR。如用 CR5 表示 5 个典型省份的供给能力集中程度；CR3 表示 3 个典型省份供给能力集中程度。后文中分析典型省份的商品供需互补性关系时，将分别选取内陆与沿海 5 个省份作为典型省份来揭示其中的规律（根据产量集中情况，有部分商品只选取 3 个或 4 个典型省份）。

产品生产的区域集中是地区产业专业化推动供需互补性增强的重要纽带。伴随着沿海与内陆地区产业专业化的变化，产品区域集中度也会发生改变。从 17 类产品的区域集中度 CR3 – 5 看，除石油和乙烯外，1992～2010 年地区产业专业化趋于上升的同时，大多数产品的空间集中度在波折中也趋于上升。省份层面的产品区域集中度 CR3 – 5 的上升，意味着各类产品的生产更加集中在少数省份，从区位上看，加工制造型产品的生产向沿海省份集中，资源型产品的生产向内陆省份集中。这一趋势也大致证明了地区产业专业化是区域供需互补性的重要基础，专业化水平的提升能不断增强区际供需互补关系，如图 3 – 4 和表 3 – 12 所示。

---

① 简新华. 产业经济学 [M]. 武汉：武汉大学出版社，2001：146.

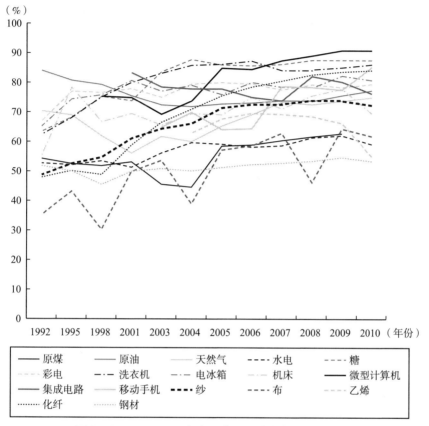

图 3-4　1992~2010 年主要产品区域集中度变化趋势

表 3-12　　　　　　　　　　2010 年产品集中生产的主要省份

产品名称	区域集中度	主要省份
原煤	CR5 = 62.73%	山西、内蒙古、陕西、河南、山东
原油	CR5 = 77.33%	黑龙江、天津、陕西、山东、新疆
天然气	CR3 = 75%	新疆、四川、陕西
水力发电量	CR5 = 59.12%	湖北、四川、贵州、湖南、广西
糖	CR3 = 87.7%	广西、云南、广东
彩电	CR5 = 79.5%	广东、江苏、四川、山东、福建
洗衣机	CR5 = 86.12%	浙江、安徽、江苏、山东、广东
电冰箱	CR5 = 80.79%	安徽、广东、山东、江苏、浙江
机床	CR4 = 69.51%	浙江、辽宁、山东、江苏
微型计算机	CR3 = 90.85%	上海、江苏、广东

续表

产品名称	区域集中度	主要省份
集成电路	CR3 = 76.27%	江苏、广东、上海
移动手机	CR3 = 85.27%	广东、北京、天津
纱	CR5 = 72.3%	山东、江苏、河南、浙江、福建
布	CR3 = 61.8%	浙江、山东、江苏
乙烯	CR5 = 54.93%	上海、广东、江苏、新疆、天津
化纤	CR3 = 84.13%	浙江、江苏、福建
钢材	CR5 = 53.4%	河北、江苏、山东、辽宁、天津

资料来源：作者根据《中国统计年鉴 2011》相关数据计算整理。

第4章

内陆与沿海及重点省份间的
供需互补性变动分析

4.1 需求满足度计算与评价尺度

4.1.1 需求满足度计算

1. 行业绝对供需满足度指标

为准确刻画区域间商品的供需满足度，我们采用"行业需求满足度"[①] 概念来刻画区际的供需互补性。"行业需求满足度"是指一个国家或地区，某一时期，某个行业的产出供给满足本国或本地区生产消费和生活消费需求的程度。如果一个地区某行业产出（产品）丰富，除满足本地区的需求外，还大量向区域外输出，则该行业的需求满足度较高；如果产出不足以满足本地需求，还需要从外部大量输入，则行业需求满足度较低。它是反映某类行业产品对生产消费和生活消费满足程度的综合性指标。其计算公式为：

$$M_{ij} = \frac{S_{ij}}{D_{ij}} \qquad (4-1)$$

$$S_{ij} = \sum_{j}^{n} TI_{ij} + SA_{ij} + TX_{ij} + DP_{ij} + PF_{ij} \qquad (4-2)[②]$$

$$D_{ij} = \sum_{j}^{n} IU_{ij} + FU_{ij} + GC_{ij} \qquad (4-3)$$

---

① 周殿昆教授在其专著《中国东西部市场关系与协调发展》中，首先引入"需求满足度"指标，由于数据条件的缘故，采用相对量替代绝对量计算"需求满足度"。

② S_{ij} 的计算中仅包括本地生产供给量，不包括进口供给量。

式（4-1）中，M_{ij}表示 i 区域 j 行业需求满足度；S_{ij}是 i 区域 j 行业产品的供给量，其供给量的大小由本区域行业的实际产量决定；D_{ij}是 i 区域 j 行业产品的需求量，其需求量的大小由该行业产品的生产性消费量、最终消费量以及存货等因素共同决定。从式（4-1）看，M=1 表示供需相等，此时本地产出正好满足本地需求；M>1 表示供大于求，本地产出除满足本地需求外，还能输出到其他区域，数值越大说明供给剩余程度越高；M<1 表示供不应求，需要从外部输入产品满足本地需求，数值越小说明供给缺口越大。式（4-2）中，TI_{ij}表示各行业对 j 行业的中间投入量；SA_{ij}表示 j 行业支付的劳动者报酬总额；TX_{ij}表示 j 行业交纳的生产税总额；DP_{ij}表示 j 行业固定资产折旧总额；PF_{ij}表示 j 行业的营业盈余总额。式（4-3）中，IU_{ij}表示各行业生产活动对 j 行业产品的需求量；FU_{ij}表示最终消费者对 j 行业产品的需求量；GC_{ij}表示固定资本形成中对 j 行业产品的需求量。

2. 产品相对供需满足度指标

由于我国 42 个部门区域投入产出表中的行业划分还是比较粗，不利于对行业供需互补性结构形成全面认识。在此，本书仍借鉴相对供需满足度的计算思路，以我国历年统计年鉴和投入产出表中相关数据为基础，测算行业内部分典型产品的相对供需满足度指标与绝对需求满足度指标，作为分析我国区际供需互补性的重要依据。

计算方法为，各省份某商品实际产量占全国该商品产量比重，代表该商品的相对供给量 S。如果该商品是粮食，由于粮食属于必需品，需求弹性小，人均需求比较恒定，因此，将各省份常住人口在全国人口中的比重，近似代表各省份对粮食的相对消费性需求①。如果是生活消费类产品（包括生活消费类农产品和生活消费类工业品）则以地区居民消费支出占全国比重代表该商品的相对需求量；如果是生产资料产品（包括农产品生产资料、工业品生产资料和能源类产品），则根据具体用途情况分别处理，若存在用途集中的下游产业就以该产业产值或产品产量占全国比重作为相对需求量；若该项生产资料产品广泛用于工业生产，就以工业产值占全国比重作为相对需求量；如果该项产品广泛用于生产生活各个领域，就以地区 GDP 占全国比重作为相对需求量。计算公式如下：

$$XM = \frac{XS}{XD} \qquad (4-4)$$

$$XS = \frac{S}{\sum S} \qquad (4-5)$$

---

① 尽管粮食也是食品工业等某些轻工业的原料，但粮食首先是作为人们的基本消费需求，此外，内陆许多地区的农民一般不需购买口粮，因此本书以人口比重代表粮食需求。

$$XD = \frac{PP}{\sum PP} \text{ 或 } \frac{IP}{\sum IP} \text{ 或 } \frac{PC}{\sum PC} \text{ 或 } \frac{GDP}{\sum GDP} \qquad (4-6)$$

XM 为相对需求满足度，XS 为相对供给量；XD 为相对需求量；S 表示单个省份某商品产量，$\sum$S 代表该商品全国产量；PP 代表某省份常住人口数；IP 代表某省份工业总产值；PC 代表某省份居民消费支出；GDP 代表某省份生产总值。

3. 数据选取

本章是研究我国市场化阶段（1992~2010 年）的供需变化情况，由于统计资料上的约束，我们仅能选取 2002~2007 年的投入产出数据测算。在计算相对需求满足度时，为了尽量完整地呈现市场化改革以来的供需变化趋势，同时又兼顾统计年鉴中数据结构的承接性和一致性，我们主要选取 1992~2010 年的商品数据进行计算比较。小部分商品分省份产量数据首次进入中国统计年鉴的时间较晚，因此有少量商品的基期数据来自 2000 年或 2004 年。以此说明变化趋势，不会对本书结论产生偏差。

4.1.2 评价尺度

为了便于对不同区域或省份之间的供需状况进行分析，本书将需求满足度（包括相对需求满足度）分为三种类型。一是显著类型，包括供给显著过剩和供给显著缺口。当一个区域某行业或产品需求满足度≥1.2 或者≤0.8，则认为供给显著过剩与供给显著缺口。二是明显类型，包括供给明显过剩和供给明显缺口。当 1.1≤需求满足度<1.2 或者 0.8<需求满足度≤0.9，则认为供给明显过剩与供给明显缺口。三是轻微类型，包括供给轻微过剩和供给轻微缺口。当 1.0<需求满足度<1.1 或者 0.9<需求满足度<1.0，则认为供给轻微过剩与供给轻微缺口。

随着时间的变化，如果主要的供给地区与主要的输入地区的需求满足度之差的绝对值增加，则可以认为地区间的供需互补性增强；如果该绝对值减少，则可以认为地区间的供需互补性减弱。

4.1.3 行业和产品分类

计算需求满足度的数据来源是地区投入产出表的行业数据和统计年鉴的产品数据，涉及行业和产品众多，为探查区际贸易发展趋势，本书按照各行业的主要产品及其特性，将所涉及的行业和产品归为技术密集型产业①（产品）、资源密集型产业②（产品）、劳动密集型产业③（产品）和资本密集型产业④（产品）。各行业产品分别归为对应的产品类型（见表 4 - 1）。当然，技术、资源、劳动、资本密集型行业划分也是一个相对范畴，在不同的社会经济发展阶段上有不同的标准。例如，随着技术进步和新工艺设备的应用，发达国家劳动密集型产业的技术、资本密集度也在提高，并逐步从劳动密集型产业中分化出去。而且投入产出表中的行业划分本身较粗，子行业类型众多，行业本身往往具有多个类型特征，例如，石油、炼焦及核燃料加工业既是资本密集型产业，又具有资源密集型产业特点，交通运输设备制造业既是技术密集型产业又是资本密集型产业。在不影响本书分析结论的基础上，又能将问题阐述清楚，本书根据投入产出表中行业的主要产品和特征将所分析的行业分别归入四大行业类型。行业划分还可根据不同标准分为轻工业和重工业⑤，原材料工业和制成品工业，初加工工业和深加工工业，以及高耗能产业等类型。

① 技术密集型产业，又称知识密集型产业。需用复杂先进而又尖端的科学技术才能进行工作的生产部门和服务部门。它的技术密集程度，往往同各行业、部门或企业的机械化、自动化程度成正比，而同各行业、部门或企业所用手工操作人数成反比。

② 资源密集型产业，又称土地密集型产业。在生产要素的投入中需要使用较多的土地等自然资源才能进行生产的产业。土地资源作为一种生产要素泛指各种自然资源，包括土地、原始森林、江河湖海和各种矿产资源，主要是农矿业，包括种植业、林牧渔业、采掘业等。

③ 劳动密集型产业是指生产主要依靠大量使用劳动力，而对技术和设备的依赖程度低的产业。一般来说，劳动密集型产业主要指农业、林业及纺织、服装、玩具、皮革、家具等制造业。

④ 资本密集型产业（capital intensive industry），又称资金密集型产业，是指需要较多资本投入的行业、部门。资本密集型产业在单位产品成本中，资本成本与劳动成本相比所占比重较大，每个劳动者所占用的固定资本和流动资本金额较高，如冶金工业、石油工业、机械制造业等重工业。资本密集型工业主要分布在基础工业和重加工业，一般被看作是发展国民经济、实现工业化的重要基础。

⑤ 根据 2003 年全国统计年鉴所述，轻工业指主要提供生活消费品和制作手工工具的工业。按其所使用的原料不同，可分为两大类：（1）以农产品为原料的轻工业，是指直接或间接以农产品为基本原料的轻工业。主要包括食品制造、饮料制造、烟草加工、纺织、缝纫、皮革和毛皮制作、造纸以及印刷等工业；（2）以非农产品为原料的轻工业，是指以工业品为原料的轻工业。主要包括文教体育用品、化学药品制造、合成纤维制造、日用化学制品、日用玻璃制品、日用金属制品、手工工具制造、医疗器械制造、文化和办公用机械制造等工业。重工业指为国民经济各部门提供物质技术基础的主要生产资料的工业。按其生产性质和产品用途，可以分为下列三类：（1）采掘（伐）工业，是指对自然资源的开采，包括石油开采、煤炭开采、金属矿开采、非金属矿开采和木材采伐等工业；（2）原材料工业，指向国民经济各部门提供基本材料、动力和燃料的工业。包括金属冶炼及加工、炼焦及焦炭、化学、化工原料、水泥、人造板以及电力、石油和煤炭加工等工业；（3）加工工业，是指对工业原材料进行再加工制造的工业。包括装备国民经济各部门的机械设备制造工业、金属结构、水泥制品等工业，以及为农业提供的生产资料如化肥、农药等工业。

表 4－1　　　　　　　　　　　　　　　产业产品类型划分

类型	行业名称	产品名称
技术密集型产业	1. 交通运输设备制造业 2. 电气机械及器材制造业 3. 通信设备、计算机及其他电子设备制造业 4. 仪器仪表及文化办公用机械制造业	汽车、洗衣机、电冰箱、电视机、计算机、集成电路、手机
资源密集型产业	1. 农林牧渔业 2. 煤炭开采和洗选业 3. 石油和天然气开采业 4. 金属矿采选业 5. 非金属矿及其他矿采选业	粮食、棉花、烟叶、肉、水产品、原煤、原油、天然气
劳动密集型产业	1. 食品制造及烟草加工业 2. 纺织业 3. 纺织服装鞋帽皮革羽绒及其制品业 4. 木材加工及家具制造业 5. 造纸印刷及文教体育用品制造业	成品糖、卷烟、布、纸
资本密集型产业	1. 石油加工、炼焦及核燃料加工业 2. 电力、热力生产和供应业 3. 非金属矿物制品业 4. 金属冶炼及压延加工业 5. 通用、专用设备制造业	焦炭、发电量、钢材、水泥、机床

4.2　区际供需互补性实证分析：行业层面

4.2.1　区际供需互补性的变动态势

根据式（4-1）~式（4-6）和评价尺度，对我国区域投入产出表中的农林牧渔业（以下简称农业）、石油和天然气开采业（以下简称油气开采业）、金属冶炼及压延加工业（以下简称金属冶炼业）、煤炭开采和洗选业（以下简称煤炭业）、石油加工、炼焦及核燃料加工业（以下简称燃料加工业）、电力、热力的生产和供应业（以下简称电力业）、服装皮革羽绒及其制品业（以下简称服装业）、木材加工及家具制造业（以下简称木材加工业）、造纸印刷及文教体育用品制造业（以下简称文教用品业）、电气机械及器材制造业（以下简称电气制造业）、通信设备、计算机及其他电子设备制造业（以下简称电子制造业）、通用、专用设备制造业（以下简称设备制造业）等12大行业进行测算，如表4-2所示。

表4-2　　东、中、西部地区绝对需求满足度和供需互补性变动状况

| 行业 | 年份 | 内陆地区需求满足度 | | 沿海地区需求满足度 | 变化趋势（2002~2007年） | 行业特点 |
		西部地区满足度	中部地区满足度			
农业	2002	1.27	1.24	1.06	+0.24	资源密集劳动密集
	2007	1.34	1.28	0.87		
油气开采业	2002	1.28	1.47	0.70	+0.16	资源密集资本密集
	2007	1.42	1.25	0.48		
金属冶炼业	2002	0.96	0.91	0.82	+0.31	资本密集资源密集
	2007	1.51	1.19	0.89		
煤炭业	2002	0.87	1.03	0.48	+0.19	资源密集
	2007	1.05	1.25	0.48		
燃料加工业	2002	0.64	0.93	0.94	+0.39	资源密集型资本密集型
	2007	1.02	0.97	0.93		
电力业	2002	0.95	0.98	0.93	+0.20	资源密集型资本密集型
	2007	1.09	0.94	0.87		
服装业	2002	0.36	0.75	1.98	-0.07	劳动密集轻工业
	2007	0.37	0.82	1.94		
木材加工业	2002	0.75	1.12	0.97	+0.54	劳动密集轻工业
	2007	0.55	1.07	1.41		
文教用品业	2002	0.83	0.86	1.05	+0.09	劳动密集轻工业
	2007	0.72	1.03	1.20		
电气制造业	2002	0.59	1.00	1.45	-0.03	技术密集资本密集
	2007	0.60	0.98	1.42		
电子制造业	2002	0.46	0.48	1.17	+0.02	技术密集资本密集
	2007	0.62	0.45	1.24		
设备制造业	2002	0.62	0.86	0.91	+0.41	技术密集资本密集
	2007	0.45	0.61	1.11		

资料来源：作者根据《中国区域间投入产出表2002、2007年》数据计算。

1. 区域间供需互补性显著增强

12 个行业中，10 个行业的区域间供需互补性进一步增强。（1）内陆地区农业需求满足度从 1.25 提高至 1.30，其中，西部从 1.27 增加至 1.34，中部从 1.24 增加至 1.28，供给剩余更加显著。同期，沿海地区农业需求满足度从 1.06 下降至 0.87，从轻微供给剩余转变到明显供给缺口，供需互补性增强。内陆地区的两大区域，西部地区和中部地区的农业均是由显著供给剩余向更加显著发展，贸易净输出量持续增长，净输出量占产量比重分别增加至 22.2% 和 21.0%。由此可以推断，市场化进程中我国第一产业的产能持续不断地向内陆地区具有资源比较优势省份集中，这一发展趋势也与我国沿海省份的工业化、城市化发展进程快于内陆省份有关。因此，我国第一产业行业贸易流向普遍是从内陆各省份流向东部沿海省份。（2）内陆与沿海地区油气开采业的供需互补性增强主要来自西部地区与沿海地区供需变化。西部地区的需求满足度增长最为突出，从 1.28 增长至 1.42 带动内陆地区整体供给增加；中部地区需求满足度从 1.47 下降至 1.25，但仍然是显著供给剩余地区。同期，沿海地区的需求满足度从 0.7 下降至 0.48，贸易净输入量占产量的比重从 49.2% 攀升至 110.5%，对外部资源的依赖程度非常高。（3）我国西部是金属冶炼业需求满足度增长最快的地区，从 0.96 增长至 1.51，从轻微供给缺口转变为显著供给剩余；中部地区从 0.91 增长至 1.19，从轻微供给缺口转变为明显供给剩余。其贸易净输出量占产量比重分别达 32.7% 和 16.1%，从而内陆地区整体的供给增长。沿海地区需求满足度增加了 0.07，但仍然仅为 0.89 具有明显供给缺口。从而使内陆与沿海供需互补性 2002~2007 年增加了 0.31，变得十分显著。沿海地区贸易净输入量占其自身产量的 13.3%，是该行业最大的贸易净输入地。（4）资源密集型的煤炭业具有初加工特性，中部和西部省份为主要供给方，中部需求满足度从 1.03 增加至 1.25，从轻微供给剩余转变为显著供给过剩，产量的 22% 向外部净输出；西部需求满足度从 0.87 增加至 1.05，从明显供给缺口转变为轻微供给过剩，产量的 5% 向外部净输出。沿海需求满足度仅为 0.48，供给缺口十分显著，其净输入量占自身产量的 113%，说明沿海地区的煤炭需求主要依靠内陆地区输入来满足。（5）燃料加工业属于资源密集型和资本密集型行业，行业供需互补性轻微，但其供需互补性却以较大幅度增强。由于西部大开发以来，内陆西部地区资源开发如火如荼，产量快速增加，带动相关资源加工业向西部转移，导致以西部为主的内陆地区与沿海地区供需互补关系发生改变。西部需求满足度从 0.64 增加至 1.02，从显著供给缺口转变为轻微供给剩余；沿海需求满足度从 0.94 下降为 0.93，净输入占自身产出比重则从 5.9% 增至 15.1%；中部地区需求满足度仅为 0.97，净输入占产出比重为

3.4%。表明随着西部基础能源工业的聚集发展，形成了以西部为供给方，沿海和中部为主要需求方的供需互补性，并不断增强。(6)电力业的地区需求满足度变化呈现两种不同趋势，西部地区需求满足度从0.95增加至1.09，从供给缺口状态转变为供给过剩状态；沿海和中部地区的需求满足度均呈现下降趋势，分别达到0.87和0.94，处于供给缺口状态。由于热力的供给一般不会跨区域发生，因此，该产业需求满足度的变化主要反映了区域间电力供需互补性的关系。表明电力行业主要以西部为供给方，沿海为主要需求方，构成供需互补性。(7)木材加工业的供需互补性变化则十分明显，沿海地区需求满足度增加了0.44，从轻微供给缺口转变为显著供给过剩；中部是轻微供给过剩地区，仅有西部地区的供给缺口显著并呈现扩大趋势，2007年西部净输入量占本地产量82%。说明该行业在市场化进程中向沿海地区集中的趋势明显，并在沿海形成了较强的供给能力，而内陆地区从净输出地变为净输入地，主要是西部地区供给缺口十分显著且呈扩大趋势。(8)内陆与沿海地区文教用品业供需互补性呈现扩大趋势，沿海地区从轻微供给过剩发展成为显著供给过剩，贸易净输出量占自身产量比重从2%增加到16%，同时，中部地区需求满足度也从明显供给缺口发展为轻微供给过剩，而西部地区的供给缺口扩大为显著。因此，该行业的供需互补性主要在沿海与西部之间展开。(9)沿海与内陆地区电子制造业的供需互补性十分典型和显著。沿海需求满足度增加了0.07，从明显供给过剩进一步发展成为显著供给过剩。同期，内陆两大区域一直是显著供给缺口。沿海净输出量占自身产量的18%，内陆输入量占自身产量的93%，区际贸易具有显著的供需互补性。(10)设备制造业的加工制成品属性强，沿海地区需求满足度从0.91增加至1.11，从轻微供给缺口转变为明显供给过剩；同期，内陆地区的供需满足度都呈快速下降趋势，西部从0.62下降至0.45，中部从0.86下降至0.61，供给缺口十分显著，内陆地区整体上净输入量占自身产量的83%。

2. 服装业与电气制造业供需互补性轻微减弱，但内陆与沿海区域间仍然呈现显著供需互补状态

(1)服装业历来是东部沿海地区的优势产业，从表4-2需求满足度变化情况看，我国市场化进展中沿海地区仍然占据轻工业发展优势。沿海地区的服装业供需满足度变化幅度很小，供给过剩保持1.94的显著水平，同期，内陆地区的需求满足度变化也很微弱，（西部0.37）具有显著的供给缺口。该行业主要贸易流向是沿海向西部和中部地区输出。沿海地区的净输出量占本地产量的近50%，西部地区的净输入量占自身产量比重高达172%。(2)沿海与内陆地区之间的电气制造业的供需互补性变化仅为-0.03，但两大区域间的供需互补性仍保持显著状态。沿海需求满足度达1.42供给剩余显著，作为需求方的内陆、西部和中部地区则呈现供给缺口，需求满足度仅为0.60和0.98。

4.2.2 供需互补性的行业特征分析

1. 在区际供需互补性结构中，内陆为供给方的行业主要是农业、基础能源业和原材料行业等资源依赖型行业

自然资源禀赋指天然存在的可供人类生产和生活所利用的物质和能量的总称①，这里所指自然资源禀赋包括土地资源、能源资源和矿产资源等。从上述供需互补性指标看，内陆地为主要供给方的行业有农业、油气开采业、煤炭业、燃料加工业、电力业、金属冶炼业6大行业。它们具有一个共同特征，都对内陆地的自然资源具有很强的依赖性，而且上述6个行业供需互补性增幅在0.16~0.39范围内，呈现显著增长。2002~2007年，西部地区6个行业的产出增速明显高于沿海地区增速，产能向内陆特别是西部转移趋势明显，如表4-3所示。

表4-3　　　　　　　2002~2007年内陆与沿海地区资源依赖型行业
增加值年均增长率比较　　　　　　　　　　单位：%

行业	西部	中部	沿海
农业	12.8	12.2	9.22
油气开采业	33.4	20.6	19.5
煤炭业	33.0	26.3	24.7
燃料加工业	34.7	24.5	24.2
电力业	26.4	22.8	25.1
金属冶炼业	35.9	35.2	34.8

资料来源：根据2007年《中国地区投入产出表》中相关数据计算。

2. 沿海为供给方的行业主要是轻工业和技术密集型的制造加工型行业

经济社会资源禀赋指由人类经济社会活动创造出来的，可供人类生产和生活利用的物质和能量的总称②，如经济结构、人力资本、科技文化等。以沿海为主要供给方的有6个行业，其中，服装业、木材加工业、文教用品业3个行业属于

---

① 周殿昆. 中国东西部市场关系与协调发展 [M]. 成都：西南财经大学出版社，1998：61.
② 周殿昆. 中国东西部市场关系与协调发展 [M]. 成都：西南财经大学出版社，1998.

劳动密集型轻工业；电气制造业、电子制造业、设备制造业 3 个行业属于技术密集型制造业。劳动密集型行业对劳动力这一经济社会资源的依赖度高；技术密集型行业需要更多的技术工人和科技研发团队等经济社会资源，通常属于高端制造业。以上 6 个行业仍然以沿海地区为主要供给方，说明沿海地区以其经济社会资源的相对优势聚集了大量制造型行业，是我国加工制造产品的主要输出地。

3. 区际基于资源禀赋的垂直型分工仍主导着我国区际供需互补性

由于先天基础条件的差异，在计划经济时期我国形成了中西部地区输出资源，沿海地区加工制造，即"东工西农""东轻西重"的产业发展格局，西部地区农产品、基础能源产品、原材料产品等向东部地区沿海输出，东部沿海地区的轻工业产品、深加工制成品返销内陆地区的区际产业间贸易格局。根据本书对市场化进程中各大区域行业供需互补性的测算，以内陆或西部地区为输出方沿海地区为输入方的行业主要是农业、基础能源产业和原材料产业，其供需互补性在持续增强；以沿海地区为输出方内陆或西部地区为输入方的行业主要是轻工业、深加工制成品行业和高端制造业，其供需互补性也在持续增强。因此，我国长期形成的内陆与沿海地区的垂直型供需互补性在市场化进程中进一步增强，产业间贸易特征更加突出。

4.3 区际供需互补性实证分析：产品层面

4.3.1 区际产品供需互补性变动分析

东、中、西部地区的供需关系不仅在行业类型上存在明显的区域互补特征，而且在产品类型上也存在显著的区域互补特征，而且这一互补性在市场化改革进程中呈现不断增强的趋势。本节以《中国统计年鉴》的数据为基础，测算比较1992～2010 年三大区域的供需互补性变化。

4.3.1.1 区际农产品供需互补性

从表 4-4 可见，（1）1992～2010 年，沿海地区粮食产量占全国比重下降了7 个百分点，从 35.6% 下降至 28.6%，而作为粮食相对需求指标的人口比重，沿海地区则从占全国 37.3% 上升至 41%，导致沿海地区粮食需求满足度从 0.95 下降至 0.70，供给缺口扩大。中部和西部地区粮食产量合计占比从 64.4% 上升至71.3%，由于沿海地区对人口的吸纳效应，中西部地区人口在全国的占比从

62.7% 下降至 58.2%，从而中西部地区粮食需求满足度呈上升态势，供给能力显著提高。2010 年中部地区需求满足为 1.43，粮食产量占全国比重 45%，成为我国粮食主要输出地区；西部地区需求满足度上升至 0.98，区域整体上处于供需基本均衡状态。（2）肉类产量也呈现"西丰东歉"的格局。沿海地区肉类产量占全国比重和相对需求满足度呈现"双降"趋势，需求满足度从 1992 年的 0.79 下降为 2010 年的 0.65，相对供给缺口扩大了 0.14。中西部地区的产量比重和相对需求满足度则全部呈现"双升"趋势，相对需求满足度分别达 1.37 和 1.50，相对供给能力分别增加了 0.32 和 0.15，供给剩余更加显著。（3）我国棉花产地具有典型的区域性，主要分布在内陆地区，2010 年产量占全国产量的 72.2%，尤其以新疆维吾尔自治区的自然条件最适合棉花生产。棉花作为一种工业原料，其直接下游产品是纱线，我国纱线产能则主要分布在沿海地区，占全国产量的 64.7%。因此，内陆地区主要产棉省份与沿海主要产纱省份之间具有很强的供需互补性，而且随着我国市场化改革的推进，供需互补性进一步增强。1992～2010 年，棉花产能持续向西部地区集中，西部地区棉花产量占全国比重从 19.9% 增加至 44.3%，同期纱产量无显著增加，导致相对需求满足度从 1.44 增加至 7.21，供给能力十分突出。沿海和中部地区棉花产量比重和相对需求满足度则都出现下降，沿海地区供需满足度从 0.63 下降至 0.43，供给缺口更加突出；中部地区从供给过剩转变为相对供需基本均衡，略有缺口状态。从棉花这一工业原料类农产品来说，产业链条的区域结构仍然是西部地区农业提供原料，东部地区加工制造，是我国"东工西农"格局的生动典型。（4）烟叶产量不断向内陆西部地区集中，2010 年仅西南的云南、贵州、四川三省烟叶产量就占全国产量的 55% 以上，内陆地区整体烟叶产量占全国的比重从 1992 年的 88% 上升至 2010 年的 90.3%，中、西部地区卷烟产量比重则分别从 35.7% 和 36.2% 下降至 31.5% 和 36%。由于烟叶产量主要向西部地区集中，西部地区需求满足度上升了 0.25，达到 1.7；中部地区需求满足度则下降了 0.06，仅为 0.93。中部地区呈现轻微供给缺口，西部地区供给能力则进一步增强。与此同时相对应的是，沿海地区的烟叶产量比重则从 11.9% 下降至 9.6%，卷烟产量比重却从 28.1% 增加至 32.5%，超过了中部地区的产量，沿海地区烟叶原材料供应减少的同时需求大幅增加，导致沿海地区供需满足度从 0.42 进一步下降至 0.3，供给缺口更加突出。（5）糖产量持续向西部地区集中，1992～2010 年西部地区产量比重从 47.9% 增加至 84.8%，需求满足度从 1.99 增加至 4.91，供给能力显著增强；沿海与中部地区产量比重则分别从 38.7% 和 13.5% 下降至 12.5% 和 2.5%，供需满足度也分别从 0.83 和 0.46 下降至 0.22 和 0.1，供给缺口进一步扩大。

表 4 – 4　　　　沿海与内陆地区农产品相对需求满足度和供需互补性变化状况

农产品	地区	产量比重（%）		需求满足度		需求满足度变化幅度
		1992 年	2010 年	1992 年	2010 年	
粮食	沿海	35.60	28.60	0.95	0.70	− 0.25
	西部	25.70	26.30	0.91	0.98	+ 0.07
	中部	38.70	45.00	1.14	1.43	+ 0.29
肉类	沿海	36.40	36.30	0.79	0.65	− 0.14
	西部	32.60	29.50	1.35	1.50	+ 0.15
	中部	31.00	33.90	1.05	1.37	+ 0.32
棉花	沿海	36.20	27.70	0.63	0.43	− 0.20
	西部	19.90	44.30	1.44	7.21	+ 5.77
	中部	43.90	27.90	1.52	0.97	− 0.55
烟叶	沿海	11.90	9.60	0.42	0.30	− 0.12
	西部	52.60	61.00	1.45	1.70	+ 0.25
	中部	35.40	29.30	0.99	0.93	− 0.06
糖	沿海	38.70	12.50	0.83	0.22	− 0.61
	西部	47.90	84.80	1.99	4.91	+ 2.92
	中部	13.50	2.50	0.46	0.10	− 0.36

注：由于糖属于初加工产品，而且对农业原料的依赖度很高，在此作为农产品看待。
资料来源：作者根据《中国统计年鉴1993》和《中国统计年鉴2011》相关数据计算所得。

　　此外，需要进一步说明的是，"东工西农"的总体格局并不等于所有的农产品都是从内陆地区向沿海地区输出，沿海地区也有其独特的农业资源条件，如果细分农产品，如热带水果、海产品等则主要从沿海地区向内陆地区输出。这里我们主要分析的是农业区际贸易间总体供需关系，对具体产品供需关系的分析也是对总体关系的进一步说明，故不纠缠于细分的农产品贸易关系。

4.3.1.2　区际基础能源型产品供需互补性

　　从表 4 – 5 可以看出，1992 ~ 2010 年①间随着区际贸易向纵深发展，市场化水平不断提高，我国四类代表性基础能源产品仍然延续了"西气东输、西电东送、西煤东运、西油东炼"内陆地区向沿海地区输送的总体格局，而且趋势在不

---

　　① 煤炭和焦炭的数据是 1992 年与 2009 年的。

断加强。（1）原煤的相对需求满足度在内陆地区均处于过剩状态，2009 年中西部地区合计煤炭产量比重高达 87.5%，相对需求满足度分别达到 2.06 和 3.73。其间，西部地区煤炭产量增加十分显著，其产量比重从 25.6% 增加至 47.5%，成为全国煤炭产量最多的地区。中部地区煤炭产量比重则从 53.6% 下降至 40%。沿海地区煤炭产量占全国产量比重下降至 11.8%，相对需求满足度从 0.33 下降至 0.17，供给缺口更加显著。（2）沿海地区原油产量比重持续升高，2010 年占全国产量的 45.2%，由于沿海地区石油加工业①比重也最大，达 63.6%，故 2010 年沿海地区的原油需求满足度仅为 0.71，相较于 1992 年供给缺口缩小了 0.07，但供给缺口仍然显著。同时，内陆地区原油产量比重达 54.9%，特别是西北的新疆、陕西、青海等省份原油产量大幅增长，西部地区的原油产量比重从 9.8% 增加至 28.8%，需求满足度从 1.55 增加至 1.67，供给过剩十分显著。中部地区的原油相对需求满足度下降了 0.41，但其需求满足度仍然达 1.36，有较强的供给能力。（3）我国西部地区天然气资源极为丰富，天然气产量持续向西部地区集中，西部的产量比重从 1992 年的 48.2% 提高至 2010 年的 80.9%，相对需求满足度从 2.48 上升至 4.01，供给能力显著过剩。沿海地区和中部地区则是主要的天然气消费输入地，两者需求满足度分别从 0.51 和 0.93 下降至 0.22 和 0.21，缺口显著扩大。今后很长一段时期内，沿海地区对"西气东输"依赖性将持续增强。（4）沿海地区发电量占全国总量比重最高，达 44.5%，但其相对需求满足度从 0.87 下降为 0.71，呈供给缺口扩大趋势；西部地区发电量占全国的 29%，相对需求满足度为 1.44，供给过剩显著，特别是四川省水力发电量占全国的 26.8%，是"西电东送"的主要电源地；中部地区发电量占全国的为 26.4%，相对需求满足度下降至 1.01，处于供需均衡略有剩余状态。

表 4-5　沿海与内陆地区能源产品相对需求满足度和供需互补性变化状况

基础能源	地区	产能比重（%）		相对需求满足度		变化幅度
		1992 年	2010 年	1992 年	2010 年	
	沿海	21.20	11.80	0.33	0.17	-0.16
原煤	西部	25.60	47.50	1.89	3.73	+1.84
	中部	53.60	40.00	2.40	2.06	-0.34

---

　　①　本书以相应年份的东、中、西部地区石油加工、炼焦及核燃料加工业的产值比重作为原油的相对需求量。

续表

基础能源	地区	产能比重（%）		相对需求满足度		变化幅度
		1992 年	2010 年	1992 年	2010 年	
原油	沿海	42.40	45.20	0.64	0.71	+0.07
	西部	9.80	28.80	1.55	1.67	+0.12
	中部	47.90	26.10	1.77	1.36	-0.41
天然气	沿海	27.40	13.40	0.51	0.22	-0.31
	西部	48.20	80.90	2.48	4.01	+1.53
	中部	24.50	5.50	0.93	0.21	-0.72
发电量	沿海	46.70	44.50	0.87	0.71	-0.16
	西部	22.40	29.00	1.15	1.44	+0.29
	中部	30.90	26.40	1.18	1.01	-0.17

注：各省份原油加工能力决定其对原油的直接需求量，因此使用《中国工业经济统计年鉴（1993）》和《中国工业经济统计年鉴（2011）》中各省份的"石油加工、炼焦及核燃料加工业"的产值比重来代表各省份对原油的相对需求量。原煤 2010 年的数据缺失，以 2009 年的数据替代。

资料来源：作者根据《中国统计年鉴 1993》和《中国统计年鉴 2010》《中国统计年鉴 2011》相关数据计算所得。

根据表 4-5 可以看出，西部地区基础能源产品的产量比重和需求满足度均呈现上升趋势，而且上升幅度较大；沿海地区除原油产量和需求满足度有所增加外，其余产品的产量比重和需求满足度均呈现下降趋势；中部地区基础能源产品产量比重和需求满足度均呈现较大幅度下降，但除天然气供给缺口显著外，其他基础能源产品仍然具有较强的供给能力。以上数据说明基础能源产品的区际的供需互补性显著增强，沿海地区对内陆地区能源产业（产品）的依赖性进一步加深。

4.3.1.3　区际加工制造型产品供需互补性

从表 4-6 中 7 项代表性加工制造型产品的区际供需互补性情况来看，沿海地区的高端制造业供给能力明显强于内陆地区，与中、西部地区形成显著的供需互补性。同时，沿海地区的加工制造型产品产量比重与需求满足度也有不同程度的下降，这与近年来沿海发达地区转变经济发展方式，实施产业结构转型，高端服务业比重逐步增加有关。（1）1992～2010 年，沿海地区洗衣机产量占全国比重下降了 0.5 个百分点，需求满足度从 1.53 下降至 1.27，供给仍然显著过剩；

中部地区产量比重增加了 5.8 个百分点,需求满足度从 0.57 增加至 0.92,仍然存在轻微的供给缺口;西部地区需求满足度从 0.51 下降至 0.36,存在显著的供给缺口。(2) 沿海地区与中部地区都是我国电冰箱的主要产区,2010 年沿海地区电冰箱产量比重为 57.4%,相较于 1992 年产量比重下降了 3.5 个百分点,需求满足度从 1.31 下降至 1.04,仍然存在轻微的供给过剩;中部地区的产量比重则上升了 10.4 个百分点,2010 年产量占全国比重达 37.4%,需求满足度从 0.91 上升至 1.51,从供给轻微缺口转变为显著供给过剩;西部地区产量比重从 12.1% 下降至 4.3%,需求满足度从 0.5 下降至 0.22,供给缺口十分显著。(3) 沿海地区彩色电视机产量比重持续上升,从 77.1% 上升至 82.1%,2010 年需求相对满足度仍然高达 1.48,显著供给过剩;内陆地区尽管有四川长虹这一重要的电视机生产龙头企业,但近年来内陆电视机行业整体发展慢于沿海地区,内陆中西部地区合计产量占比从 22.9% 下降至 17.9%,2010 年中西部地区彩色电视机需求满足度分别仅为 0.17 和 0.69,均为显著供给缺口状态。(4) 机床产量向沿海地区集中。沿海地区机床产量占比上升了 6.8 个百分点,需求满足度从 1.12 上升至 1.19,明显供给过剩;中西部地区产量比重均呈现下降态势,西部地区产量比重下降了 0.2 个百分点,需求满足度略有上升,处于供给轻微过剩状态,具有一定向外部区域输出的能力,而中部地区需求满足度下降比较明显,从 0.64 下降至 0.37 处于显著供给缺口状态。(5) 计算机产能持续向沿海地区集中,2000~2010 年,沿海地区计算机产量占比从 93.6% 进一步上升至 98.4%,几乎垄断了我国计算机生产和供给。与此相对应,沿海地区计算机的需求满足度从 1.63 上升至 1.71,显著供给过剩。而 2010 年中西部地区合计产量仅占全国的 1.6%,需求满足度十分微弱,仅为 0.03 和 0.04。中西部与沿海地区的计算机产品的供需互补性非常显著。(6) 我国集成电路产能主要集中在沿海地区,2000 年沿海地区产量占比高达 96.2%,2010 年有所下降,但也占全国产量的 86.7%;同时西部地区的集成电路发展较快,产量占比从 3.7% 上升至 13.3%。与此相对应,2010 年沿海地区集成电路产品的需求满足度为 1.3 显著供给过剩水平,西部地区需求满足度达 1.02 呈现轻微供给过剩水平,中部地区集成电路产量非常少,几乎全部依赖外部区域输入。(7) 移动电话产量进入我国统计年鉴始于 2004 年,数据显示,移动电话产能主要集中在沿海地区,2010 年沿海产量比重占 96.3%,中西部地区分别仅占 2.1% 和 1.6%;沿海地区的供给能力十分显著,需求满足度达 1.74,中西部地区需求满足度则十分低,主要从沿海地区输入满足本地区需求。

表 4-6　沿海与内陆地区加工制造品相对需求满足度和供需互补性变化状况

加工制造型产品	地区	产能比重（%）		需求满足度		需求满足度变化幅度
		1992 年	2010 年	1992 年	2010 年	
洗衣机	沿海	70.70	70.20	1.53	1.27	-0.26
	西部	12.40	7.10	0.51	0.36	-0.15
	中部	16.90	22.70	0.57	0.92	+0.35
电冰箱	沿海	60.90	57.40	1.31	1.04	-0.27
	西部	12.10	4.30	0.50	0.22	-0.28
	中部	27.00	37.40	0.91	1.51	+0.60
彩色电视机	沿海	77.10	82.10	1.66	1.48	-0.18
	西部	15.90	13.60	0.66	0.69	+0.03
	中部	7.00	4.30	0.24	0.17	-0.07
机床	沿海	72.10	78.90	1.12	1.19	+0.07
	西部	13.70	13.50	1.01	1.04	+0.03
	中部	14.30	7.60	0.64	0.37	-0.27
		2000 年	2010 年	2000 年	2010 年	
计算机	沿海	93.60	98.40	1.63	1.71	+0.08
	西部	3.10	0.80	0.20	0.04	-0.16
	中部	3.40	0.80	0.13	0.03	-0.10
集成电路	沿海	96.20	86.70	1.38	1.30	-0.08
	西部	3.70	13.30	0.36	1.02	+0.66
	中部	0	0.10	0	0	0
		2004 年	2010 年	2004 年	2010 年	
移动电话	沿海	97.00	96.30	1.87	1.74	-0.13
	西部	1.00	1.60	0.06	0.08	+0.02
	中部	1.90	2.10	0.07	0.09	+0.02

资料来源：作者根据《中国统计年鉴1993》《中国统计年鉴2001》《中国统计年鉴2005》《中国统计年鉴2011》相关数据计算所得。

4.3.2　典型省份产品供需互补性变动分析

即使在内陆与沿海经济地带间形成显著供需互补性的情况下，特定产品的生产也主要集中在少数典型省份，区域间显著的供需互补性也是由少数典型省份的供需关系体现出来。例如，内陆地区农产品供给能力很强，然而棉花生产主要集中在新疆维吾尔自治区，甘蔗集中在广西壮族自治区和云南省，因此，内陆与沿海区域间棉花和糖的供需互补性主要由新疆、广西、云南3省份与沿海消费大省份之间的供需关系来体现。同理，沿海地区高技术产品供给能力强，然而计算机主要产自上海市和浙江省，移动电话主要产自广东省和北京市，内陆与沿海区域间计算机和移动电话的供需互补性主要在上海、浙江、广东、北京4省市与内陆消费大省份之间展开。鉴于此，本节利用历年统计年鉴中重点产品数据，对我国市场化改革进程中的具有显著供需互补性关系的典型省份做进一步梳理（计算比较年份为1992年与2010年，少数高技术产品统计开始于2000年后），如表4-7所示。

4.3.2.1　典型省份农业及初加工产品供需互补性

表4-7比较了5种产品典型省份间供需互补性的变化情况，显示出如下变动趋势：

（1）粮食产能向内陆地区具有比较优势省份集中，内陆地区典型省份相对需求满足度从1.23增加至1.87，显著增强，沿海地区典型省份相对需求满足度从0.76下降至0.3，显著减弱。1992年内陆地区典型省份粮食产量占全国的24.27%，2010年占比提高到33.8%，相对需求满足度大幅上升，供给剩余显著。同一时期，沿海典型省份粮食产量占全国比重从10.6%下降至5.4%，相对需求满足度显著降低，供给缺口明显扩大。从我国耕地分布的地理格局看，中原地区、华北平原和东北地区是耕地最集中的区域，粮食供给过剩的省份也主要分布在这些区域，如吉林、黑龙江、安徽、河南等省份。由于市场化改革以来，沿海地区在工业化和城市化方面先于全国其他地区快速发展，人口快速增长与耕地快速减少同时扩大了粮食供给缺口，2010年沿海地区传统的产粮大省山东、河北、江苏3省的粮食相对需求满足度分别为1.11、1.02、1.01供给有剩余，但沿海省份的相对需求满足度几乎全部呈下滑趋势，沿海典型省份粮食供给缺口在不断扩大，同时内陆典型省份的相对需求满足度则显著增加。说明市场化改革阶段粮食产能进一步向内陆地区优势省份集中，沿海省份对外部粮食依赖度在不断增强。

表4-7　典型省份农产品相对需求满足度和供需互补性变化状况

粮食

内陆典型省份	1992年 产量比重（%）	1992年 人口比重（%）	1992年 需求满足度	2010年 产量比重（%）	2010年 人口比重（%）	2010年 需求满足度
内蒙古	2.40	1.90	1.26	3.90	1.80	2.14
吉林	4.20	2.20	1.92	5.20	2.00	2.54
黑龙江	5.40	3.10	1.74	9.20	2.90	3.21
安徽	5.25	4.98	1.05	5.60	4.40	1.27
河南	7.02	7.56	0.93	9.90	7.00	1.42
合计	24.27	19.74	1.23	33.80	18.10	1.87

沿海典型省份	1992年 产量比重（%）	1992年 人口比重（%）	1992年 需求满足度	2010年 产量比重（%）	2010年 人口比重（%）	2010年 需求满足度
北京	0.60	0.90	0.68	0.20	1.50	0.14
福建	2.00	2.70	0.76	1.20	2.80	0.44
上海	0.50	1.20	0.45	0.20	1.70	0.13
浙江	3.50	3.60	0.97	1.40	4.10	0.35
广东	4.00	5.60	0.72	2.40	7.80	0.31
合计	10.60	14.00	0.76	5.40	17.90	0.30

肉类

内陆典型省份	1992年 产量比重（%）	1992年 居民消费比重（%）	1992年 需求满足度	2010年 产量比重（%）	2010年 居民消费比重（%）	2010年 需求满足度
四川	15.30	8.10	1.89	10.70	6.60	1.63
云南	2.97	2.76	1.07	4.10	2.20	1.88
广西	3.91	3.07	1.27	4.90	2.60	1.92
河南	5.20	5.12	1.02	8.10	5.20	1.56
湖南	7.30	4.90	1.50	6.20	4.00	1.54
合计	19.36	15.80	1.23	34.00	20.60	1.65

沿海典型省份	1992年 产量比重（%）	1992年 居民消费比重（%）	1992年 需求满足度	2010年 产量比重（%）	2010年 居民消费比重（%）	2010年 需求满足度
上海	0.80	3.30	0.24	0.30	5.10	0.06
江苏	5.90	6.90	0.85	4.60	7.60	0.60
浙江	3.30	4.70	0.70	2.20	6.80	0.33
福建	2.60	3.10	0.82	2.30	3.30	0.69
广东	5.90	7.70	0.76	5.60	11.70	0.48
合计	18.50	25.70	0.72	15.00	34.50	0.43

续表

棉花

内陆典型省份	产量比重（%）1992年	纱产量比重（%）1992年	需求满足度 1992年	产量比重（%）2010年	纱产量比重（%）2010年	需求满足度 2010年
新疆	14.80	2.80	5.21	41.60	1.50	28.58
甘肃	0.40	0.40	1.01	1.30	0	56.48
湖北	13.50	8.00	1.70	7.90	6.20	1.27
河北	6.80	7.76	0.87	9.6	4.50	2.10
安徽	5.80	4.10	1.41	5.30	2.10	2.55
合计	41.49	34.66	1.20	65.70	14.30	4.59

沿海典型省份	产量比重（%）1992年	纱产量比重（%）1992年	需求满足度 1992年	产量比重（%）2010年	纱产量比重（%）2010年	需求满足度 2010年
山东	15.00	14.40	1.05	12.10	26.90	0.45
江苏	11.70	11.10	1.05	4.40	16.00	0.27
浙江	1.30	4.90	0.27	0.50	7.90	0.06
福建	0	1.20	0	0	6.80	0
上海	0.30	7.30	0.05	0.10	0.20	0.34
合计	28.30	38.90	0.73	17.10	57.80	0.30

烟叶

内陆典型省份	产量比重（%）1992年	卷烟产量比重（%）1992年	需求满足度 1992年	产量比重（%）2010年	卷烟产量比重（%）2010年	需求满足度 2010年
云南	22.50	14.20	1.59	33.00	15.00	2.19
贵州	13.40	6.20	2.17	13.00	5.00	2.59
四川	8.10	6.00	1.34	10.90	6.00	1.82
河南	13.10	9.10	1.44	9.60	6.90	1.38
黑龙江	3.90	2.40	1.65	3.20	1.80	1.76
合计	61.00	37.90	1.61	69.70	34.70	2.01

沿海典型省份	产量比重（%）1992年	卷烟产量比重（%）1992年	需求满足度 1992年	产量比重（%）2010年	卷烟产量比重（%）2010年	需求满足度 2010年
上海	0	2.60	0	0	3.70	0
江苏	0.30	2.50	0.13	0	4.00	0
浙江	0.20	2.60	0.07	0.10	3.60	0.03
河北	0.50	3.60	0.13	0.20	3.30	0.07
广东	2.50	4.70	0.52	1.80	5.50	0.33
合计	3.50	16.00	0.22	2.10	20.10	0.10

续表

糖

内陆典型省份	1992年			2010年		
	产量比重(%)	居民消费比重(%)	需求满足度	产量比重(%)	居民消费比重(%)	需求满足度
广西	25.90	3.10	8.43	63.10	2.10	29.92
云南	10.10	2.80	3.65	16.10	1.60	10.10
新疆	3.90	1.70	2.25	4.00	0.90	4.61
黑龙江	8.00	3.90	2.05	—	—	—
广东	27.40	7.70	3.56	—	—	—
合计	75.30	19.20	3.92	83.20	4.60	18.09

沿海典型省份	1992年			2010年		
	产量比重(%)	居民消费比重(%)	需求满足度	产量比重(%)	居民消费比重(%)	需求满足度
上海	0	3.30	0.00	0	3.90	0
江苏	0	6.90	0.00	0	8.70	0
浙江	0.20	4.70	0.05	0	6.50	0
河北	0.10	4.90	0.03	0.20	4.30	0.06
山东	0.10	7.10	0.02	0.10	9.30	0.01
合计	0.40	26.90	0.01	0.30	32.70	0.01

注：肉类包括猪牛羊肉和禽类；居民消费比重是指统计年鉴中的各省"居民消费支出"占全国比重。
资料来源：作者根据《中国统计年鉴1993》和《中国统计年鉴2011》相关数据计算所得。

（2）典型省份肉类产品的供需互补性显著增强，沿海畜牧业大省份被内陆省份替代。1992 年内陆 5 大典型省份产量占比 19.36%，整体相对需求满足度为 1.23；2010 年产量占比增加到 34%，整体相对需求满足度增加至 1.65，所有典型省份均呈现供给过剩显著状态。相较于内陆典型省份产量占比的增长，沿海典型省份产量占比从 18.5% 下降至 15%，整体相对需求满足度从 0.72 下降至 0.43。内陆典型省份与沿海典型省份的供需互补性明显增强。

（3）我国北方省份是生产棉花的典型优势省份，主要分布在内陆北方省份，尤其以新疆维吾尔自治区的自然条件最适合棉花生产。棉花作为一种工业原料，其直接下游产品是纱线，我国纱线产能则主要分布在沿海省份。1992 年新疆维吾尔自治区棉花产量占全国产量 14.8%，2010 年增长至 41.6%；其纱线产量占全国产量比重则从 1992 年的 2.8% 下降至 2010 年的 1.5%，供需满足度从 5.21 上升至 28.58。内陆地区主要产棉省份与沿海地区主要产纱省份之间具有很强的供需互补性。1992 年我国主要产棉的 5 个典型省份产能占比为 41.49%；作为棉花需求方的 5 个典型省份则均为沿海省份，其纱产量占比为 38.9%，两类省份之间的供需互补性达 1.2∶0.73。2010 年棉花供给显著过剩典型省份中除河北省外均为内陆中西部省份，产量占比为 65.7%；需求方典型省份纱产量占比高达 57.8%，两类典型省份之间供需互补性进一步增强为 4.59∶0.3。这一时期，棉花和纱的产能都呈现向优势省份集中的趋势，棉花主要向新疆维吾尔自治区集中，纱线产能则主要向山东、江苏、河南、福建、浙江等地集中，棉花的供需互补性贸易主要在这些典型省份展开。

（4）烟叶产能向内陆省份集中，沿海省份卷烟产能增加更快。1992 年仅云南、贵州、四川三省烟叶产量就占全国产量的 44%，内陆省份整体产量占全国的 88%，内陆典型省份产量占比达 61%，卷烟产量占比仅为 37.9%；2010 年内陆典型省份产量占比增加至 69.7%，增加了 8.7 个百分点，卷烟产量 5 个典型省份为 34.7%，反而减少了 3.2 个百分点。沿海典型省份均为沿海省份，其卷烟产量占比从 16% 上升至 20.1%，增加了 4.1 个百分点；烟叶产量占比从 3.5% 下降至 2.1%，减少 1.4 个百分点。虽然这一时期，内陆与沿海地区卷烟产量都有增加，但沿海增加速度快于内陆省份，说明卷烟产能向沿海省份集中，烟叶生产则进一步向内陆优势省份集中。内陆与沿海地区的不同发展趋势使得烟叶区域供需互补性不断增强。

（5）我国糖产能持续向内陆优势省份集中，特别是广西和云南两地具有种植甘蔗所需的气候和土壤条件，亩产高于其他省份，是我国最大的两个甘蔗产地，制糖工业持续向其集中。1992 年广西、云南和新疆 3 省份糖产量占比约为 40%，

2010 年 3 省份产量占比猛增至 83.2%，产能向这三个西部优势省份集中趋势非常显著。同时，3 省份需求满足度也分别从 8.43、3.65 和 2.25 提高至 29.92、10.1 和 4.61，供给过剩显著程度进一步增强。供给缺口显著省份则为沿海省份，沿海 5 个典型省份产量比重从 0.4% 下降至 0.3%，需求满足度仅为 0.01。2010 年，我国沿海省份供给缺口均十分显著，与上述西部供给过剩典型省份形成显著的供需互补性。

4.3.2.2 典型省份基础能源产品供需互补性

本书计算了 1992～2010 年内陆与沿海典型省份 4 种基础能源产品相对需求满足度变化情况，发现供需互补性变化具有如下特征：

（1）典型省份间基础能源产品供需互补性显著增强。1992～2010 年，煤炭典型省份供需双方需求满足度从 4.69∶0.20 增加至 5.73∶0.11；原油需求满足度从 3.48∶0.3 增加至 3.95∶0.33；天然气需求满足度从 4.48∶0.37 增加至 6.42∶0.06；发电量需求满足度从 1.70∶0.80 增加至 2.13∶0.73。基础能源产品典型省份间的供需互补性显著增强。

（2）基础能源产品产能向中西部优势省份集中。第一，煤炭产能向山西、内蒙古、陕西、河南、贵州 5 大典型省份集中，产量区域集中度从 1992 年的 46.05% 增加至 2009 年的 62.5%。特别是内蒙古和陕西两省份，新增煤炭储量丰富，且开采条件好，导致产能不断向它们集中，内蒙古自治区产量超过山西省，位列全国产量第一，陕西省位列全国第三。第二，原油产能向陕西、新疆和吉林等省份集中。陕西省原油产量占全国比重从 1992 年的 0.72% 大幅增加至 2010 年的 14.9%，增加了 14.18 个百分点；但原油加工能力占全国比重从 0.88% 增加至 4.6%，仅增加了 3.72 个百分点。新疆维吾尔自治区原油产量占全国比重从 1992 年的 5.9% 增加至 2010 年的 12.6%，增加了 6.7 个百分点；原油加工能力占全国比重从 1.5% 提升至 3.8%，仅增加了 2.3 个百分点。天津市原油产量占全国比重从 1992 年的 3.5% 大幅增加至 2010 年的 16.4%；原油加工能力占全国比重从 2.1% 仅上升至 2.7%。2010 年黑龙江、新疆、陕西、吉林内陆 4 省份原油产量区域集中度达 50.7%，原油加工能力仅占全国 14.3%，同时，沿海地区辽宁、江苏、浙江、上海和广东 5 省份原油加工能力占全国 36.5%。可见，我国原油产能主要位于内陆省份，而原油加工业则主要分布在沿海省份，区域间供需互补性十分显著。第三，新疆和陕西两省份天然气产量集中很快，1992～2010 年新疆维吾尔自治区天然气产量占全国比重从 4.3% 增加至 26.3%，陕西省从 0.18% 提升至 23.6%，分别增加了 22 个和 23.42 个百分点。2010 年内陆 5 个内陆典型省份新疆、四川、陕西、青海、黑龙江天然气产量占比达 84.1%，天然气产能主要集中在中西部典型省份。第四，电力产能在我国各省份空间分布相对比较分散，无一省份产能占比超过 8%，但 1992~2010 年期间，产能仍然呈现明显向内陆优势省份集中趋势，供给方的 5 个典型省份的产量占比从 14.59% 增加至 19.4%；"西电东送、西气东输"是这一供需互补性的精炼总结如表 4-8 所示。

4.3.2.3　典型省份加工制造产品供需互补性

比较表 4-9 中 7 种加工制造产品 1992~2010 年典型省份间相对供需互补性变化，加工制造产品均显示出如下变动特征：

（1）供给方典型省份机电产品产能的区域集中度持续升高。1992 年，典型省份浙江、江苏、山东、安徽 4 省洗衣机产量占比达 24.4%；2010 年，4 省洗衣机产能集中度达 78.7%。同一时期，电冰箱产能在江苏、浙江、广东、山东、安徽典型省份的集中度由 51.26% 提升至 80.8%；彩色电视机产能在福建、山东、广东、江苏、四川典型省份的集中度由 61.28% 提升至 80.06%；计算机产能在北京、广东、上海、江苏典型省份集中度由 65.5% 提升到 94.7%；移动电话产能则集中在广东、北京、天津 3 省份，产量占比由 69.8% 提升至 85.2%。

（2）沿海典型省份加工制造产品供给过剩显著程度明显增强。第一，洗衣机产能向沿海浙江、江苏和山东 3 省转移集中，其产量分别从 1992 年的 39.31 万台、28.65 万台、60.78 万台，增加至 2010 年的 1 804.45 万台、1 216.6 万台、624.46 万台，合计占全国产量比重从 18.2% 增加至 58.4%，需求满足度分别达 4.26、2.55 和 1.29。第二，电冰箱产能向沿海的江苏、浙江、山东、广东 4 省转移集中，产量分别从 1992 年的 16.54 万台、28.07 万台、21.7 万台、126.92 万台，增加至 2010 年的 782.84 万台、779.67 万台、795.34 万台、1 457.76 万台，合计占全国产量比重从 39.78% 提高至 52.3%，需求满足度分别达 1.4、1.58、1.41 和 1.71。第三，彩色电视机产能向沿海的福建、山东、广东、江苏 4 省转移集中，产量分别从 1992 年的 132.31 万台、37.57 万台、367.04 万台、169.66 万台，增加至 2010 年的 903.1 万台、1 137.69 万台、4 494.77 万台、1 660.88 万台，合计占全国产量比重从 53.01% 提高至 69.28%，需求满足度分别达 2.32、1.25、3.25 和 1.84。第四，计算机和移动电话是近十年来国际产业转移推动下发展起来的，其产能高度集中在沿海少数省份，而且集中趋势还在进一步加剧。2000 年计算机产能主要集中在北京、广东、福建、辽宁、上海 5 个省份，合计产量 642.12 万台，占全国的 87.4%，2010 年计算机产能则主要集中在上海、江苏、广东、北京 4 个省份，合计产量 23 272.7 万台，占全国的 94.7%。

表 4-8　典型省份能源产品相对需求满足度和供需互补性变化状况

煤炭

	内陆典型省份	1992年 产量比重(%)	工业产值比重(%)	需求满足度	2009年 产量比重(%)	工业产值比重(%)	需求满足度
煤炭	山西	26.60	2.00	13.26	20.00	1.70	11.84
	内蒙古	4.50	1.00	4.59	20.20	2.00	10.36
	贵州	3.80	0.80	4.61	4.60	0.60	7.37
	河南	8.10	4.40	1.84	7.70	5.10	1.53
	陕西	3.05	1.62	1.88	10.00	1.50	6.44
	合计	46.05	9.82	4.69	62.50	10.90	5.73

沿海典型省份	1992年 产量比重(%)	工业产值比重(%)	需求满足度	2009年 产量比重(%)	工业产值比重(%)	需求满足度
上海	0	6.60	0	0	4.40	0
江苏	2.20	12.60	0.18	0.80	13.40	0.06
浙江	0.10	6.70	0.01	0	7.50	0.00
山东	5.70	9.60	0.60	4.80	13.00	0.37
广东	0.90	9.40	0.10	0	12.50	0.00
合计	8.90	44.90	0.20	5.60	50.80	0.11

原油

	内陆典型省份	1992年 产量比重(%)	原油加工比重(%)	需求满足度	2010年 产量比重(%)	原油加工比重(%)	需求满足度
原油	新疆	5.90	1.50	4.05	12.60	3.80	3.29
	黑龙江	39.20	8.60	4.53	19.70	5.10	3.88
	陕西	0.72	0.88	0.81	14.90	4.60	3.21
	吉林	2.42	1.77	1.37	3.50	0.80	4.51
	(天津)	3.50	2.10	1.66	16.40	2.70	6.14
	合计	51.74	14.85	3.48	67.10	17.00	3.95

沿海典型省份	1992年 产量比重(%)	原油加工比重(%)	需求满足度	2010年 产量比重(%)	原油加工比重(%)	需求满足度
辽宁	9.80	16.10	0.61	4.70	12.60	0.37
江苏	0.60	6.60	0.10	0.90	5.40	0.17
浙江	0.00	3.60	0.00	0	5.00	0
广东	2.00	9.90	0.20	6.30	8.30	0.76
上海	0	5.40	0.00	0	5.20	0.01
合计	12.40	41.60	0.30	11.90	36.50	0.33

续表

天然气

内陆典型省份	1992年 产量比重(%)	GDP比重(%)	需求满足度	2010年 产量比重(%)	GDP比重(%)	需求满足度
新疆	4.30	1.60	2.69	26.30	1.40	19.44
四川	42.50	6.20	6.85	25.10	6.30	4.00
陕西	0.18	2.06	0.09	23.60	2.50	9.34
青海	0.33	0.35	0.94	5.90	0.30	17.57
黑龙江	14.50	3.60	4.07	3.20	2.60	1.22
合计	61.81	13.81	4.48	84.10	13.10	6.42

沿海典型省份	1992年 产量比重(%)	GDP比重(%)	需求满足度	2010年 产量比重(%)	GDP比重(%)	需求满足度
上海	0	4.40	0	0.30	4.30	0.08
江苏	0.20	8.20	0.02	0.10	10.30	0.01
浙江	0	5.10	0	0	6.90	0
山东	9.14	8.24	1.11	0.60	9.80	0.06
河北	2.10	4.80	0.43	1.34	5.08	0.26
合计	11.44	30.74	0.37	2.34	36.38	0.06

发电量

内陆典型省份	1992年 产量比重(%)	GDP比重(%)	需求满足度	2010年 产量比重(%)	GDP比重(%)	需求满足度
山西	5.10	2.20	2.36	5.10	2.30	2.23
内蒙古	3.00	1.60	1.87	5.90	2.90	2.03
甘肃	2.70	1.30	2.12	1.90	1.00	1.83
贵州	1.72	1.38	1.24	3.30	1.10	2.87
云南	2.07	2.12	0.97	3.20	1.80	1.80
合计	14.59	8.60	1.70	19.40	9.10	2.13

沿海典型省份	1992年 产量比重(%)	GDP比重(%)	需求满足度	2010年 产量比重(%)	GDP比重(%)	需求满足度
江苏	6.40	8.20	0.78	8.00	10.30	0.77
浙江	3.80	5.10	0.74	6.10	6.90	0.88
上海	4.61	4.43	1.04	2.10	4.30	0.49
山东	7.50	8.20	0.91	7.20	9.80	0.74
广东	6.10	9.50	0.64	7.70	11.50	0.67
合计	28.41	35.43	0.80	31.10	42.80	0.73

注：中国统计年鉴中最新原煤产量只有2009年数据；各省份原油加工能力决定其对原油的直接需求量，因此使用对应年份《中国工业经济统计年鉴》中各省份的"石油加工、炼焦及核燃料加工业"的产量比重来代表各省份对原油的相对需求量；四川省数据包括重庆市。

资料来源：作者根据《中国统计年鉴1993》和《中国统计年鉴2011》的相关数据计算所得。

表4-9　典型省份加工制造品相对需求满足度和供需互补性变化状况

沿海典型省份

	沿海典型省份	1992年 产量比重（%）	1992年 居民消费比重（%）	1992年 需求满足度	2010年 产量比重（%）	2010年 居民消费比重（%）	2010年 需求满足度
洗衣机	山东	8.60	7.08	1.21	10.00	7.70	1.29
	（安徽）	6.20	3.51	1.78	20.30	3.40	5.96
	江苏	4.05	6.87	0.59	19.50	7.60	2.55
	浙江	5.55	4.70	1.18	28.90	6.80	4.26
	—	—	—	—	—	—	—
	合计	24.40	22.16	1.10	78.70	25.50	3.09
电冰箱	江苏	3.40	6.87	0.50	10.70	7.60	1.40
	浙江	5.78	4.70	1.23	10.70	6.80	1.58
	山东	4.47	7.08	0.63	10.90	7.70	1.41
	广东	26.13	7.71	3.39	20.00	11.70	1.71
	（安徽）	11.48	3.51	3.27	28.50	3.40	8.37
	合计	51.26	29.87	1.72	80.80	37.20	2.17

内陆典型省份

内陆典型省份	1992年 产量比重（%）	1992年 居民消费比重（%）	1992年 需求满足度	2010年 产量比重（%）	2010年 居民消费比重（%）	2010年 需求满足度
广西	0.04	3.07	0.01	0	2.60	0
云南	0.51	2.76	0.18	0	2.20	0
河南	0	5.12	0.00	0.10	5.20	0.02
湖北	2.90	4.64	0.62	1.10	3.60	0.31
湖南	0.03	4.85	0.01	1.20	4.00	0.29
合计	3.48	20.44	0.17	2.40	17.60	0.14
山西	0	2.06	0.00	0	2.00	0
湖北	0.44	4.64	0.09	1.80	3.60	0.51
湖南	5.56	4.85	1.15	0.40	4.00	0.11
四川	3.14	8.06	0.39	1.10	6.60	0.17
广西	0.23	3.07	0.07	0	2.60	0.00
合计	9.37	22.68	0.41	3.30	18.80	0.18

续表

彩色电视机

沿海典型省份	1992年			2010年			内陆典型省份	1992年			2010年		
	产量比重(%)	居民消费比重(%)	需求满足度	产量比重(%)	居民消费比重(%)	需求满足度		产量比重(%)	居民消费比重(%)	需求满足度	产量比重(%)	居民消费比重(%)	需求满足度
福建	9.93	3.13	3.17	7.63	3.29	2.32	河南	0.76	5.12	0.15	0.10	5.20	0.03
山东	2.82	7.08	0.40	9.62	7.72	1.25	湖北	0.93	4.64	0.20	0	3.60	0.00
广东	27.53	7.71	3.57	37.99	11.68	3.25	湖南	0.40	4.85	0.08	0.10	4.00	0.03
江苏	12.73	6.87	1.85	14.04	7.64	1.84	陕西	4.02	2.34	1.72	0	2.20	0.00
（四川）	8.27	8.06	1.03	10.78	6.58	1.64	黑龙江	0.53	3.90	0.13	0	2.40	0.00
合计	61.28	32.85	1.87	80.06	36.91	2.17	合计	6.64	20.85	0.32	0.20	17.40	0.01

计算机

沿海典型省份	2000年			2010年			内陆典型省份	2000年			2010年		
	产量比重(%)	GDP比重(%)	需求满足度	产量比重(%)	GDP比重(%)	需求满足度		产量比重(%)	GDP比重(%)	需求满足度	产量比重(%)	GDP比重(%)	需求满足度
北京	35.10	2.50	13.76	3.80	3.50	1.09	河南	0.10	5.30	0.01	0	5.80	0.00
广东	23.10	9.90	2.32	14.60	11.50	1.27	湖北	0.30	4.40	0.08	0.80	4.00	0.19
上海	5.70	4.70	1.22	38.20	4.30	8.93	湖南	0.00	3.80	0.00	0	4.00	0.00
江苏	1.60	8.80	0.18	38.10	10.30	3.69	四川	0.70	4.10	0.16	0.80	6.30	0.12
—	—	—	—	—	—	—	陕西	0.80	1.70	0.45	0	2.50	0.00
合计	65.50	25.90	2.53	94.70	29.60	3.20	合计	1.90	19.30	0.10	1.60	22.60	0.07

续表

集成电路

沿海典型省份	2000年			2010年		
	产量比重（%）	工业产值比重（%）	需求满足度	产量比重（%）	工业产值比重（%）	需求满足度
北京	4.00	3.00	1.35	3.90	2.00	1.97
广东	20.00	14.60	1.37	24.70	12.30	2.01
上海	40.70	7.20	5.62	17.40	4.30	4.03
江苏	21.30	12.20	1.74	34.20	13.20	2.60
（甘肃）	3.50	1.00	3.53	8.40	0.70	12.07
合计	89.50	38.00	2.36	88.60	32.50	2.73

内陆典型省份	2000年			2010年		
	产量比重（%）	工业产值比重（%）	需求满足度	产量比重（%）	工业产值比重（%）	需求满足度
河南	0	4.10	0.00	0	5.00	0.00
湖北	0	3.60	0.00	0	3.10	0.00
四川	0	2.40	0.01	4.20	4.60	0.91
陕西	0	1.40	0.00	0.00	1.60	0.00
吉林	0	2.00	0.00	0	1.90	0.00
合计	0	13.50	0.00	4.20	16.20	0.26

移动电话

沿海典型省份	2004年			2010年		
	产量比重（%）	居民消费比重（%）	需求满足度	产量比重（%）	居民消费比重（%）	需求满足度
北京	16.40	2.30	7.06	27.40	3.20	8.45
天津	21.00	1.40	15.23	9.10	1.60	5.81
广东	32.40	10.20	3.19	48.70	11.70	4.17
—	—	—	—	—	—	—
—	—	—	—	—	—	—
合计	69.80	13.90	5.02	85.20	16.50	5.16

内陆典型省份	2004年			2010年		
	产量比重（%）	居民消费比重（%）	需求满足度	产量比重（%）	居民消费比重（%）	需求满足度
安徽	0	3.90	0.00	0	3.40	0.00
河南	0	5.90	0.00	0	5.20	0.00
湖北	1.90	4.80	0.40	0.50	3.60	0.13
湖南	0	3.90	0.00	0	4.00	0.00
四川	0	5.00	0.00	1.50	6.60	0.22
合计	1.90	23.50	0.08	2.00	22.80	0.09

续表

	沿海典型省份	1992 年			2010 年			内陆典型省份	1992 年			2010 年		
		产量比重（%）	工业产值比重（%）	需求满足度	产量比重（%）	工业产值比重（%）	需求满足度		产量比重（%）	工业产值比重（%）	需求满足度	产量比重（%）	工业产值比重（%）	需求满足度
机床	辽宁	9.40	6.31	1.49	19.10	5.20	3.68	河南	1.05	4.39	0.24	1.10	5.00	0.23
	浙江	25.27	6.74	3.75	21.80	7.40	2.96	湖北	3.59	3.71	0.97	0.50	3.10	0.17
	山东	8.48	9.59	0.88	18.60	12.00	1.55	四川	3.37	4.99	0.67	2.10	4.60	0.44
	（云南）	3.15	1.29	2.45	5.20	0.90	5.63	湖南	1.53	2.72	0.56	0.60	2.70	0.21
	（陕西）	1.88	1.62	1.16	3.50	1.60	2.19	吉林	0.92	2.07	0.44	0.20	1.90	0.10
	合计	48.18	25.55	1.89	68.20	27.10	2.52	合计	10.46	17.88	0.59	4.50	17.30	0.26

注：四川省的数据包括重庆市；计算机、集成电路和移动电话最早纳入统计时间为 2000 年和 2004 年，比较年份相对较短。加（）的省份表示不属于本区域。

特别是上海市和江苏省产量十分庞大，分别占全国产量的 38.2% 和 38.1%，需求满足度分别从 1.22 和 0.18 增加至 8.93 和 3.69。移动电话产能与供需互补性和计算机基本类似。2004 年移动电话产能主要集中在沿海 5 个省份，2010 年则进一步集中在沿海广东、北京、天津 3 个省份。特别是北京市和广东省，两地移动电话产量分别从 3 824.75 万台和 7 572.62 万台增加至 27 387.96 万台和 48 626.59 万台，占比分别从 16.4% 和 32.4% 提高至 27.4% 和 48.7%，需求满足度分别从 7.06 和 3.19 增加至 8.45 和 4.17。第五，集成电路产能主要集中在沿海的上海、江苏、广东、北京 4 个省份，2000 年产量为 50.56 亿块，2010 年增加至 522.95 亿块，始终占全国产能的 80% 以上，与全国其他省份，特别是内陆省份形成很强的供需互补性。第六，机床产能主要集中在浙江和辽宁两省，1992 年浙江和辽宁两省机床产量占全国 34.67%，需求满足度分别为 3.75 和 1.49；云南省需求满足度达到 2.45，但产量比重仅为 3.15%。1992~2010 年，沿海地区辽宁、山东和浙江 3 省机床产量增加很快，分别从 2.15 万台、1.94 万台和 5.78 万台增加至 13.29 万台、12.99 万台和 15.19 万台，占全国比重分别为 19.1%、18.6% 和 21.8%。浙江省 2010 年占比轻微下降，但还是全国机床产量第一大省。辽宁、山东、浙江 3 个沿海省份合计产量占全国的 59.5%，内陆地区供给过剩省份云南和陕西两省产量仅占全国的 8.7%。其他省份则呈现供给缺口扩大趋势。第七，内陆个别省份在某些机电产品方面也具有很强的供给能力，与沿海形成水平型的供求互补性。例如，安徽省洗衣机和电冰箱产量分别占全国的 20.3% 和 28.5%，需求满足度达到 5.96 和 8.37；甘肃省的集成电路产量占全国产量的 8.4%，需求满足度达到 12.07；四川省的彩色电视机产量占全国产量的 10.78%；云南和陕西两省的机床产量之和占全国的 8.7%。

第5章

供需互补性变化对区域经济发展的影响

市场化改革进程中，内陆与沿海地区之间以更加"市场化"的方式进行资源配置，使加工制造类产能向具有显著比较优势的沿海省份进一步集中，农业产业产能和基础能源产能向具有比较优势的内陆省份集中，从而产生了优化资源配置，加强地区间贸易联系，扩大了区际贸易规模，提高经济效益和生产效率，有力推动了我国区域经济增长等积极影响。同时，也导致一些束缚我国区域经济可持续和协调发展的潜在问题。

5.1 产生的成效

5.1.1 促进各省份形成差异化的贸易产品结构

在市场经济条件下，地区特色和优势产业既不是"规划"出来，也不能通过"计划安排"出来，必须是通过市场竞争形成。区域间产品供需结构受产业空间布局结构的制约，同时，区域间产品输出结构的变化也会影响地区产业结构的发展和优势产业的形成，即区际供需互补性增强促进区域产业演化和优势产业发展[①]，并逐渐形成具有地方特色的和具有比较优势的贸易输出产品结构。在市场化进程中，市场需求在塑造产业结构方面也起着越来越大的作用，各地区产业结构变动日益依赖区外需求结构的影响，省际贸易中的供需结构对优化地区产业结构的反作用越来越大；供需结构的变化反映了地区产业结构优化升级方向，从而提高省份在区域分工中的地位，推动省份优势产

---

① 周怀峰. 国内贸易对大国区域产业成长的影响研究［M］. 北京：人民出版社，2007：135.

业的形成①，有利于促进全国各区域贸易主导产品差异化格局的形成。

在我国市场化改革进程中，内陆与沿海地区间供需互补性增强的趋势，是在市场竞争力量的推动下形成，也是在自由贸易条件下，众多企业群体选择与消费者选择的结果。可见，贸易竞争中形成的市场份额大小是决定优势产业、优势贸易产品的主要因素，且市场份额越高，贸易优势越明显。不同行业的区位选择，在内陆与沿海地区间形成的具体产业活动的密度差异，即区域间需求满足度差异，赋予各个地区与其禀赋条件高度相关的优势产业。因此，各地区优势产业形成的重要标志就是在市场条件下具有向区外大量输出优势产品的能力。地区优势产业选择属于资源配置范畴，如果一个地区在某种产业或产品的全国总量中占有较大比重，则可认为该产业是本地区优势产业，该产品是本地区优势产品。这种市场化竞争中形成的贸易输出能力，反映市场对具体省份产品的需求状况，同时也是对具体省份产业优势的认可。因此，市场化改革进程中，各省份若干行业和产品需求满足度变化所导致的供需互补性增强，有利于内陆与沿海地区之间分工深化，地区特色优势产业逐步形成和发展，特色和优势产品的区际贸易规模不断扩大。

市场条件下，地区需求满足度越大，区域间供需互补性越强，说明市场份额越高，地区优势产业越突出。区际供需互补性增强也将不断推动地区优势产业的内涵与外延式扩张，主要通过加速产业向优势区域集中，深化地区产业专业化水平；产业规模随着比较优势的强化和供需互补性的增强而扩大；最重要的是促进优势产业从区域性产业发展为全国性产业，优势产品从主要供应本地区向主要供应区外转变，不断提升区际贸易竞争力。本书使用的需求满足度指标 $M_{ij} = S_{ij}/D_{ij}$ 或者 $XM = (S/\sum S)/(GDP/\sum GDP)$，也可变换为 $XM = (S/GDP)/(\sum S/\sum GDP)$，能直观地表现各地区区际贸易市场占有能力所代表的区域优劣势的产品分布。当需求满足度等于 1 时，表示各地区是自给自足的经济体，或者产出结构与全国相同，本地区某产品供给能力恰好能够满足本地区需求；当需求满足度大于 1 时，表示本地区某产品供给能力满足本地区需求外，还能向外输出占领区外市场，超过 1 越多，占领区外市场的能力越强。例如，从 2010 年江苏、陕西与贵州 3 省的产品需求满足度看其贸易输出结构，江苏省的贸易输出产品集中在家电制造和电子信息行业，在全国市场中占有重要市场份额；陕西省的贸易输出产品集中在基础能源和装备制造；贵州省的贸易输出产品集中在煤炭开采和加工、原材料和农副特产及加工，如表 5-1 所示。

---

① 王梦奎，李善同. 中国地区社会经济发展不平衡问题研究 [M]. 北京：商务印书馆，2000：189.

表 5 - 1　　　　　　　2010 年江苏、陕西、贵州 3 省特色优势行业

江苏省优势产品	需求满足度	陕西省优势产品	需求满足度	贵州省优势产品	需求满足度
洗衣机	2.55	天然气	9.34	煤炭	7.37
电冰箱	1.40	原油	3.21	发电量	2.87
电视机	1.84	煤炭	6.44	焦炭	2.91
计算机	3.69	发电量	1.05	生铁	1.05
集成电路	2.60	机床	2.19	水泥	3.17
—	—	汽车	1.41	卷烟	5.33
—	—	—	—	烟叶	2.59
—	—	—	—	肉类	1.51

资料来源：作者根据《中国统计年鉴 2011》的数据计算。

5.1.2　既节省土地占用又增加农产品贸易供给

以棉花和甘蔗种植为例。2010 年，棉花每公顷产量，新疆维吾尔自治区为 1.70 吨，其他地区平均水平为 1.03 吨，新疆维吾尔自治区高于其他地区 0.67 吨。当年，新疆维吾尔自治区棉花产量为 247.9 万吨，实际占用耕地 146.06 万公顷。若由其他地区产出 247.9 万吨棉花，需要占用耕地 240.68 万公顷，而新疆维吾尔自治区仅占用耕地 146.06 万公顷，相当于在其他地区减少耕地占用 94.62 万公顷。2010 年甘蔗每公顷产量，广西壮族自治区为 66.6 吨，其他地区平均水平为 52.7 吨，广西壮族自治区单位产量高于其他地区 13.9 吨。当年广西壮族自治区甘蔗产量为 7 119.6 万吨，实际占用耕地 106.93 万公顷。若由其他地区产出 7 119.6 万吨甘蔗，需要占用耕地 135.1 万公顷，同样的产量，集中在广西壮族自治区种植相当于在其他地区少占用耕地 28.17 万公顷。粮食、烟叶等农产品产能向具有种植比较利益优势的地区集中，也产生了类似效果，不仅节省了耕地占用，而且提高了单位面积产量。1992～2010 年，每公顷农作物产量，谷物由 4 342 公斤提高至 5 524 公斤，提高了 27.2%；棉花由 660 公斤提高至 1 229 公斤，提高了 86.2%；甘蔗由 58 605 公斤提高至 65 700 公斤，提高了 12.1%；烟叶由 1 584 公斤提高至 2 219 公斤，提高了 40.1%。单位面积产量提高，既节省了耕地资源占用，又使得总产量持续增长，对区际贸易的供给能力增强。[①]

---

① 资料来源：作者根据《中国统计年鉴 2011》的数据计算而得。

5.1.3 强化区际贸易竞争提升能源产业生产效率

市场化改革进程中，原煤和天然气产能，分别向新增资源储量丰富而且开采条件优良的内蒙古、陕西和新疆3省份集中，1992~2009年，内蒙古和陕西两省份的原煤产量，分别由0.50亿吨和0.34亿吨，增长至6.01亿吨和2.96亿吨，分别增长了11.02倍和7.71倍。1992~2010年，新疆和陕西两省份的天然气产量，分别由6.75亿立方米和0.28亿立方米，增长至249.96亿立方米和223.50亿立方米，分别增长了36.03倍和797.21倍。产能向这些生产效率高的地区集中，增强了地区间的竞争意识，不断提升技术水平，提高了煤炭和天然气行业的生产效率和经济效益，推动了总产量持续增长。20世纪80年代中期以后，煤炭、石油天然气逐渐出现全行业的亏损，并且一度列为各行业之首[1]。1992年，中国煤炭开采洗选业和石油及天然气业独立核算企业的资金利税率，分别为-2.07%和-1.18%，到2010年，这两个行业规模以上企业的总资产贡献率，分别提高至20.07%和28.19%。1992~2009年，中国原煤总产量由11.16亿吨，增长至29.73亿吨，增长了1.66倍。1992~2010年，天然气总产量由157.88亿立方米，增长至948.48亿，增长了5.01倍，结束了能源供应总量长期短缺的局面，能源供需矛盾大大缓解，有力地支撑了国民经济持续快速发展[2]。

5.1.4 推动区际贸易规模持续增长和更快发展

古典贸易理论认为，区际贸易源于要素禀赋在区际空间上的差异，使用本地相对丰裕的要素生产产品就拥有比较优势，这种优势发挥得越充分，区域分工的专业化程度就越深，地域指向性的生产与需求偏离程度也就越大，区域间供需互补性就会增强，由此产生的区际贸易流增大，贸易依存度持续上升。前一章验证了我国市场化改革以来，内陆与沿海地区间的供需互补性持续增强，说明我国产业结构的空间分布趋势是持续向比较优势区域集中，从而加快我国内陆与沿海地区之间产业结构的差异化发展，强化产品供给与产品需求双方在空间上的偏离程度，单个省份将面临更多的"卖全国买全国"供需关系。供需在空间上的偏离带来的"耗费"会被充分发挥地区比较优势的专业化、规模化生产，并通过扩大贸易规模所带来的"节约"完全弥补，并且还有"剩余"。由于供需互补性增强和供需在空间上偏离

---

① 史丹. 能源工业改革开放30年回顾与评述 [J]. 中国能源, 2008（6）：5-12.

② 资料来源：1996年、2010年、2011年《中国统计年鉴》相关栏目。因2011年年鉴未公布2010年原煤产量，故只能用2009年数据。

更显著，内陆与沿海地区间必然需要不断扩大贸易规模实现整体的供需平衡，无形中也提升了各地区贸易依存度（见表5－2）。市场化改革以来，我国区域经济得到普遍快速增长，产业向优势地区持续集中，各地供需互补性不断增强，使地区间贸易规模越来越大，同时，区域专业化分工加深，使区域经济发展所需的市场空间越来越大，每个地区对区外市场的依赖程度越来越高，加以交易需求越来越多，不断推动我国流通产业快速发展。据部分学者的测算，1991～2004年，社会物流总额[①]年均增长率达21.6%（胡理增等，2005），远高于同期9.7%的GDP增长速度；2005～2010年，社会物流总额年均增长也达21%（李凌浩，2011），也超过同期11.21%[②]的GDP增速。

表5－2　　　　　　　　　2002～2007年内陆与沿海省份贸易状况

地区	省份	贸易额（亿元）		贸易额增幅	贸易依存度（%）	
		2002年	2007年		2002年	2007年
西部	甘肃	1 262	3 903	2.09	42.88	60.30
	陕西	2 590	14 650	4.66	50.60	114.42
	新疆	1 556	5 056	2.25	38.43	61.98
	云南	1 926	6 907	2.59	38.61	62.34
中部	安徽	6 622	17 654	1.67	75.51	93.44
	湖北	2 625	5 793	1.21	20.93	26.11
	湖南	2 874	9 990	2.48	26.25	47.65
	山西	1 390	4 929	2.55	28.23	34.72
东部	北京	6 621	23 630	2.57	60.97	88.34
	广东	10 809	88 475	7.19	28.27	90.55
	河北	9 166	36 528	2.99	56.55	91.10
	江苏	4 898	48 287	8.86	15.06	57.79
	辽宁	3 150	16 545	4.25	22.10	53.23
	上海	5 238	42 701	7.15	31.27	98.65
	天津	5 343	16 971	2.18	83.94	107.44
	浙江	10 078	37 915	2.76	39.39	60.92
	平均	—	—	—	41.20	71.80

注：由于统计数据限制，此表只包括部分省份，贸易额包括内贸与外贸金额；在此，贸易依存度指省份输出与输入之和与该省份GDP之比。

资料来源：数据源自2002年和2007年各地区的投入产出表，并经作者计算整理。

---

① 也称为物流业务收入或社会物流货物总额，是指经过社会物流服务，最终送达用户的货物价值总值。

② 据《中国统计年鉴2011》，按1978年不变价格计算。

5.2 需要解决的问题

5.2.1 导致运力紧张和高能耗高排放问题

以煤炭运输为例，高速增长的中国经济对煤炭的需求同样增速很快。据统计，全球能源消费结构中煤炭消费比重的平均水平约为28%，而中国则高达69%（2008年），中国能源消费严重依赖煤炭。2009年我国煤炭产量29.73亿吨，其中87.5%产量集中在中西部地区，根据相对需求满足度计算，自用10.49亿吨，需运往沿海地区19.24亿吨。而对于像煤炭这样的大宗低值货物的跨区域陆地长途运输，铁路是唯一经济的运输方式（液体和气体还可用管道运输）。如果跨地区的运输全部以铁路方式，则当年煤炭货运需求已经占铁路货物总发送量33.33亿吨的57.73%。大量铁路运力被巨量煤炭运输耗费，造成铁路运力紧张，煤炭销售不畅，一些煤炭企业因此限产，运输"瓶颈"长期影响中国煤炭市场有效供给。

再以中西部山西、内蒙古、陕西和贵州4个原煤产量最大、供给过剩程度最显著的省份，与东部上海、浙江、江苏、广东、山东几个原煤供给缺口最显著的省份之间，煤炭供求互补和运输为例。2009年，山西、内蒙古、陕西、贵州4省份共产原煤16.28亿吨，占全国煤总产量的54.76%。按其相对需求满足度计算，自用约2.46亿吨，舍象外贸因素，需运销东部5省份13.82亿吨。为简化计算分析，舍象水路运输，并假设：全部销往东部省份的原煤，60%由铁路运输，平均运距1 000千米；40%由公路运输，平均运距400千米。可计算出，4省份外运煤的铁路货物周转量为8 292亿吨千米，公路货物周转量为2 051.20亿吨千米。再根据铁路货运每吨千米耗能118千卡，公路大卡车货运每吨千米耗能696千卡，原煤与标准煤及电、电与热能之间的转换系数，以及生产1度电的耗煤量、排放二氧化碳和碳粉尘量系数。[①]

---

① 此处用到的指标和数转换系数有：铁路和公路大卡车货运，每吨千米能耗分别为118千卡和696千卡，来源于《仇保兴谈抑制三大领域刚性碳排放》[EB/OL].住房和城乡建设部网站，2009 – 12 – 7。1吨原煤 =0.7143吨标准煤；生产1度电消耗0.4千克标准煤、排放二氧化碳0.997千克，碳粉尘0.272千克；消耗1千克标准煤，排放二氧化碳2.493千克，碳粉尘0.68千克；消耗1千克原煤，排放二氧化碳1.781千克，碳粉尘0.480千克；1度电 =3.6×10⁶焦耳，1千卡 =4.18×10³焦耳。这些转换系数来源于：《二氧化碳排放如何计算》[N].中国环境报，2009 – 12 – 8（8）。依据这些指标，可计算出铁路运1亿吨千米，需消耗原煤7 672吨，排放二氧化碳13 662吨、碳粉尘3 726吨；公路运输煤1亿吨千米，需消耗原煤45 254吨，排放二氧化碳80 586吨、碳粉尘21 981吨。

可计算出，2009 年山西、内蒙古、陕西、贵州 4 省份向东部省份运输煤，共消耗原煤 1.5645 亿吨（其中铁路和公路运输分别消费原煤 0.6362 亿吨和 0.9283 亿吨），占所运煤量的 11.3%，共排放二氧化碳 2.7859 亿吨、碳粉尘 0.7599 亿吨。[①] 德国全球变化咨询委员会（WBGU）估计，中国二氧化碳排放为 4.6 吨/人年（2008 年估计值）。以 2009 年中国 13.35 亿人计算，全国二氧化碳总排放量为 61.41 亿吨（潘家华和张莹，2011）。若以此为基数，2009 年，山西、内蒙古、陕西、贵州 4 省份向省份外运煤的二氧化碳排放量，约占全国总排放量的 4.5%，造成了高耗能、高排放、高污染不良后果。由此推及，内陆地区与沿海地区间，其他供求互补性显著的大宗商品，跨地区远距离、超远距运输，同样会不同程度地造成高能耗、高排放、高污染的不良后果，严重妨碍科学发展观和节能减排战略目标实现。对此政府应高度重视，寻找科学有效的产业政策予以解决。

5.2.2　我国社会物流总成本水平居高不下

社会物流总成本指一定时期内国民经济各方面用于社会物流活动的各项费用支出的总和。包括支付给运输、储存、装卸搬运、包装、流通加工、配送、信息处理等各个物流环节的费用；应承担的物品在物流期间发生的损耗费用；社会物流活动中因资金占用而应承担的利息支出；社会物流活动中发生的管理费用等。社会物流总成本划分为运输成本、保管成本、管理成本。社会物流总成本水平则是指物流总成本占 GDP 的比重，发达国家社会物流总成本水平一般在 10% 以下，我国则长期在 20% 左右。

货物运输费用是社会物流费用的主要构成部分，巨量货物远距离运输，增大了货物运输成本，推高了社会物流总费用水平。1992～2010 年，中国货物运输费用占社会物流总费用的比重，在 57.1% 和 49.3% 之间波动，2009 年为 55.3%，2010 年为 54.0%。[②] 货物的运输费用，在运价既定时，与运输距离长度正相关。货物的保管费用也与运输距离长度正相关。因为运距越长，企业为防止供给中断，必须保持较大的存货量和较长的存货时间，导致保管费用增加，而保管费用也是社会物流总费用的重要构成部分。因此，货物平均运输距离增长，远距离和

---

① 另据《2009 年中国能源统计年鉴》第 507 页，各种能源折标准煤参考系数：生产 1 度电消耗标准煤 0.1229 千克。按此系数计算，山西、内蒙古、陕西 3 省外运煤消耗原煤量、排放二氧化碳和碳粉尘量，应缩小为文中数量的 30.7%。但由于全国对应指标的总量，也同步缩小，故得出的结论书中是一致的。

② 资料来源：2009 年中国第三产业年鉴 [M]. 中国统计出版社，2009：527－528。

超远距离运输货物比例增大，无疑会使社会物流总额增加，占 GDP 的比率升高。这个论断的正确性，可以通过比较中国和日本货物平均运输距离对社会物流总费用的影响，加以验证。

2005～2010 年，中国货物平均运输距离在（2008 年）426 千米和（2007年）446 千米之间徘徊，2010 年为 438 千米。日本的货物平均运输距离，20 世纪 90 年代为 80～83 千米，逐步增长至 2005 年的 105 千米。中国的货物平均运输距离约为日本的 4.1 倍。[①]（1）2000～2006 年，日本的物流总成本构成中，运输成本比重由 52.7% 波动上升至 57.4%，若以物流总成本与 GDP 的比率（2004年）8.5% 为基础计算，则运输成本与 GDP 的比率，在 4.5%～4.9% 之间。[②] 若把日本的货物平均运输距离，代换成中国的货物平均运输距离（中国约为日本的 4.1 倍）那么，日本货物运输成本将扩大 4.1 倍，其与 GDP 的比率将达 18.5%～20.1% 之间，全部物流成本与 GDP 的比率，则将由 8.5%，上升至 22.1%～24.6% 之间，将高出 2010 年中国社会物流总费用与 GDP 的比率（17.8%）4.3～6.8 个百分点。（2）2010 年，中国社会物流总费用 6.08 万亿元，与 GDP 的比率为 17.8%。其中，运输费用占物流总费用的 54%，与 GDP 的比率为 9.6%。若把中国货物平均运输距离，代换成日本的货物平均运输距离，那么，中国的货物运输费用将缩小为原来的 1/4.1，其与 GDP 的比率将由 9.6% 下降至 2.3%，社会物流总费用与 GDP 的比率，则将由 17.8% 下降至 10.5%，降低 7.3 个百分点。中国与日本社会物流用水平的差距，将从高 9.3 个百分点，降为高 2.0 个百分点。

上述分析证明，货物平均运输距离长，远距离和超远距离运输货物比例大，是导致中国社会物流总费用与 GDP 比率，高于日本的一个重要因素。它是由内陆与沿海地区之间资源禀赋差异，及其形成的产品和产能空间布局错位造成的。只要短期内这些客观条件没有发生根本性改变，中国社会物流总费用与 GDP 的比率，显著高于日本的状况就难以改变。人们比较分析中日两国物流总费用水平差距时，应正视这一点。

除此之外，内陆与沿海地区之间远距离运输中的低值货物比例高也是推高我国社会物流总成本水平的重要因素。如每吨煤炭坑口价格仅为 300～550 元

---

① 资料来源：2011 年《中国统计年鉴》《中国第三产业年鉴》相关栏目，中国统计出版社；北京物资学院，等．日本的货物运输［M］//2007 年中国物流年鉴．北京：物资出版社，2007：96－105.

② 资料来源：姜旭．日本的物流成本管理［G］//2008 年中国物流年鉴．北京：物资出版社，2008. 2009 年中国第三产业年鉴［M］．北京：中国统计出版，2009：527．因未收集到更近年份数据资料，故只好用日本 2000～2006 年的物流总成本数据，与中国做比较分析。

（2009 年 6 月价）[①]，属于低值商品，运输需求量巨大，物流成本占商品价格比例很高。据调查，不论合同煤还是市场煤，山西省外调煤炭的出矿价格占调入地最终用户价格的比重不到 50%，沿海地区煤炭采购成本的 50% 以上被中间环节（主要是物流费用）占用。此外，粮食、棉花、生铁等农产品、原材料等产品也具有"值低体大量重"的物流成本高的问题。物流费用在产品价格中的占比决定了宏观经济中物流成本在 GDP 中的比重，是造成中国社会物流总费用水平显著高于发达国家的另一重要原因。

5.2.3　区际贸易逆差与发展差距不断增大

从市场化进程中的变化趋势看，我国内陆与沿海地区间垂直型供需互补性程度加深。中西部地区在农业和基础能源行业等资源密集型行业的产出比重持续增高，供给能力增强，而在机电制造行业等技术密集型行业的产出比重却很低，供给缺口增大。截至 2010 年，中西部地区粮食产量占全国 71.4%、肉类产量占 63.7%、煤炭占 79%、原油占 57%、天然气占 74.2%、发电量占 52.6%、焦炭占 72%，内陆地区已经成为我国最主要的农产品和能源生产基地；而机电制造行业产能占比正好相反，计算机产量占全国 1.6%、移动电话占 3.7%、集成电路占 13.3%、电视机占 17.9%、洗衣机占 29.8%、机床占 21.1%，加工制造产品产能越来越集中在沿海地区。凭借加工制造业的聚集，沿海地区形成了中西部地区无法比肩的贸易优势。在区际贸易中，内陆地区不断向沿海地区输出的是价值量低（或附加值低）的农产品、基础能源产品和原材料产品，沿海地区输出的是价值量高（或附加值高）的机电制造类产品，在区际贸易竞争中形成明显的贸易优势，导致内陆地区在区际贸易中形成大量逆差，且逐年增加。供需互补会带来区际贸易，但不能保证贸易平衡，在区际竞争中，如果形成具有单边竞争优势的区域供需互补性，就会出现长期的贸易逆差，区际经济利益关系也会陷入不协调状态。[②] 表 5 – 3 显示我国东、中、西部地区 1994～2010 年区际贸易差额[③]状

---

① 资料来源：2009 年 6 月 15 日山西北部重点产煤县煤炭坑口价（不含税）[EB/OL]. 海运煤炭网，www.osc.org.cn.

② 朱泽山. 区际贸易差额与区域经济协调发展 [J]. 西南大学学报（人文社会科学版），2007（3）：139.

③ 中国统计年鉴资料中各地区的区际贸易和国际贸易差额通过货物和劳务净流出指标综合反映出来，用支出法地区生产总值中货物和服务净流出减去按境内目的地和货源地分的各地区进出口差额，即得到各地区区际贸易差额。西部地区贸易差额是西部各地区贸易净流出金额的合计，中部和沿海地区计算方式相同。此处区际贸易差额包含货物和劳务贸易差额，正值表示顺差状态，负值表示逆差状态。

况，中部地区的区际贸易逆差从 1994 年的 39.56 亿元，增加至 2010 年的 6 773.23 亿元，增长了 170.21 倍，西部地区的区际贸易逆差从 1994 年的 403.04 亿元增加至 2010 年的 13 423.2 亿元，增长了 32.3 倍。依据贸易理论，只要存在垂直型区域分工，贸易利益在区域间的分配就可能是不均等的，而且区际贸易差额在 GDP 中的占比过高，带来地区经济发展的市场空间变化，会引发区域经济利益矛盾。2010 年西部地区的区际贸易逆差占西部地区 GDP 的 16.5%，其中宁夏回族自治区高达 43.4%，云南省 36.5%，青海省 32.6%，广西壮族自治区 28.6%，贵州省 19.5%，新疆维吾尔自治区 19.3%。对于地区经济增长而言，区际贸易差额制约了市场需求，间接也限制了产出水平，长期来看，对沿海与内陆地区双方都不利，有可能导致总需求萎缩，区际贸易规模变小。由于我国较高的投资水平一定程度上弥补这一缺陷，区际贸易逆差问题并未引起重视。

表 5-3　　　　　　　　　内陆与沿海地区贸易差额变化状况

	区际贸易差额（亿元）			区际贸易差额占地区 GDP 比重（%）	
	1994 年	2010 年	2010 年/1994 年	1994 年	2010 年
沿海地区	691.99	1 432.64	2.07	2.7	0.6
中部地区	−39.56	−6 773.23	171.21	−0.3	−6.4
西部地区	−403.04	−13 423.2	33.30	−4.8	−16.5

注：负值表示贸易逆差，正值表示贸易顺差。
资料来源：根据 2011 年和 1995 年《中国统计年鉴》相关数据计算。

　　能源产能向中西部地区高度集中的同时，能源产品价格形成的市场化机制还远未建立完善。在世界能源资源越来越稀缺的大趋势下，各国对能源资源的争夺非常激烈，甚至不惜发动"能源战争"，能源价格普遍长期上涨。由于我国能源行业国有化程度很高，煤炭业国有化程度为 56.5%，油气开采业国有化程度为 94.7%，燃料加工业国有化程度为 70.9%，电力业国有化程度为 92.3%[1]；加上我国能源行业的市场化转型并不完善，目前电煤、原油、电力等我国关键能源产品价格还是受政府控制（包括临时管制），价格形成的市场化程度不高。1993 年底，按政府指导价完成的煤炭贸易总量占全国煤炭总量的 35% 左右[2]；1994 ~ 2002 年，国家发展和改革委每年都会发布参考性的电煤协调价格对电煤价格进

---

①　资料来源：《中国统计年鉴 2011》，根据 14-2 和 14-6 的工业总产值，经作者计算得到国有化程度。

②　翁非. 我国能源价格市场化改革成效研究［J］. 煤炭经济研究，2012（1）：52.

行干预；2003 年至今电煤价格"双轨制"终结，但国家仍未放弃对电煤实施临时价格干预措施；上网电价目前仍然受到严格控制；2011 年才开始对天然气价格形成机制试点。在近年来煤价已基本市场化并快速上涨的情况下，电、油、气的价格却还是依然受政府的严格管制，能源价格未反映资源稀缺程度、市场供求状况和环境治理成本，内陆地区作为我国最大的能源生产地，利益必然受损，不利于区际贸易的健康发展。而近年来"油荒""气荒""电荒"等的轮番上演，背后就是区际贸易利益之争的集中表现。

垂直型区域供需互补性的作用下，贸易逆差持续增加不可避免，区域差距将在区际贸易利益失衡中继续扩大，将进一步扩大内陆与沿海地区的发展差距。正如瑞典经济学家缪尔达尔在批判新古典主义经济发展理论时所提出的循环累积因果原理的观点：自由市场力量的作用使经济向区域不均衡发展是一个内在的趋势，经济过程最初的偏离产生的作用是使这种偏离得到强化，这一过程不会再回到均衡状况，即一旦一个区域由于某种初始的优势而超前于别的区域获得发展的先机，则这种发展优势将保持下去，使得发展快的地区发展得更快，发展慢的地区发展得更慢。

从前述分析可以看出，一方面，我国沿海地区"制造型"特点非常明显，而且还在市场化改革进程中不断强化。我国制造业产业向长三角、珠三角、环渤海等沿海主要都市圈高度集中，不但包含技术与资本密集型的制造业产业，而且也包含劳动密集型和一般性的制造业产业；另一方面，内陆地区，特别是西部地区如果走入自然资源陷阱，区域分工不能从垂直型向水平型转化，产业结构不能从资源依赖型向技术、资本、知识依赖型升级，供需互补性不能从行业间向行业内转变，长期来看，地区差距还将持续扩大，最终制约我国整体经济发展。相关研究表明，我国东、中、西部地区间只发生了部分的相对产业转移，绝对产业转移的现象尚未发生，我国东、中、西部地区间的产业转移还不显著[1]。刘红光等的研究认为，中国产业向中西部地区转移的趋势并不明显，受消费品生产主要集中在东部地区的影响，甚至出现产业从中西部地区向东部地区转移的趋势；中西部地区承接了大量资源型产业转移，但机械电子等技术密集型产业还在进一步向东部地区集中。[2] 因此，我国宏观产业格局还未出现大的改变，东部沿海地区为制造业中心、中西部地区为低效率的农业与采掘业外围区域。[3] 我国沿海地区产业

① 冯根福. 我国东中西部地区间工业产业转移的趋势特征及形成原因分析 [J]. 当代经济科学, 2010 (3)：1 - 10.

② 刘红光，等. 区域间产业转移定量测度研究 [J]. 中国工业经济, 2011 (6)：79 - 88.

③ 范建勇. 市场一体化、地区专业化与产业集聚趋势 [J]. 中国社会科学, 2004 (6)：51.

大规模向内陆中西部地区梯度转移的趋势并未形成，反而出现了沿海地区"通吃"现象，劳动密集型产业被就地消化在东部都市圈内的中小城市，无法向中西部省份转移，导致中西部地区资源依赖型产业独大，始终处于区域分工的低级水平。长期来看，这种极不平衡的产业空间布局形成的垂直型供需互补性将会妨碍经济的可持续发展、区际贸易的良性发展和区域协调发展。

第6章

西部增长极战略：持续改善西部地区
在区际供需中的地位

西部大开发要着重培育新的经济增长极。从总量规模、战略地位、产业基础、资源环境承载能力和集中度等方面看，成渝地区、关中—天水地区和广西壮族自治区北部湾地区无疑是西部最具实力的三大区域，具有成为引领西部发展的三大增长极的潜力。2008 年以来，国务院相继批准在西部地区设立北部湾、关中—天水、成渝三个国家级经济区。这三大经济区增长极效应的发挥，不仅将对西部地区产生吸引、聚集、扩散、辐射的重要作用，而且将与东部地区的长三角、珠三角、京津冀三大增长级形成东西犄角鼎立之势，对全国经济社会发挥着区域协调和优势互补的重要作用。

6.1 推动成渝经济区成为全国重要增长极

成渝经济区①位于长江上游，地处中国西南，北接陕甘，南连云贵，西通青藏，东邻湘鄂，是中国西部经济最发达的区域，也是西部最重要的经济中心。从核心区域发展来看，最为重要和紧迫的是成渝经济区的建设。成渝经济区经济总量（GDP）占西部地区的30%以上，是西部地区自然条件和经济发展程度最好，人口和城市密度最高，最有可能成长为中国新的增长极的区域。成渝经济区在国家战略中的定位是西部地区重要的经济中心、全国重要的现代产业基地、深化内陆开放的试验区、统筹城乡发展的示范区和长江上游生态安全的保障区。从发展

① 成渝经济区包括重庆市的万州、涪陵、渝中、大渡口、江北、沙坪坝、九龙坡、南岸、北碚、万盛、渝北、巴南、长寿、江津、合川、永川、南川、双桥、綦江、潼南、铜梁、大足、荣昌、璧山、梁平、丰都、垫江、忠县、开县、云阳、石柱31个区县，四川省的成都、德阳、绵阳、眉山、资阳、遂宁、乐山、雅安、自贡、泸州、内江、南充、宜宾、达州、广安15个市。

趋势看，成渝经济区有可能成为我国经济增长第四极。

改革开放以来，尤其是西部大开发的以来，成渝经济区已成为西部地区综合实力最强的经济区。在新形势下和新的历史时期，加快成渝经济区发展，对于深入推进西部大开发，促进全国区域协调发展，增强国家综合实力具有重要意义。

6.1.1　优化产业布局，打造现代产业基地

传统的经济发展模式越来越不能适应新形势下经济发展的需要，在新的发展阶段，成渝经济区立足于转变经济发展方式，优化产业结构，加快现代产业体系建设，推动经济发展方式的转型。成渝经济区要以重庆、成都"双核"为重要支撑，以建设重庆"两江新区"和四川"天府新区"为抓手，做强重庆1小时经济圈和成都都市圈，沿重要的交通干线和长江沿线，加强各主要区域性中心城市的产业集聚与合理布局，大力推动成绵乐产业带、成南（遂）渝产业带、成内渝产业带、渝广达产业带和沿长江产业带"五带"的快速发展和产业集聚，带动和促进产业带周围和沿线中小城市的发展。

成渝经济区打造现代产业基地要顺应经济全球化、经济知识化和经济信息化的趋势，以低污染和低能耗为前提，以创新为核心，以高新技术产业为依托，增强现代制造业、农业、服务业等产业发展的创新性、融合性、可持续性，最终实现产业结构的全面升级和优化。具体来说，成渝经济区现代产业基地建设，要以现代服务业和现代农业为基础，以高新技术产业为主导，大力发展战略性新兴产业和现代制造业，从而建立起相对完善的现代产业体系，助推成渝经济区综合实力的提高，重点加强以下几个方面的发展。

（1）加快发展成渝经济区高新技术产业和战略性新兴产业。以四川省和重庆市的国家级高新技术产业开发区和经济开发区为平台，逐步向周边的地区扩散，不断形成产业集群，最大限度地把科技成果转化为现实生产力。成都核心特别要以成都高新技术开发区和成都经济技术产业园区为依托，抓住建设天府新区的重大机遇，形成以电子信息、生物医药、新材料新能源、航空航天产业为重点的产业集群；重庆核心要以重庆高新技术产业园区为依托，抓住两江新区的建设契机，形成汽车摩托车配套新型产品、生物生化制药及医疗器械、电子信息、新材料及节能与环保等产业为重点的产业集群。"双核"以外的其他地区则要根据比较优势和现有产业基础，发展优势产业、高技术产品和配套产业，推动经济发展。

（2）积极推动现代服务产业和高端服务产业的发展。成渝经济区应该适应现

代产业发展需要，以区域内多个特大城市和大城市为重点，推进金融、物流、电子商务、信息服务、服务外包等现代生产性服务业的发展，构建可持续发展的国际化、集约化、专业化的现代服务业体系，努力形成服务业集聚发展格局，建成服务西部、面向全国、走向世界的现代服务业发展区。

（3）着力推动现代制造业基地建设。推动成渝经济区信息技术与传统产业的结合，以信息化带动工业化，用高科技和信息技术改造和提升传统制造业，推动制造业向高质化和高端化发展，提高区域内制造企业的自主创新能力，提升产业总体实力和竞争力，全力将成渝经济区打造为全国先进制造生产和研发基地，推动优势制造业向集群化和高端化发展。

建设高地和振兴产业，既是成渝经济区提升腹地地位、拓展开放空间、发展内陆开放型经济的要求所在；更是推动成渝经济区成为承接国内外产业转移、发展加工贸易的西部开放前沿的动力所在。2018年6月，重庆市政府和四川省政府签署了《深化川渝合作深入推动长江经济带发展行动计划（2018~2022年)》其中尤其要重视的是，要从成渝经济区的优劣势和国内外环境出发选准产业，既要发挥重型结构的传统优势，保持并进一步做强四川省、重庆市重型装备制造业基地，同时，又要大力发展短小轻薄的高新技术产业；既要做强大型国有企业，又要大力发展民营经济；既要继续推进新型工业化战略，又要大力发展现代服务业，特别要强调集群发展，提高社会化协作程度，不要输在新一轮产业升级的"起跑线"上。

6.1.2 统筹城乡改革，构建新型城乡形态

在改革开放40多年的历史进程中，我国经济社会各个方面发生了深刻变化，城乡之间的要素流动、资源整合成为推动现代化建设事业的巨大动力，但城乡二元体制格局，农村市场化改革滞后，"三农"问题仍然是阻碍我国经济社会进一步发展的难题。统筹城乡改革是我国现代化进程中具有全局和战略意义的重大课题。中央政府对统筹城乡发展作出重大部署，2007年6月7日，重庆市和成都市同时被批准为全国统筹城乡综合配套改革试验区，成渝两地统筹城乡的改革发展具有重大的现实意义和深远的历史意义。

成渝两地统筹城乡发展实践已经取得了积极进展，积累了丰富经验，应在成渝经济区全域大力推行一些行之有效的经验和做法，使成渝城市群逐步显现现代城市与现代农村和谐相融、历史文化与现代文明交相辉映的新型城乡发展模式。当前成渝两地的统筹城乡改革还要在以下几个方面进一步深化探索。

一是深化产权制度改革，推动形成城乡生产要素双向自由流动的体制机制。随着农村产权改革的全面推进，农村宅基地使用权、房屋所有权、集体建设用地使用权、农村土地承包经营权和林权确权颁证工作的基本完成，探索建立农村产权流转平台和城乡统一的土地市场。户籍制度实现一元化，农民向城镇和非农产业大量转移。城乡金融服务体系逐步完善，金融资本向农村流动，市场配置资源的基础性作用得到充分发挥。

二是加大投入推进并轨，建立城乡一体化公共服务体系。健全城乡一体的就业和社会保障体系，完善覆盖城乡的就业信息网络，建立城乡统一规范的人力资源市场。健全面向城乡劳动者的职业技能培训制度，加强创业培训和推动创业促就业，提高城乡劳动者就业素质和就业竞争能力。在"广覆盖、多层次、保基本、可持续"基础上，结合耕地保护制度的建立，全面推行农民养老保险，逐步提高农民保险的保障水平，推进城乡社会保险制度全面接轨。政府公共服务向"三农"覆盖，建立城乡均等化的公共服务体系，建立促进城乡生态文明建设的体制机制。

三是加大统筹协调，促进城乡三次产业在成渝经济区总体规划下协调发展。统筹推进"三个集中"，促进三次产业协调发展，夯实统筹城乡发展的经济基础。坚持工业发展与城镇体系建设和吸纳劳动力就业相协调，进一步整合工业集中发展区、工业集中点的产业集聚功能，以工业集中发展区位主要载体，按照"一区一主业"的要求，培育企业集团，延长产业链条，促进工业集约集群发展。联动推进服务业发展与农民向城镇转移和集中居住，形成城乡一体的服务业发展格局。协调推进农民向二、三产业转移和土地集中规模经营，加快建设跨区域集中连片的优势农产品产业化基地。

四是城乡管理体制一体化。建立健全公众参与城乡一体的规划编制、评估和监督等制度体系；完善行政职能有机统一的大部门体制，将执行、服务、监管等职能的重心下移到区县；深化乡镇机构改革，强化乡镇（街道）社会管理和公共服务的职能；探索建立保障乡村基础设施建设和公共服务开支稳定来源的机制和办法；创新村级管理体制；继续开展公推直选，全面推行"三会""三务"开放。

五是"三化"并举，加快形成新型城乡形态。按照优化布局、突出重点、循序渐进、集约发展的要求，推进大中小城市和小城镇协调发展，统筹城乡基础设施建设，实现城镇功能向农村延伸和覆盖，促进城镇化健康发展；县城和中心镇基础设施得到大力提升，逐步成为带动周边农村发展的区域中心；形成全域城乡交通网络体系，经过5～10年成渝经济区一体化的新型城乡形态初步形成。

6.1.3 完善基础设施，实现南北连接东西贯通

成渝经济区"无海无边"，是典型的内陆经济区。对外运输通道的冗长，物流环节烦琐和成本高企，从而决定了能否建立起拥有低成本竞争优势、便捷性服务优势的现代物流体系，在很大程度上影响着经济社会发展的广度、深度和招商引资的对外引力。成渝经济区必须抢先打造具备低成本竞争优势、便捷性服务优势的开放的西部物流体系，抢占西部物流业的制高点。为了克服成渝经济区的运输劣势，一方面是大力发展空中航线，扩容成都市、重庆市航空枢纽机场，优化布局支线机场和旅游机场；另一方面是大力改善经济区水陆对外通道，提升东向连接沿海发达地区的通道等级的同时，加快建设成渝经济区南向和西向通道建设。通过连接南北丝绸之路，构建第三亚欧大陆桥，形成成渝经济区向南经云南省、广西壮族自治区通往东盟诸国，向西经过新疆口岸通往中亚、南亚诸国的开放大通道。成渝经济区在我国实施向西开放战略中的地位将更加重要。在新的竞争形势下，成渝经济区要突破"盆地交通先天不足"的区位劣势，变被动为主动，关键是加快铁路和高速公路基础设施建设，发展便捷的多式联运，建设西部综合交通枢纽，变"蜀道难"为"蜀道通"，使成渝经济区作为新欧亚大陆桥与南亚、东南亚国际大通道重要交会点的优势进一步凸显。

成渝经济区要加强与沿海、沿边保税区的联系，重点建立"成都/重庆—天津通道""成都/重庆—上海通道""成都/重庆—深圳通道""成都/重庆—（东）南亚通道"和"成都/重庆—新疆口岸通道"。通过这"五大通道"实现成渝经济区南北连接东西贯通。目前，四川省、重庆市已经有直达新疆维吾尔自治区阿拉山口的物流通道，还应加大力度拓展通过云南走向南太平洋的通道。同时，加快长江上游干流河道整治，统筹规划港口布局和岸线资源，把重庆港建成长江上游航运中心，把万州港建成三峡库区航运中心，把泸州市、宜宾市建成长江上游重要的航运枢纽。充分发挥长江黄金水道的重要作用，加强与整个长江流域的合作。

建设区域性物流园区。依托铁路和公路货站、港口、机场等交通枢纽，配套建设一批集装箱多式联运设施和转运设施项目，实现多种运输方式的"无缝连接"。在物流节点城市、制造业基地和综合交通枢纽，统筹规划建设、完善一批物流园区。依托出口加工区、港口，建立保税物流园区（港区），重点加强建设物流综合信息平台和农产品冷链物流体系。

6.1.4 深化内陆开放，发展开放型经济体系

开放型经济是指参与国际分工和交换的程度较深入，商品、服务、资本和要素自由跨境流动，自身经济体制与外部经济体制融合度较高的一种经济模式。总体来说，开放型经济是外向型经济的更高阶段，从要素禀赋、竞争优势和国际合作出发，追求实现在全球范围内资源的优化配置和效率最大化，积极推动商品、服务、资本和要素自由跨境流动，强调经济制度与外部世界全面合作与衔接，实现贸易自由、金融自由、投资自由、运输自由，充分发挥市场的基础性作用。

2016 年 4 月，国务院正式批复《成渝城市群发展规划》，到 2020 年基本建成经济充满活力、生活品质优良、生态环境优美的国家级城市群；到 2030 年，实现由国家级城市群向世界级城市群的历史性跨越。在《成渝经济区区域规划》中，将"深化内陆开放的试验区"作为成渝经济区重要的战略定位予以明确，随着国家规划的全面落实，将给成渝经济区开放发展注入强劲的动力。成渝经济区发展内陆开放型经济无疑应从两个方面同时推进，一是对外开放，也称为国际开放；另一个方面是对内开放，即区际开放与合作。国际开放，成渝经济区不能再重复走东部沿海"大进大出"的发展道路，强调转变发展方式的今天，决不能牺牲宝贵的资源换取一点可怜的"加工费"。区际开放，"出区"即视同"出口"，区际开放则可以看作是没有关税的对外开放。成渝经济区既要融入世界经济一体化发展，也要打破区际、省际经济壁垒，实现国内市场一体化。成渝经济区发展内陆开放型经济，强调区域内外要素之间的双向流动与内外市场的统一性，让区域内外经济体之间根据各自要素的比较优势在一个更为广阔的市场范围内实现分工与合作，共同获得分工利益和规模经济利益。因此，发展开放型经济将对成渝经济区的整体发展产生根本性的推动和优化作用。

中国开放发展正在进入一个"海陆并进、东西互动"的新格局，西部地区开放发展在全国开放总体战略中的地位，空前提升。成渝经济区发展内陆开放型经济必须认清西部地区在国家总体战略中的定位，找准成渝经济区在西部地区的定位，大力优化经济区"双核五带两新区"的开放发展空间。只有与国家战略充分结合，才能更快实现中国新的增长极这一目标。发展以对外经贸和国内合作为主要内容的内陆开放型经济，是经济全球化和区域经济一体化条件下拓展开放深度和广度的必然要求，是成渝经济区充分利用两种资源、两个市场推进又好又快发展的重大举措。

6.2　大力推进关中—天水经济区科学发展

关中—天水经济区（以下简称关天经济区）① 面积 7.98 万平方千米，2016 年末常住人口 2 971.21 万人（见表 6-1），直接辐射区域包括陕西省陕南的汉中市、安康市，陕北的延安市、榆林市，甘肃省的平凉、庆阳和陇南地区。关天经济区城市群综合实力较强，2016 年，该经济区地区生产总值 1.38 万亿元，占陕西和甘肃两省 GDP 总量的 59.8%，具有较强的发展后劲和潜力。②

表 6-1　　　　　　　　　　关中—天水经济区主要城市概况

指标	西安	咸阳	宝鸡	渭南	铜川	杨凌	商洛	天水
人口（万人）	883.21	498.66	377.50	537.16	84.72	20.49	237.17	332.30
面积（平方千米）	9 983	10 196	18 200	13 134	3 882	138	10 262	14 392
城市等级	超大	大	大	中	中	小	—	中
GDP（亿元）	6 282.65	2 390.97	1 932.14	1 488.62	311.61	119.20	692.13	590.51

资料来源：《2017 年陕西统计年鉴》和《2017 年甘肃统计年鉴》。

关天经济区地处亚欧大陆桥中心，是承东启西、连接南北的战略要地，也是我国西部地区自然条件优越、人文历史深厚、经济基础较好、发展潜力较大的地区。加快经济区建设与发展，有利于深入实施西部大开发战略，增强区域经济综合竞争力，形成支撑和带动西北乃至西部地区加快发展的重要增长极；有利于深化体制机制创新，为统筹科技资源改革探索新路径；有利于构建开放合作的新格局，推动西北地区经济振兴；有利于承接东中部地区产业转移，促进区域协调发展。

6.2.1　构建三级城镇群，明确城市定位及发展策略

实现西安—咸阳经济一体化的国际现代化城市群（见表 6-2），是关天经济区发展的重要目标，也是推进关天经济区建设的重要环节。关天经济区的城市群

---

① 包括陕西省西安市、铜川市、宝鸡市、咸阳市、渭南市、杨凌、商洛市（部分区县，包括商州区、洛南县、丹凤县、柞水县）和甘肃省天水市所辖行政区域。

② 资料来源：《关中平原城市群发展规划》，2018 年 2 月 7 日国家发展和改革委网站公布。

要建成由核心城市、次核心城市、三级城市组成的城镇体系。西安市凭借其在科研、高等教育、高新技术产业、国防科技工业等方面的明显优势，处于关天经济区城市体系中的核心地位。按照中心地理论的观点，次核心城市应该布局在核心城市周围。关天经济区城市群的次核心城市主要是天水市、宝鸡市、杨凌区、渭南市、商洛市。三级城市要以次核心城市为依托，具体包括甘谷、秦安、陇县、长武、韩县、彬州、洛南、凤翔、礼泉、华县、蒲城、蔡家坡、武山等县（市、区）。

表 6-2　　　　　　　　　　关中—天水经济区城市群数量与结构

城市等级标准	数量（个）	所占比重（%）	地区名称
超大城市（>200 万人）	1	2.3	西安
特大城市（100 万~200 万人）	0	0	—
大城市（50 万~100 万人）	2	4.6	宝鸡、咸阳
中等城市（20 万~50 万人）	3	6.9	天水、渭南、铜川
小城市（10 万~20 万人）	37	86.2	杨凌、韩城等
合计	43	100	

注：城市等级按城区人口划分。
资料来源：《陕西统计年鉴 2008》和《甘肃统计年鉴 2008》。

目前关天经济区城市体系缺乏特大城市，而且大城市和中等城市数量很少，仅有 5 个。具有"断层"的城市结构体系，一方面，制约了西安作为核心城市向周边地区辐射扩散；另一方面，周边的中小城市又无法更好地承接特大城市或大城市的产业转移和经济辐射。当前，关天经济区要重点培育和支持一些条件较好的城市发展成为特大城市、大城市，逐步形成由大中小城市组成的等级层次结构完善、职能分工明确的、发达的城镇体系，增强城市群的整体经济实力。关天经济区除西安（咸阳）市外，宝鸡可能发展成为第二个特大城市，使关天经济区城镇规模结构将更趋合理。

6.2.2　打造五大产业带，推动产业升级和产业集聚

产业带可以优化资源配置，强化产业集聚，产业带的形成是区域经济发展的一个显著特征。关天经济区打造五大产业带，不断向外扩展空间，是破解区域发展难题，转变经济发展方式，实现关天城市群跨越式发展的必由之路。为此，关天经济区需要对原有开发区和工业园区进行重新定位和整合，在提升现有优势和

特色产业发展水平的基础上，重点打造五个产业带。一是北线从西向东，沿麟游、长武、彬州、铜川、黄陵、白水、蒲城、合阳等县（市）打造煤化工产业带；二是沿清水、凤翔、岐山、礼泉、泾阳、三原、富平、大荔等县（市）打造的农副产品加工产业带；三是沿陇海线打造新材料、新能源、生物医药、航空航天等高新技术产业与先进装备制造产业带；四是沿天水、宝鸡、咸阳、渭南、潼关等县（市）打造贯穿陇海线的立体化的现代物流产业集群带、现代服务业产业带和文化产业带；五是以秦岭东西为轴，沿天水、宝鸡、西安、渭南等市打造秦岭北麓以及沿陇南、汉中、安康、商洛等市打造秦岭南麓生态农业旅游观光产业带（白永秀等，2009）。

6.2.3　探索和促进科技创新，加快科技成果转化

关天经济区高等教育发达，科研实力雄厚，科教综合实力居全国前列。该经济区拥有80多所高等院校、100多个国家级和省级重点科研院所、100多万名科技人才，国家级和省级开发区21个。统筹关天经济区区域内的科研优势，探索和研究如何促进科技创新，对加速区域内科技成果转化，促进西北地区经济发展和西部大开发都具有重要的战略意义。

加快关天经济区科技资源改革，促进科技创新，加快科技成果转化需要解决以下三个方面问题：（1）提升产学研一体化水平和构建产学研合作机制。充分考虑产、学、研各个主体的利益，搭建利益共享和风险共担的合作平台，促进各个主体形成利益共同体，推动科研院所、高等院校和企业之间的知识、技术互动。（2）推动企业成为科研自主创新主体。科研成果的转化需要企业来实现，因此企业必须在产权制度、激励制度等方面进行改革，激发企业科技创新的活力，让企业走出去，积极主动地和相关高等院校和科研院所开展全方位科技合作，提高企业的科技创新能力，用新机制建立创新型企业。（3）充分发挥西安市军工科研力量优势，促进军民两用技术产业化。宏观层面，需要促进军工科研院所向科技开发型企业转型，解决军民两用技术产业化中的体制障碍，积极推动可转化的军用技术向民用转移。微观层面，需要进一步改革军工科研院所的激励机制和管理机制，激发其面向企业和面向市场的活力。

6.2.4　扩展开放合作空间，对接"一带一路"倡议

关天经济区要打造成为全国内陆型经济开发开放战略高地，可以从两个层面

优化对外开放格局，对接国家"一带一路"倡议，扩展开放合作空间，创新区域合作机制，提升开放水平。

一个层面就是关天经济区要和东中部地区积极合作，构建新的区域合作机制。东中部地区与西部地区经济联合是我国区域经济协调发展的必然选择，东中部地区和关天经济区合作应该选择合适的合作形式，遵循互惠互利、扬长避短的原则，实现优势互补和共同发展。在东部沿海地区要素成本不断上升和经济结构转型与升级的大背景下，东部发达地区产业转移的愿望比较强烈，关天经济区要紧紧抓住这一历史机遇，积极承接东中部地区的产业转移。目前，西安—郑州客运专线已经开通，西安与中部和东部地区的空间距离大大缩短，这也为关天经济区承接东中部地区产业转移提供了便利条件。

另一层面，关天经济区需要大力实施"北上西进"的开放战略。相比较而言，关天经济区向西向北扩展市场比向东中部地区占领市场更容易。"北上"战略是指向北发展的战略，它是指以西安市为基地，以兰州、银川、包头和太原等城市为依托，建设蒙西—陕北—陇东—晋西—渭北能源化工和新型材料工业区，大力发展石化工、气化工、煤化工、盐化工产业和新型材料产业，拉长能源产业链，提高资源附加值，力争将关天经济区打造成"中国能源经济增长极"。"西进"就是向西发展的战略。以西安市为基地，向西扩展和延伸，构建起"西安—新疆—中亚"新的梯度发展格局。从关天经济区区域经济发展的角度来看，以西安为中心，面向中国西部、中亚、中东和欧亚大陆桥经济区，建设以现代加工制造为主的产业园区，既可以形成以西北地区为主的资源工业园区，也可以为未来对中亚和中东等地区资源进行深加工创造条件。

6.2.5 发挥历史文化资源优势，打造优秀文化品牌

陕西省是华夏文明重要发祥地，著名的丝绸之路源头和羲皇故里，拥有秦始皇兵马俑、延安革命圣地、秦腔、泥塑、华山、壶口瀑布、西部影视等丰富的历史文化资源和人文自然资源。陕西文化产业近年来得到快速发展，但目前处于探索和发育阶段，尚未形成文化产业的规模优势。充分发挥历史文化资源集聚优势，形成独具特色的文娱演出业、新闻出版业、广播影视业等文化产业，构建一批国内外有影响力的文化产业基地，搭建国际文化交流平台，对于加快陕西省文化产业发展，调整和优化陕西省产业结构都具有重大的战略意义。

首先，突出特色，形成文化产业集聚。陕西省是我国文化资源最为丰富的省份之一，既拥有以秦始皇兵马俑、大雁塔为代表的历史文化品牌，又具有以延安

革命圣地和西安事变旧址为代表的革命文化品牌；既拥有以秦腔、泥塑、皮影等为代表的传统民俗文化品牌，又拥有以陕西作家群、唐乐舞系列、长安画派、西部影视等现代文化品牌；同时，还具有以华山为代表的自然风光文化品牌。陕西的历史文化资源具有较强的地方特色。因此，关天经济区应该着力围绕特色文化资源，造就特色文化品牌，形成特色文化产业集群。在形成产业集群时，要围绕一个主导文化产业进行培育，从而带动相关文化产业的发展。坚持"抓大放小"的方针，选择一些关联度强、增长速度较快、具有竞争优势的行业作为文化产业中的重点行业来培育和发展。

其次，制定和落实相关政策支持文化产业发展。当前，关天经济区文化产业发展最为重要的是制定和落实好人才政策和投融资政策。人才政策方面主要包括大力引进和培养一批文化经营管理人才、特色文化专业人才，并充分发挥这些人才的作用。同时，还要积极落实文化产业的投融资政策。我国文化企业在发展中普遍面临信用等级低、核心产品或资产的价值难评估、难以获得贷款等问题。为此，政府应制定一些扶持性文化产业投融资政策，建立银行快速审批机制，优先给予信贷支持。同时，需要建立完善的文化产业无形资产价值评估体系和信用担保体系，为文化产业投融资提供配套支持。

最后，大力培育文化要素市场。一是加强文化基础设施建设，努力培育文化市场体系。政府应积极培育文化版权市场、文化资金市场等要素市场，改革政府财政资金投入方式，以出让经营收益权等多种方式吸引社会资本投入文化基础设施建设。加快陕西音乐厅、西部影视城、秦始皇陵遗址公园等一批标志性设施的建设。二是发展文化产业中介机构。尽快剥离国有文化中介机构与主管部门的行政隶属关系，积极创办和发展综合性文化经纪公司、艺术品拍卖公司、演出经纪公司等文化经纪机构或代理机构，同时加快发展文化经纪人队伍，逐步形成较为完善的文化中介体制。

6.3 加快实现北部湾经济区全面发展

广西壮族自治区北部湾经济区（以下简称北部湾经济区）国土面积4.25万平方千米，由南宁、北海、钦州、防城港4市所辖行政区域组成。该经济区地处我国沿海西南端，面向东南亚，东临珠三角，处于中国—东盟自由贸易区、泛珠三角经济圈和大西南经济圈的中心结合部。北部湾经济区是我国西部唯一的沿海又沿边的地区，既是西南地区最便捷的出海大通道，又是促进中国—东盟全面合作的重要桥梁和基地。该经济区拥有丰富的土地资源、岸线资源、矿产资源、能源资源、海洋生物资源、动植物资源、淡水资源和旅游资源，这为北部湾经济区加快发展提供了便利。北部湾经济区应该立足南中国，面向东南亚，沟通东中西，服务西部大开发，建设成为我国西部地区对外开放的门户和枢纽，中国面向东盟国家的区域性物流基地、商贸基地、加工制造基地和信息交流中心，面向东盟的开放合作示范区，逐步成为推动西部大开发的战略高地和我国沿海地区经济发展新的增长极。

6.3.1 发挥港口优势，扩展开放空间

北部湾经济区是中国通向东盟的水路要道，大西南各地货物从广西沿海的钦州港出海，分别比从湛江和广州港口出海缩短陆路运输距离约 200 千米和 700 千米。同时，北部湾经济区是南亚、东南亚，乃至欧洲和非洲各国从海上进入中国西南的必经之路。北部湾经济区沿海地区海岸线长，通航能力强，多处港口可以停泊 20 万～30 万吨巨轮，港口规划年吞吐能力上亿吨。因此，要充分发挥北部湾经济区港口优势，加强与东盟、东南亚、南亚、欧洲和非洲等国的紧密合作，提升北部湾经济区区域经济合作水平。扩展对外开放空间。另外，北部湾经济区还要发挥港口优势，促使北部湾港口物流网络与西南、华南、中南等地区物流网络相互对接，提升北部湾经济区对内合作空间。同时，北部湾经济区要加强与珠江三角洲地区、中部地区联系互动，形成与粤港澳市场、西南市场和中部省份市场①的整合，发挥后发优势，承接东中部产业转移，引进先进技术和先进设备，发挥沟通东中西的作用。

北部湾经济区还要充分利用自身的区位优势，利用中国—东盟自由贸易区建成的良好机遇，加强与东盟合作的力度，积极参与中国—东盟自由贸易区建设，力争把北部湾经济区建成中国与东盟之间的区域性物流基地、加工制造基地、商贸基地和信息交流中心。同时，北部湾经济区要继续参与泛北部湾地区经济合作、大湄公河次区域合作，加快南宁—新加坡通道经济带建设，进一步扩展合作的广度和深度，打造国际合作新高地。

6.3.2 发展沿海产业，促进产业集聚

北部湾经济区应以港口为依托，发挥海洋资源优势，以产业升级和产业集聚

---

① 主要是湖北、湖南和江西等省也需要利用北部湾经济区的出海大通道。

为方向，加快发展海洋产业，壮大临海产业，实现沿海产业的可持续发展，力争将北部湾经济区打造成为我国重要的区域性海洋产业基地，使海洋产业成为北部湾的支柱产业。北部湾经济区可以重点发展以下三个沿海产业。

首先，加快发展海洋产业及配套服务业。一方面，加快发展海洋水产品深加工和配套产业。重点建设集约化和规模化的珍珠、蟹类、贝类等养殖基地，建设现代化的水产品养殖—捕捞—冷藏—保鲜—加工—销售产业链，并加快建设专业化的批发交易中心和水产品物流中心；另一方面，大力发展海洋高新技术产业，培育海洋可再生资源、海洋生物制药、海水综合利用等新兴产业。例如，可以发展以蛋白质、氨基酸等为主的生物制品和生物药物产业。

其次，积极推动滨海旅游产业发展。以北海市为中心，整合旅游资源，重点开发建设北海银滩、涠洲岛、钦州麻蓝岛、防城港万尾金滩等旅游度假区，形成以滨海休闲度假旅游、边境异国风情旅游和沙滩海岛观光旅游为主题的旅游产业。同时，构建连接北部湾、珠三角、东南亚的跨省份和跨国的旅游精品路线网络，形成以香港、澳门—湛江—三亚—北海—防城港—越南下龙湾旅游轴线，连接国内和国际旅游，逐步形成北部湾沿海独特的滨海旅游业发展新格局。

最后，大力推进临海工业的发展，形成"港口与工业互动、海陆经济联动"的发展格局。充分利用北部湾沿海地区原料和产成品进出运输距离短、成本低、市场广阔和环境容量大等优势，尽快壮大临海重大工业，带动北部湾经济区工业化发展。北部湾经济区应该重点打造以钦州市、北海市为主的石化产业基地，积极发展钦州市进口原油加工、配套大型乙烯等项目，以带动聚烯烃、芳烃、聚酯、化学建材和其他化工原料等的石化项目发展，并把石油化工、海洋化工和精细化工等有机结合起来，延伸产业链，促进北部湾经济区石油化工产业集群（韦海鸣，2009）。

6.3.3　优化城镇体系，带动周边发展

北部湾经济区的发展需要核心城市来带动，比如成渝经济区的重庆市和成都市，关中—天水经济区的西安（咸阳）市，珠三角经济区的广州和深圳市、香港和澳门特区，长三角的上海市，环渤海经济圈的北京和天津市，而北部湾经济区各个城市实力都比较弱。南宁尽管是广西壮族自治区的省会城市，但综合实力较弱，辐射和带动周边地区发展能力有限。构建分层次的城市群体系，可以优化城市空间布局，促进北部湾经济区经济发展。

结合北部湾经济区城市特点和布局，构建四级城镇体系（见表6-3）。（1）一

级城镇区。南宁要发挥省会城市的带动作用，努力打造成为经济区中心城市。通过国际化功能建设、区域性交通枢纽建设，提升南宁的辐射能力，建设成为北部湾经济区的核心城市，带动周边地区产业结构调整和经济发展。（2）二级城镇区。主要是指北海、钦州和防城港3个城市。这三个城市基础设施建设较为完善，沿海资源丰富，应该整合三个城市资源，构建北海—钦州—防城港沿海城市群，发挥区位优势和政策优势，形成联动的城市发展格局。北海市按照特大城市规模进行建设，城市发展重点向东向北推进，铁山港区要统筹北海城区、合浦县城和铁山港区基础设施建设。钦州和防城港按照大城市规模进行建设。其中，钦州市应重点向东向南扩展，着力建设钦州主城区、钦州港区和三娘湾滨海区。防城港市应主要向北、向东和企沙方向扩展。（3）三级城镇区。指东兴、宾阳、横县、武鸣、灵山、浦北、上思、上林、马山、隆安等县（市）。东兴市按照中等城市规模建设，城市发展主要向东扩展。其他县根据城市布局和经济发展需要，将人口控制在40万以内，发展特色或优势产业，促进城市发展。（4）四级城镇区。主要包括吴圩、黎塘、南康、企沙、江平等13个重点建制镇。重点提升这些城镇的面向农村、农业和农民的公共服务和市场能力，促进城镇发展。

表6-3 　　　　　　　　　　　北部湾经济区城镇体系

城镇体系类型	地区
一级城镇区	南宁
二级城镇区	北海、钦州和防城港
三级城镇区	东兴、宾阳、横县、武鸣、灵山、浦北、上思、上林、马山、隆安等
四级城镇区	吴圩、黎塘、南康、企沙、江平等13个重点建制镇

资料来源：作者根据北部湾经济区城镇统计资料和各级城镇特点编制。

6.3.4　完善交通设施，搭建合作通道

交通基础设施是北部湾经济区加快发展的重要前提和基础。目前北部湾经济区高速公路、铁路、航空、水运以及相关的配套基础设施基本框架已经具备，但交通基础设施网络衔接性不强，还没有形成以港口为核心的陆路、海陆和航空运输为一体的综合交通网络，交通网络通道能力不足。在新的历史时期，加强基础设施建设显得更为迫切。

首先，构建北部湾经济区区域内快捷通道。经济区内快捷通道建设有利于加快区域内要素的自由流动。为此，必须加快建立区域内高速公路和快速铁路的建

设，实现各种通道间的无缝衔接与配合，加快区域内商流、物流和信息流的快速自由流动，提高资源配置效率。

其次，加强港口基础设施建设和沿海铁路建设，形成港铁联动交通网络。在充分利用北部湾经济区港口资源优势的基础上，加快北部湾经济区港口通道与铁路通道的对接建设，实现港口与铁路之间的有机结合，不断降低运输成本，提高运输效率。一方面，建设现代化沿海港口群，规划沿海港口新建一批万吨级以上泊位和深水航道，打造港口物流中心，提高沿海港口通过能力；另一方面，为适应北部湾经济区港铁联动的需要，应当加快完善连接周边省份的铁路运输体系，形成东向广东，西向云南，北向湖南、贵州铁路网络。广东方向新建南宁—广州快速铁路，改造建设黎湛等铁路线路。向北方向，规划建设通往湖南省的南宁—柳州城际铁路、洛湛铁路广西段，改造黔桂和南昆铁路。

最后，构建连接东盟的海陆空立体通道体系。连接东盟的海上通道方面，要加强与东盟等国家航运公司和港口的合作，开辟新的航线，扩展业务范围，开拓运输市场。连接东盟的陆路通道方面，加快建设南宁—新加坡经济通道。规划建设南宁市通往越南、柬埔寨、泰国、马来西亚、新加坡等国的高速公路。连接东盟的空中通道方面，要加强南宁市与东盟国家主要航空港的合作，开辟新的国际航线，增加航空班次。通过海陆空立体化通道建设，形成覆盖东盟国家主要城市的完善的交通网络，加强与东盟国家的联系。

6.3.5 建设生态产业体系，实现持续发展

北部湾经济区是全球生物多样性保护的热点地区，也是我国西南地区重要的生态功能区和南中国海海洋生态安全屏障。北部湾经济区应当充分发挥后发优势，采取集约式发展，坚持生态环境保护优先，力争将经济区建成环境友好、生态良好的"绿色经济区"，实现生态环境与经济发展的有机统一。

北部湾经济区必须坚持生态优先，实现科学发展。生态优先并不是单纯的保护环境，忽视经济和社会的发展，而是要在发展过程中，追求经济、社会和生态环境三者之间的有机协调。实现北部湾经济区三者之间的协调科学发展，需要重点做好以下几个方面工作。

第一，转变经济发展方式，积极发展生态产业。生态产业实质上是构建一个由生态农业、生态工业和生态第三产业组成的生态产业体系。生态农业方面，引进和培育一批带动能力强、具有市场竞争力的龙头企业，在区域内推广应用生态农业技术，实现农业的标准化、产业化和集约化，并按照农业产业结构合理化、

生产环境生态化和资源利用高效化的原则发展生态农业产业集群。生态工业方面，北部湾经济区必须走新型工业化道路，加强信息化与工业化的结合，以信息化带动工业化，打造以南宁和北海市电子产业为主导的北部湾经济区"硅谷"，并把培育和发展北部湾经济区临海钢铁能源产业基地、石化产业基地和林浆纸一体化基地与创建循环经济示范区有机地结合起来，形成生态工业集群。生态第三产业方面，整合北部湾经济区生态旅游资源，构筑环北部湾经济区生态旅游圈。同时，大力发展现代港口物流业，金融商贸业，实现港口物流业、金融商贸业与港口产业发展相结合，旅游的发展与商贸、娱乐产业的发展相结合，加速发展生态友好型第三产业。

第二，合理利用资源，保护生态环境。一方面，节约利用土地、矿产和油气等不可再生资源，提高不可再生资源利用效率，推行清洁生产，节能减排；另一方面，对动植物资源、水资源等可再生资源实行补偿开采，控制鱼、虾、蟹类渔业资源捕捞强度，严格保护珍稀动植物种群，维护生态系统的完整性和多样性。

第三，建立生态补偿机制，促进生态和谐。发挥政府政策导向与市场配置生态资源的作用，建立生态补偿机制，在政府继续加大生态补偿方面的转移支付资金的基础上，鼓励和引导更多的社会资金投向生态环境保护、生态建设等方面。同时，考虑建立利益相关者责任机制，充分发挥市场配置资源的作用，真正体现"谁受益谁付费"的原则。

6.4 培育"西部高科技金三角" 形成西部创新发展的核心区

6.4.1 构建"西部高科技金三角"的重大意义

西部高科技金三角（以下简称"西三角"），是指以重庆、成都和西安 3 个城市为核心，经济区包括关中、成渝和其间的秦巴山区，共 61 座城市，面积 37.78 万平方千米，常住人口约 1.18 亿，2009 年 GDP 总量约 2.65 万亿元，占全国的 7.78%，西部的 39.56%[①]。

"西三角"的构建具有重大的战略价值和现实意义。首先，"西三角"的构

---

① 资料来源：姚慧琴，任宗哲. 中国西部经济发展报告 [M]. 北京：社会科学文献出版社，2010.

建可以带动和辐射西部地区甚至整个中国经济的发展。成渝经济区和关天经济区分别位于西南和西北地区，单独看经济总量仍然偏小，带动能力有限，要成为继长三角、珠三角、环渤海经济圈之后的中国第四增长极差距还很大。打造"西三角"可以使西部地区在全国区域经济的地位进一步凸显。通过西部三大中心城市优势互补，合力打造增长极，可以最大限度加快西部城镇化进程，充分发挥成渝经济区和关天经济区对区域内和周边区域的扩散和辐射效应，从而加快实现带动整个区域经济全面发展，成为引领和带动整个西部地区乃至中国经济快速发展的"第四极"。其次，"西三角"可以带动西部腹心地带——秦巴生态经济区的发展。秦巴山区由于受到自然环境、区域位置和国家宏观调控统筹安排的限制和制约，当前该地区总体经济实力较为落后，但该地区有着丰富的野生动植物资源、森林资源、矿产资源、清洁的地下地表水资源，同时又是我国重要的生态保护地区。通过构建西三角经济区，将中国西部最具有活力和实力的三大城市整合起来，可以更好地带动该地区绿色产业和生态旅游产业的发展，改变该地区长期的贫困和落后面貌，实现共同富裕，促进社会和谐（李子彬，2010）。最后，"西三角"是20世纪60年代三线建设的核心区域，是我国国防工业和科技力量布局的密集区，拥有丰富的科技人才和巨大的创新能力，是西部地区唯一具有抗衡东部地区实力，发展高技术产业，引领西部地区产业走向高端的经济区。通过打造"西三角"，突破秦巴山的天然屏障阻隔，实现西南、西北上下贯通，加快西部地区经济社会一体化进程，对于推动西部乃至中国经济、社会和生态协调全面发展具有重要意义。

6.4.2　打造"西部高科技金三角"的战略路径

1. 构建快速交通体系，促进三大城市携手发展

要建立成渝经济区和关天经济区间长期稳定的合作机制，将西三角经济区打造成为中国的第四经济增长极，首要的问题就是要构建区域内快速交通通道和通畅的对外大通道，破解"西三角""内部联系不紧密，外部联系不通畅"的难题。围绕这一思路，"西三角"的交通设施建设既要着眼于区域内的快速交通，又要便于加强与区域外的交流合作，从而形成区域内外的完善快捷地交通网络体系，真正实现东西交汇、南北贯通。

首先，构建"西三角"区域内快速交通通道。一方面，构建重庆、成都和西安3个中心城市间快速交通网络。"西三角"三个中心城市按照"航空1小时、铁路3小时、高速公路4小时"的目标，形成区域内航空、铁路、公路之间的立

体式的交通体系，实现区域内物流畅通。当前，应尽快修通西安—成都、西安—重庆的高速铁路，形成"西三角"高铁环线，打造"西三角半日经济圈"。另一方面，完善连接两大经济区的南北纵贯公路运输通道。由于秦巴山区的天然屏障阻隔，成渝经济区和关天经济区之间的通道不畅，铁路交通发展受到制约，高速铁路客运专线虽然可以缓解铁路客运的不足，但公路具有带动沿线经济发展的显著功能，因此，尽快完善"西三角"经济区内的南北公路网络体系刻不容缓。

其次，完善"西三角"向外开放的交通运输网络。要实现"西三角"沟通东西和贯通南北的对外开放开发格局，就必须打造西南和西北地区的互联互通的完善交通体系。按照"航空2小时、铁路6小时、公路10小时"的目标，构建"西三角"连接全国主要经济区的对外大通道。在充分利用现有的陇海线、长江黄金水道、包昆线等交通干线的基础上，构建更加通畅的对外大通道。例如，向东，尽快修通沪汉蓉客运专线；西北方向，尽快修通兰渝线、成兰线等铁路干线。通过区域对外交通干线的建设与完善，西三角可以与长三角、珠三角和环渤海经济圈等发达地区更好地互动，还可以利用这三个经济圈的出海口加强西三角与海外联系，不断扩展对外开放空间。

2. 建立区域协调机制，构筑川陕渝合作平台

"西三角"是一个跨行政区域的经济区，涉及四川、重庆、陕西3个省级行政区，区域之间的协调和合作难度较大。因此，"西三角"在发展过程中，首先需要解决的就是突破和跨越行政区划界限的障碍。构建区域之间互动高效的合作机制，需要改变过去那种各自为政，以地方为中心的行政管理模式，坚持以区域间建立的合作组织为纽带，以制度法规为保障，建立务实高效的规划落实机制、协调推进机制和合作共建机制，全力构筑川陕渝合作发展的良好平台。

建立区域间高效的协调合作机制，需要建立跨省份的区域协调平台和机制。例如，建立"西三角经济区政府协调中心"，使其不仅具有沟通协调职能，还必须赋予其规划和执行职能。协调中心定期或者不定期召开政府间联席会议，统一协调重大事项，统一编制合作发展规划，统一规划经济区内的基础设施建设，推动经济区内产业整合和企业合作，合力打造区域性中心城市，消除不利于区域经济一体化的政策性障碍，确保要素资源自由流动，从根本上促进"西三角"更好更快地发展。

3. 依托三大核心区域，带动腹心地带发展

"西三角"经济区是一个范围更广的复合型经济区域，其不仅涵盖了位于秦岭以北的关天经济区和大巴山以南的成渝经济区，还包括了位于两个经济区之间的陕南和川北地区。介于关天经济区和成渝经济区之间的陕南、川北和渝东北地区，共包括 5 市 39 县（区），其中 77% 的县（区）为国家级扶贫开发重点县。其中，秦巴地区国家扶贫开发重点县总面积和人口数，分别占区域总面积和区域总人口的 76% 和 70%。因此，"西三角"经济区的发展具有更为重要的战略意义和广阔前景。西三角经济区的发展，既可以实现区域间的优势互补，合力发展，又可以依托重庆经济圈、成都经济圈和西咸经济圈，带动"西三角"腹心地带发展，为实现西部地区全面和快速发展作出重大贡献。

关天经济区和成渝经济区相继获得国务院批复，而陕南、川北和渝东北地区刚好处于两大经济区的交汇之处，这些地区无疑成为两大经济区发展经济的盲点区域，而这些地区经济总体上较为落后。通过构建和发展"西三角"经济区，恰好为解决这一地区经济发展问题提供好的机遇。"西三角"腹心地带的发展，需要依托三大核心区域。首先，以"西三角"经济区交通基础设施建设为基础，加强"西三角"腹心地带与重庆、成都、西安三大核心城市的通道建设。秦巴山区位于西安市南下和成都、重庆市北上的必经之地和重要交通节点。规划建设广万高速（广元—巴中—达州—万州）、渝银高速（重庆—达州—巴中—汉中—宝鸡—平凉—银川）等重点高速公路建设项目，同时规划建设广元、巴中、汉中、商洛等秦巴山区的主要城市与正在规划建设的西安—成都高速铁路、西安—重庆高速铁路、西安—重庆高速公路对接，与已经通车的西安—成都高速公路对接。秦巴山区交通基础设施网络的完善就使得秦巴山区更好地融入"西三角"，融入重庆、西安、成都三小时经济圈。其次，秦巴山区应当着力发展循环经济产业。秦巴山区很多地方属于禁止开发或者限制开发地区，必须以循环经济为主要发展方向。充分发挥当地资源优势，形成大巴山和汉中盆地两大循环经济产业带。大巴山循环经济产业带包括广元、巴中、达州、万州、城口、巫山、巫溪、奉节等县市节点。该产业带以发展资源加工、生态旅游、绿色食品、清洁能源、医药等产业为主。汉中盆地产业带以十天高速、安康—阳平关铁路和汉江为依托，以汉中和安康等城市为节点，大力发展生态旅游、新型材料和生物加工等特色产业为主导的循环经济产业。

4. 提升科技创新能力，推动地区创新发展

"西三角"三大中心城市重庆、成都和西安高校云集，拥有高等院校 230 多所，科研院所数量较多，高等教育和科研资源较为丰富。可以说，"西三角"与长三角、珠三角等发达地区相比，人才和科技资源并不弱，甚至还具有一定的领先优势。以高等院校数量为例，"西三角"高校数量就明显多于珠三角。但"西三角"具有的优势科教资源并没有转化为科技自主创新优势，"西三角"科技创新能力较弱和科研成果转化率较低的现状制约了"西三角"经济发展和综合实力的提高。

目前我国正处于由粗放型发展方式向集约型发展方式转变的关键时期,发展方式能否转型成功,在很大程度上取决于科技创新能力能否得到很大的提高。"西三角"经济区也只有提高科技自主创新能力,才能为推动产业结构优化升级和经济发展方式的转变提供强大的科技支撑,才能从根本上改变西部地区落后的面貌。"西三角"提高自主创新能力可以从以下几个方面入手。(1)围绕"西三角"优势产业,增强企业自主创新能力。西三角应当在高新技术、装备制造、机械制造、生物医药、电子信息和软件等优势产业领域,加大科技投入和政策支持,将其建设成具有国际竞争力产业集群。"西三角"尤其应该发挥军工产业实力强的优势,推动军民两用技术相互转移,加速军民两用技术产业化,进一步促进"军民融合"。(2)搭建自主创新平台,优化科技创新环境。"西三角"要进一步加强自主创新公共服务体系建设。产业发展和科技创新需要完善的资金、技术、信息、中介等公共服务体系建设。在重庆、成都、西安等中心城市建设科研设施、大型科学仪器设备共享平台和成果转化公共服务平台,全面开放企业技术创新活动。同时,要加大科技创新成果交易平台建设,使知识产权和技术创新成果及时高效地转化为生产力。培育以重庆、成都和西安为中心城市辐射整个西部地区,连通全国的技术交易平台。(3)加大科技创新和成果转化投入。与东部地区相比,无论是地方财政科技拨款、科技活动经费支出还是科学研究与试验发展R&D经费支出,"西三角"都明显偏少。在"西三角"地方财政有限的情况下,应该多方筹集科研经费。政府要设立核心技术和关键技术开发资金,并引导企业加大技术创新投入。政府每年应该安排一定数量的科研成果转化专项资金,支持那些应用价值大、技术含量高的技术成果转化。

5. 促进优势互补合作,发挥地区各自优势

在构建和完善"西三角"快速、便捷的交通网络基础上,就可以实现区域内资源要素的自由流动,使重庆、成都和西安三大城市实现优势互补,各取所需,带动西部地区全面发展。

首先,重庆、四川和陕西3省市在资源上具有互补性。陕西省的基础材料、矿产资源、科技资源丰富,可以更好地满足重庆市和四川省经济发展对这些资源的需要。四川省人力资源、水电资源丰富,重庆市和陕西省可以消化四川省的水电产能。重庆市的资本要素资源、政策资源丰富,可以部分地满足四川和陕西省的需要。因此,三省市就可以在人力资源、科技资源、政策资源、水电资源、矿产资源等方面实现资源共享和优势互补(邵锋,2010)。

其次,重庆、成都和西安3个大城市间存在较强的产业互补性。重庆市是制造业基地，在装备制造、医疗器械、化工产业等方面具有较强的实力。成都市在电子信息、生物医药、航空航天、新材料和新能源等产业方面具有雄厚的基础和实力，而且成都市在城市化进程和消费需求等方面具有领先优势。西安市的科技资源和科研力量较强，航空航天领域水平较高，但西安市科研转化能力较弱。3个城市之间产业的互补性决定了 3 个城市合作发展的必要性。通过优势互补，可以促进西南和西北地区联手合作，为打造中国第四经济增长极奠定基础。

第7章

西部地区资源转化战略：
改善区域供需结构

西部地区是少数民族聚居区，占全国少数民族人口的75%以上，与14个国家接壤，有长达1万多千米的边疆地带。西部地区地域辽阔，能源资源极其丰富，又是横贯我国三江的源头，居全国生态环境的屏障地位。资源丰富的西部地区，经济发展滞后，呈现出"富饶的贫困"特征（王小强和白南风，1986）。西部地区民生发展滞后，生活水平低下，贫困面很大。如我国六盘山区等11个连片特困地区的人均地区生产总值、人均地方财政一般预算收入、农民人均纯收入三项指标分别只相当于西部地区平均水平的49%、44%和73%。西部地区覆盖了全国66%以上的贫困人口（林晖，2011）。西部地区仍是我国区域协调发展的"短板"，是全面建设小康社会的难点和重点，西部地区的发展是我国全面实现小康社会和长治久安的根本保证，在国家战略中具有重要地位。正如《中共中央国务院关于深入实施西部大开发战略的若干意见》中指出：西部地区在我国具有特殊战略地位，西部大开发在我国区域协调发展的总体战略中具有优先地位，在构建社会主义和谐社会中具有基础地位，在可持续发展中具有特殊地位。时任国务院总理温家宝2012年1月9日主持召开国务院西部地区开发领导小组会议和国务院振兴东北地区等老工业基地领导小组会议，讨论通过《西部大开发"十二五"规划》和《东北振兴"十二五"规划》，指出今后一个时期，西部大开发要充分发挥各地特色和优势，特别是要大力发展特色优势产业，建设国家能源、资源深加工、装备制造业和战略性新兴产业基地。当前，西部地区正处于工业化和城镇化加速过程中，这也迫切要求西部地区结合自身的主体功能区定位、资源特色，发展特色产业，重点打造国家六个基地，加快构建以六大基地为中心的现代产业体系，打造以重庆、成都、西安3个国际化大都会为核心的城市化体系，开辟一批沿边口岸城市和沿交通线的节点城市。因此，西部地区需要依托自身的特色优势资源开发，提高自身发展能力，增强自我造血功能，发展区域特色产业实现西部科学发展。

7.1　西部地区资源与产业在国家战略中的地位

7.1.1　西部地区是我国战略资源宝库

西部地区是我国资源富集区，有许多资源关系国家经济命脉，西部地区具有特殊重要的战略地位。资源对于一个国家长期可持续的发展具有非常重要的作用。国家之间的纷争常常是围绕资源的争夺而发起的。特别是重要的战略资源往往决定国家经济社会发展的前途和发展方向。随着我国工业化、城镇化加快发展和资源供需矛盾不断加剧，西部地区正日益显现巨大的资源优势，在国家的发展战略中具有极为重要的地位。西部地区主要拥有丰富的矿产资源、能源、森林、草原等自然资源，是我国煤炭、天然气、有色金属、稀有金属、稀土金属、石棉、磷、钾肥的主要蕴藏地。我国 60% 的矿产资源分布在西部地区，在全国已探明储量的 159 种矿产中，西部地区有 143 种。在 45 种已探明其储量主要矿产资源中，西部地区的煤炭、天然气、钾盐、铬铁矿等资源在全国占举足轻重的地位，稀土、磷、镍、钒等资源优势十分明显，锰、铜、铝、锌等 20 多种矿产资源也具有比较优势。根据我国自然资源部研究，国家确定需要储备的矿种是石油、铜、锰、铬、镍、钴、铂、钾盐。这 8 种战略储备矿种中绝大多数都分布在西部地区。例如，钾盐储量占全国总储量的 99.6%、镍占 80% 以上、铬占 89.4%、锰占 60% 以上、铜占 49%（曾勇等，2003）。因此，西部资源在国家战略资源储备中具有重要地位。

随着西部地区陆续发现一系列世界级矿产基地，中国重要矿产资源分布格局正在发生全面改变。近年来，国家公益性地质工作拉动了西部地区矿产资源勘查，并取得丰硕成果。根据自然资源部数据，新疆维吾尔自治区阿吾拉勒铁铜矿新增铁矿石资源量 2.6 亿吨，累计达 10.8 亿吨；西昆仑塔什库尔干新发现莫拉赫、其克尔克等铁矿，估算资源量 8 亿吨；青海省祁漫塔格探明 2 个超大型铁多金属矿，4 个大型铜多金属矿，铁资源量 4.8 亿吨、铜铅锌资源量 420 万吨。西部地区将形成一批大型铁矿基地、千万吨级铜矿和铅锌矿基地、千吨级金矿基地、亿吨级铝土矿基地[①]。显然，西部资源在国家发展战略中的地位和作用将更

---

① 重要矿产资源分布格局全面改变，西部地区尤为突出［EB/OL］. 中金在线，http://hkstock. cnfol. com.

加突出。

除了拥有非常丰富的石油、天然气、矿产等自然资源，西部地区还具有许多自然景色优美、风光独特的风景区和极具民族文化的旅游胜地与丰厚历史文化底蕴的名胜古迹。如分布于云南、贵州、四川、湘西、西藏、广西、新疆、内蒙古、宁夏等地区的众多民族聚集区，以其独特的民族文化和民族风情形成西部地区旅游的重要内容和名片；西部作为历史文化、宗教文化厚重的地区，拥有如厚重的秦汉文化、丝绸之路文化古迹以及著名的莫高窟、秦始皇兵马俑、青城山—都江堰、大足石刻、丽江古城、西藏布达拉宫等世界文化遗产（占全国1/4）；西部迤逦的自然风光让人们向往，我国的世界自然遗产风景区全部集中在西部地区，如黄龙、九寨沟、四川大熊猫栖息地、武陵源风景名胜区、三江并流、中国南方喀斯特六大景区；峨眉山—乐山大佛为世界文化与自然双重遗产（为全国4个"双遗"之一）。西部独有其文化与自然之魅力，是一块尚待深度开发的宝地。

7.1.2 西部地区是我国重要战略产业基地

近代西部地区产业的产生和发展，更多的是基于国防和军事需要。新中国成立后，中央政府依据"工业的地区分布应有利于国防和长期发展"的建设战略后方指导思想，经过"一五""二五""三五""四五""五五"计划以及"大三线"的建设，在西部地区累计投资2 000多亿元，形成固定资产1 400亿元，建成10条总长8 000多千米的铁路干线，共建成了1 000多个大型和特大型骨干企业、科研单位和大专院校，形成一批工业密集、有一定经济实力的工业城市和一批以军工、机电为主导的工业基地（周民良，2000）。改革开放后，西部工业企业在能源、有色金属、稀有和稀土金属、化工（磷、盐和气化工等）、交通运输机械、航空航天、武器弹药、烟草加工、饮料等诸多领域发展迅速，涌现了一大批具有较强竞争力的企业，建成一批在全国具有一定影响的产业基地，具有明显竞争优势。其中能源、有色金属、稀有和稀土金属等资源开发产业与航空航天制造、国防科技等高技术产业在国家战略中具有重要地位（丁德科和李振平，2008）。由于中国与世界主要强国之间仍将保持既有合作又有斗争的微妙关系，航空航天、国防科工等不仅是国民经济的加速器，更是国家安全的有力保证，航空航天制造业及国防科技工业在"十二五"乃至2020年期间都是国家重点发展的行业；能源、有色金属、稀有和稀土金属等资源开发产业作为重要的工业原料来源，对我国经济发展具有重要影响作用。

　　西部地区的产业优势主要体现在军民融合对国民经济的促进作用。西部地区军民融合发展对地方经济的贡献不断增强。例如，核工业在发展核电、核燃料工业的同时积极开发同位素核辐射技术、消防产品、核仪器设备、精细化工等多种民用经营项目；航天工业则大力发展卫星应用、运载火箭发射服务、通信设备、数控设备、新材料和计算机应用等高技术民用产品；航空工业重点是发展民用飞机、燃气轮机等航空民用高技术产品，以及汽车、摩托车、环保设备、纺织机械、食品及包装机械、轻工机械、建筑材料等非航空产品；兵器工业以车辆为主，发展了机械、光电、化工三大系列产品，等等。西部地区国防科技工业催生出来的高新技术产业和战略性新兴产业，是西部地区经济持续强劲增长的基础，并成为提高西部地区自主创新能力与推动结构调整和转变发展方式的重要力量。

7.2　要素流动弹性与西部地区产业选择

7.2.1　要素流动弹性对产业选择的影响

　　不同生产要素流动弹性不一样，从而影响区域的产业布局。第一，资本流动弹性很高，不受重量和距离的影响，其趋利性的特点决定了哪里可以获利，资本就会流向哪里，这为西部地区发展产业提供了机会。第二，劳动力的流动弹性所受影响因素较多，如市场信息的对称性、文化认同性、语言沟通、家庭情感以及迁移成本等多方面因素的影响。因此，劳动力国际之间流动由于国际、语言、文化的影响而流动弹性很小，但是在一国内，因为没有语言、国籍与文化的障碍、劳动力一般具有较高的流动弹性，可以在全国各地流动。正是由于这种劳动力的高流动性，西部地区源源不断地向东部地区输送着廉价劳动力，东部地区因此大力发展劳动密集型产业（刘世庆，2001）。但是劳动力的流动弹性还是低于资本的流动弹性，因为劳动力除了要考虑利润还要考虑家庭等情感因素对其择业的选择。随着西部地区经济逐步发展，特别是工业化城镇化的推进，西部地区对劳动力的吸引逐渐增强，许多曾经外出务工的劳动力如今更愿意选择在家门口择业。显然在经济收益相差不大的情况下，实现劳动力回流的非经济因素主要是家庭情感因素。随着向西发展和开放战略推进，内陆市场拓展与产业发展是未来的一个趋势，西部地区显然已经具备大力发展劳动密集型产业的条件和机遇。第三，资源要素的流动弹性很小，从而使资源性产业具有天生的独占性和排他性。西部拥有丰富的土地、矿产、绿色能源（水电、风能、太阳能、生物质能）、民族文化资源。这些搬不走的独占性资源要素形成了西部地区的独占性优势，也是西部各地应该发展特色经济的原因。不易流动的要素资源要求西部开发利用，形成特色产业，因而对西部地区产业选择具有正面影响。根据西部地区所蕴含的独特自然、人文资源，西部地区的水电、旅游、天然气、特色农业、民族经济等正是需要重点发展的产业。

7.2.2　西部地区产业选择

西部大开发战略实施 10 多年来，以能源为重点的资源开发已取得显著成效。但总地说来，未能协调资源利益与当地居民生存发展需要的关系，资源相关产业发展布局不协调，西部的特色资源开发还有待深入。自西部大开发以来，西部基础设施日渐的改善，如在世界屋脊上修筑了青藏铁路，打通边疆与内地的通道；中国与周边多国之间的铁路、高速公路、输油气管道正在积极建设之中；中国与东南亚、南亚国家间，铁路、高速公路、媚公河运、海上港口码头等都在建设和筹建之中。同时，中国与东南亚、中亚、南亚、西亚诸邻国建立了良好的睦邻关系，建立了"10＋1"东盟与中国经济合作组织，中亚六国上海合作组织（林凌，2010）。这些都将促使西南云桂边疆提升为另一个我国对外开放的国家战略高地，若这种格局形成，中国将通过沿边口岸，将商品通过铁路、公路、水路运到亚欧大陆市场，直到大西洋东岸，从而实现中国的向西开放。就国内市场而言，我国正加大国内市场开发，身处内陆的西部市场潜力巨大。内外市场的形成对西部产业发展提出了需要；在东部产业转移步伐加快以及西部城镇化与工业化加速的新形势下，西部地区产业发展将迎来黄金时期。显然西部地区需要深度利用特色资源，走资源的深加工之路，以特色资源开发带动特色产业发展，实现西部地区经济新跨越。

（1）深化资源开发，发展资源深加工业。西部地区矿产资源丰富，且各种矿产集中分布于某几个地域甚或一个区域，适于集中发展专业化的采掘业、原材料加工业、冶金、能源产业等。但过去长期的资源东送战略，使得西部资源深加工能力很弱，产品附加值低，利益流失严重。西部地区需要补足这个短处，加大特色资源的开发，发展资源深加工业，形成西部经济的内在增长机制，推动东西部地区良性互动、优势互补、共同发展，促使区域经济进入一个协调、可持续发展的新阶段。西部地区需要调整矿产资源开发的思路，实施以市场为导向的优势资源转化战略，集中利用优势资源发展科技含量和附加值高的现代加工业，发展特色资源深加工产业，推进西部地区能源、矿产等资源优势向产业优势转化，增强自我发展能力。如西部天然气的开发，在向东部输送的同时还需要加快在西部就地转化，发展天然气化工产业，生产和输出附加值高和市场需要的产品，提高资源利用效益。

（2）加大技术创新，发展高技术产业与战略性新兴产业。发展高技术和战略性新兴产业对于区域产业升级和产业结构优化升级具有促进作用，在具备条件的地方，加快推进高技术和战略新兴产业是符合区域经济发展战略的，而且西部部分地区具有发展高技术产业和战略新兴产业的要素支撑。西部一些地区经济基础较好、高等教育发达，科研院所实力雄厚，为本地发展高新技术产业提供了充足的智力支持。如陕西、四川、重庆 3 省份高新技术产业开发区的工业增加值占所在地区工业增加值的比重已经达到东部地区的水平，陕西、四川和重庆 3 省份是西部地区高新技术产业及战略新兴产业优先、重点发展的区域。西部地区是军工企业的集中地，且实力雄厚。如四川省拥有全国一流的航空整机研发能力，陕西省的航空航天技术及制造能力在国内也处于领先地位。因此，西部地区应积极推进军工企业产品、技术、项目的军转民用，军民融合，大力发展高技术产业，并在部分地区领域重点规划和推进战略新兴产业的发展。例如，西部地区拥有独特的气候资源和水电资源，适合大力发展风能、太阳能及水能等清洁能源产业。在能源危机加剧的背景下，特别是石化能源带来的系列问题和全球积极开发新能源的变革下，西部地区完全可以成为我国新能源开发的基地。

（3）提升传统制造业，发展以装备制造为主的现代制造业。西部地区发展现代制造业既是中国经济发展的需求，又是中国经济发展的必然。西部地区经过40 多年的改革开放，传统制造业有长足的进步，特别在装备制造业领域具有突出的优势。未来中国经济的发展将从投资、出口拉动转向扩内需、投资、出口"三套马车"驱动型，西部市场广阔，具有极大的市场潜力，市场指向性的制造业将会急剧向西部地区转移集中。随着西部沿边口岸的打开，中国经济向西开放的布局形成，向东南亚、中东乃至欧洲的出口将会以西部作为重要的出口基地，因此国内外的市场需求对于制造业的吸引力是巨大的；西部地区具有充裕的土地资源及制造业劳动力资源，可以为西部地区发展现代制造业提供需要的土地及劳动力要素支持。因此，西部地区需要充分发挥西部的市场、土地、劳动力等资源优势，提升改造传统制造业，发展以装备制造业为主导的现代制造业，促进西部地区经济结构优化升级。

（4）开发农牧业资源优势，发展特色农牧产品深加工产业。西部是我国重要的农牧业地区，其特殊的地形地貌和气候形成的自然条件（如光、热、水条件不匹配）和种类繁多的生物资源，为经济作物的生产创造了得天独厚的条件和基础，使得西部地区特色农业资源极为丰厚。如新疆维吾尔自治区的棉花、番茄、葡萄，四川省与重庆市的蚕茧、西部地区的烟叶、核桃，陕西省的猕猴桃等的生产都在全国占有最重要的地位。西部地区独特的自然环境以及特色资源使得西部地区的特色农牧产品加工业优势突出，并且具有更深发展的潜力。如四川省在白酒业方面独树一帜，拥有五粮液集团、剑南春、郎酒、水井坊、泸州老窖等著名的白酒"五朵金花"；贵州省以茅台酒为龙头的白酒在全国白酒高端市场占据垄断地位；内蒙古自治区的畜产品资源丰富，其肉、奶、绒毛等畜产品在国内占有重要地位，目前已初步形成了以农畜产品加工企业为龙头的产业化系列，涌现出了一大批知名度高、规模大的农畜产品加工龙头企业；广西壮族自治区制糖业不仅是其最大的农产品加工业、重要的优势和支柱产业，而且也已在全国占据举足轻重的地位，其食糖产量占全国食糖总量的60%以上（陈永忠等，2009）。根据西部地区自身资源及环境特点，打造西部特色产品品牌，做强做大农牧产品深加工和动植物资源的开发，形成西部地区产业发展中的一枝奇葩。

（5）挖掘西部地区文化及旅游资源，发展以文化及旅游为主的现代服务产业。现代服务业具有高技术含量、高附加值以及低能耗等特点，已成为衡量一个国家或地区经济发展水平以及现代化程度的重要依据与标志，并加快推动第一、第二、第三产业融合发展，正在成为现代产业体系的纽带与核心。特别是西部地区的文化资源及自然旅游资源非常丰富，适宜发展特色文化及旅游产业。西部地区可以充分挖掘和开发民族民间文化资源，发挥自身人才和资源的优势，推进西部地区的文化产业发展；并利用好西部地区的文化与自然特色，开发西部地区文化体验旅游与自然风光旅游。

7.3 创新特色产业基地建设

7.3.1 西部地区特色优势产业布局特点与问题

西部地区特色资源开发与特色产业发展需要构建西部地区特色产业基地作为支撑。而要搞好西部地区特色优势产业基地建设，首先需要摸清西部地区特色优势产业布局的情况，然后有针对性地进行建设。当前，西部地区特色优势产业布局存在如下几个特点：特色农业的专业化生产和区域化布局初步形成；高新技术产业开发区逐步发展成为西部地区经济新的增长点；西部地区已经发展成为我国重要的原材料工业和化学工业基地；几大特色旅游板块已经形成。同时，西部地区特色优势产业布局还存在三方面的问题：一是特色产业盲目仿效和无序竞争严重。如各地政府竞相推动发展有"比较优势"的特色农业，建立众多产业雷同的"特色产业园区"，使得重复建设较为普遍。二是许多高新技术产业开发区出现定位雷同，无序竞争和效率低的现象。如多数高新区都盲目提出要重点发展电子信息、生物医药、新材料等高新技术产业发展战略，缺乏依据自身的经济特点和发展潜力的特色优势产业；高新技术产业开发区与经济技术开发区之间分工不明确，导致开发区之间的无序竞争；对各级高新区缺乏统一规划，土地批租面积大，开发效率低。三是西部旅游资源开发各自为战，没有形成资源整合效应。西部地区对旅游资源缺乏科学规划，多数地区没有对当地旅游资源进行全面系统地普查和评价，对整个旅游资源的数量、质量、种类、范围、自然环境、开发价值、客源前景等没有一个全面科学的统计和分析，难以为旅游资源的合理开发和科学布局提供可靠依据（中国社科院西部发展研究中心，2005）。

7.3.2　西部地区六大特色产业基地建设

在西部开发的新时期，需要改变东西部地区之间长期实行的垂直分工"西部开发资源，东部加工制造"的局面，西部地区需要加快特色资源的开发，发展特色优势产业，把资源的深加工带来的高附加值留在西部，使西部富裕起来。西部地区地域广、区域之间经济、文化、自然环境以及自然资源等相差很大。西部地区特色资源的开发和特色优势产业发展需要根据资源分布、自然环境及经济发展情况，在重点区域和重点领域，进行重点开发和优化发展，将特色资源开发与产业发展本土化。我们提出建设西部地区六大特色产业基地以推进西部地区优势资源开发和特色产业发展，建设国家六个基地：国家重要的能源基地、资源深加工基地、特色农副产业深加工基地、现代装备制造业基地、高技术和战略性新兴产业基地、现代服务业基地。加强建设西部地区六个基地；正如中国社科院西部发展研究中心在研究报告《西部地区经济结构调整和特色优势产业发展研究》中提出"西部特色产业的发展，必须坚持'分类指导、区别对待'的原则，要适当集中力量，突出重点领域和重点区域，使其逐步走上专业化、特色化和集群化的道路，要谨防各地搞低水平重复建设。"

1. 重要能源基地建设

相对于我国其他地区，西部地区的能源资源极为丰富，其能源资源的最终可采资源量为 711 亿吨标煤，约占全国总量的 57%。西部地区煤炭、石油、天然气最终可采资源量和水能技术可开发资源量分别为 429 亿吨、44 亿吨、8 万亿立方米和 15 678 亿千瓦时，分别占全国总量的 57.9%、33.6%、58.7% 和 70.6%。同时，我国的绿色能源和可再生能源资源也主要集中于西部地区。随着西部地区水电能源的深度开发、风能与太阳能的逐步推进，西部地区自南向北已经发展成为我国"西电东送"的重要电源基地。

如何加快西部地区重要能源基地建设呢？首先，要合理有序、高效地开发和利用西部地区的煤炭、石油、天然气等非再生资源，构建重要的能源基地。我们在建设能源基地的时候不应该盲目过度开采，需要实行有计划有步骤地开采，在能源开采中注意资源与环境保护的协调性。这在于我们受技术水平局限，资源损耗高，需要提高西部地区能源开发过程中的技术水平，提高能源资源的开发效益。其次，要加大西部地区清洁能源的生产。充分开发应用西部地区清洁能源（水电、风能、太阳能、生物质能等），调整能源结构。如，四川、云南、贵州 3 省水能储量丰富，合理科学地开发这些地区的水电资源可以促进这些地区经济社会发展以及良好的生态环境保护。第三，要在能源基地建设过程中，以能源带动和促进其他相关产业的发展，构建以能源产业为核心的产业群。如以能源产业带动高载能产业的发展。通过加强能源产业与其他产业的配合发展，实现资源本地转化，造福于西部。第四，在建设西部能源基地过程中，还需要建立新的能源开发利益的分配机制，让西部地区共享能源开发带来的收益，并通过引进大型能源开发企业，引入东部地区资金实现东西部地区共建能源基地，提高能源开发效益。

2. 资源深加工基地建设

西部地域辽阔、资源十分丰富。西部地区资源优势明显：在西部地区，全部矿产保有储量的潜在总值达 61.9 万亿元，占全国总额的 66.1%（方敏，2000）；西部地区不少矿种分布集中，主要在鄂尔多斯能源富集区、陕甘川接壤地带有色金属富集区、西南"三江"有色金属富集区、柴达木矿产资源富集区、塔里木油气富集区和阿尔泰有色金属富集区等区带上（严良和李伟，2008），适宜集中开发；西部矿产勘探程度较低，未来发展潜力巨大。据资料显示，我国西部地区已发现的矿化点有 10 多万个，但其中的 80% 还未做评价（侯林和汪雄武，2009）。自新中国成立以来，西部地区能源矿产勘探开发、金属和非金属矿产勘探开发都取得了很大成果，建成了一大批煤矿、油田、有色金属矿山集钢铁、化工等矿产品的加工基地。这些产业基础和资源分布有利于西部地区建设资源深加工基地。

如何加快西部资源开发基地建设？第一，需要继续加大资源勘查工作，建立资源勘查信息的共享机制，提高资源勘查资料的使用效益。这是持续开发西部矿产资源的基础。第二，需要集约化开发矿产资源。特别需要引入大公司进入西部地区，通过先进的技术、管理以及大量的资金投入，来提高西部地区矿产资源开发水平。这里涉及的是综合的因素，既有政府对资源开发的合理管理以防范无序不合理的开发，又有市场机制对资源配置的作用，提高资源开发的效益。第三，将原料产地变为产品基地。要改变过去以西部地区为原料供应基地的传统思路，将西部地区的矿产资源开采与产品链延伸结合起来，通过延长产业链，将资源产生的效益留在当地，造福于矿产资源地。第四，发展循环经济。资源开发中必然涉及资源的循环利用问题，需要实施循环经济，充分利用资源，发挥资源的效益，降低资源开发中对环境的影响和破坏，并要着力发展循环经济和生态环境的保护。第五，提高技术创新能力，围绕特色矿产资源开发新产品，延伸产业链，增加资源开发的附加值。

3. 特色农副产品深加工基地建设

国家在《西部大开发"十二五"规划》中提出，需要充分发挥光、热、水、土资源和生物资源丰富的优势，根据特殊的自然条件，构建以农牧产品主产区为主体，其他农业地区大力发展优势特色农业，以其他农业地区为重要组成的农业战略格局；鼓励和支持农产品主产区集中发展粮食、棉花、油料、糖料、畜产品等大宗农产品；形成一批农产品产业带，引导加工、流通、储运设施建设向优势产区聚集；建设一批现代农业示范区。基于对特色农副产业的发展，西部各个地区都有其自身的特色农牧业资源，并具有深加工发展的价值和潜力。如比较典型的特色农副产品及深加工业：广西壮族自治区的蔗糖与制糖业，新疆维吾尔自治区的特色水果、畜牧产品与棉花，云南省的茶叶与烟草，贵州省的茶叶、烟草与畜产品及特色食品制造，四川省的油菜、茶叶、烟草与食品制造，宁夏回族自治区的清真食品、穆斯林用品和特色农产品加工，西藏自治区"一江三河"坝地的青稞、畜产品，内蒙古自治区的畜产品等都非常具有特色和优势。

西部地区特色农副产品基地建设既是个性的问题，也是共性的问题。所谓个性是要求不同地区的特色农副产品深加工要有自己的特色和核心竞争力；所谓共性是指西部地区特色农牧资源非常丰富，特色农副产品的深加工基本是西部各个省区市工业化中的重要组成部分。因此，加快西部地区特色农副产品深加工基地建设，需要从下面几方面着手。首先，西部地区特色农副产品及深加工基地建设需要突出特色，避免同质化和重复建设的问题。第二，西部地区农副产品深加工基地建设需要有规划发展特色优势产业基地，创建西部地域品牌。因为有些特色资源是跨地区存在的，这个时候特色农副产品深加工就需要建立跨地区的产业集群，打造地域品牌，以形成西部地域特色的产业。更需要围绕区域特色农牧资源打造区域性的农副产品知名品牌。如以生产白酒著名的四川、贵州省为例，由于该地区特殊的气候环境特别适宜酿酒，且白酒品质高，就需要建立跨区域的白酒产业集群，提升区域产业竞争力。

4. 现代装备制造业基地建设

经过 40 多年的工业发展，西部的装备制造业具有较好的基础和一定的竞争力。如成渝经济区、关中—天水地区是我国重要的先进制造业基地；黔中地区是我国重要的以航天航空为重点的装备制造基地；呼包银榆地区为北方地区重要的冶金和装备制造业基地；北部湾地区区域性为加工制造基地。这些地区已经聚集一批技术力量雄厚和科研队伍强大的大型骨干企业，同时，聚集在这些骨干企业周围形成具有较强竞争力的产业集群。同时，西部地区随着国家内需战略以及向西开放战略的深入推进，建设内陆型开放经济高地和沿边开放战略实施，西部地区将不再只是输出廉价劳动力和原材料的地区，西部地区市场日益扩大，并且成为我国向东南亚、西亚、中亚开放的桥头堡。

西部地区有必要也有基础发展装备制造业，但是怎么加强西部地区装备制造业基地建设呢？第一，要进行装备制造业基地规划，将成渝经济区、关中—天水经济带及黔中地区划为国家级现代制造业基地，并为该地区现代制造业发展制定并提供相应的政策支持。第二，要发挥大型国有企业在基地建设中的支柱作用。大型企业在产品开发和技术创新中起到引导作用，并具有产业发展带动作用，需要提高大中型企业的发展能力和研发能力，以形成现代制造业基地的核心。第三，政府对企业的自主创新提供相应的扶持和平台支持，可以构建跨区域的自主创新平台。第四，更深入地推进市场机制建设，突破体制机制限制，鼓励民营资本进入实体经济，特别要加大对中小企业的扶持力度。

5. 高技术和战略性新兴产业基地建设

在西部地区"十二五"规划中，成渝经济区定位为全国重要的高新技术产业基地，关中—天水地区定位为我国重要的现代农业高技术产业基地。高技术和战略新兴产业基地的建设需要强大的科研和技术创新作为支撑，而西部地区良好的科研教育资源主要集中于西安、成都、重庆等大城市。成渝经济区及关中—天水地区的经济发展基础相对较好，具有建设为国家重要高技术产业和战略新兴产业基地的条件。

西部地区高技术和战略新兴产业基地建设需要从下面几方面着手。第一，确定高技术和战略新兴产业基地范围。由于西部地区整体教育和科研水平不高，而高技术和战略性新兴产业的发展对教育科研及技术创新的高度依赖，因此，高技术和战略性新兴产业基地的建设是点状的，重点布局在科研院所比较集中，技术创新能力较强的区域。如成渝经济区的成德绵经济带、重庆市区、关中—天水地区的关中城市群等地区。第二，科学规划。把握世界战略性新兴产业发展趋势的基础上，尊重产业发展的客观规律，综合考虑自身的资源特征、产业特征、区域特征，明确战略定位和相应的产业发展规划，以避免重复建设以及"挂羊头卖狗肉"。第三，鼓励创新。对各地高科技园区提供各种政策措施，鼓励高科技企业进入园区发展，鼓励企业技术创新，对于新技术提供资金支持（政府奖励和辅助融资）。第四，加强科技项目市场建设和人才引进。建立西部地区科技项目转让市场，让学校科研机构的科研项目可以进入市场，建立产学研的联动体系，科研为企业服务，企业需要科研支持首先要重点加强清洁能源的开发，加强水电、风电、太阳能的开发，在具备这些能源的地区给以政策支持，予以大力发展。由于清洁能源的环保性、可持续性，清洁能源基地的建设应该成为未来西部能源基地建设的重要内容。同时，鼓励科技者创业，对带项目进入西部高科技园区创业的科技人员，提供相应的创业支持。

6. 现代服务业基地建设

现代服务业的发展可以促进现代制造业、高技术产业与战略新兴产业的发展。西部在经济发展基础较好的地区可以进行现代服务业基地建设。那么如何建设西部地区现代服务业基地呢？第一，需要构建以中心城市为网络节点的西部现代服务业基地。在《西部大开发"十二五"规划》中，成渝经济区定位为全国重要的现代服务业基地。但是西部其他发展水平比较高的地区，也适合发展现代服务业。未来，西部地区需要构建以成渝经济区为主基地，重庆市、成都市、西安市为核心点，各个中心城市为支点的西部现代服务业基地。第二，加快城市信息化建设，为现代服务业提供基础条件。加快信息网络技术与服务领域的集成融合性技术发展，推进移动宽带网、三网融合、平台化软件等为代表的网络与通信新技术发展和应用，大力发展现代物流业如互联网的电子商务以及内容服务等现代服务业。第三，积极引进国外和东部先进的现代服务企业进入西部地区，推动西部地区现代服务业发展。第四，打造西部地区特色旅游的品牌。将西部地区的旅游产业进行整体推进，不同区域之间可以打破行政区域的限制，根据区域旅游资源的特色，构建跨区域的特色旅游，实现西部地区旅游资源的整合于整体开发。

7.4　西部地区工业化与生态环境保护

西部大开发走过 10 年，取得良好成效，基础设施得到改善，生态环境得到一定的恢复。但是西部地区的发展还是滞后的，工业化远没有完成，除了少部分发达地区已经进入工业化后期外，大部分地区还处于工业化中期，甚至有部分地区还处于工业化初期。同时，西部是我国最重要的生态屏障区，保护好西部地区生态环境，对全国可持续发展具有决定意义。西部地区发展面临着工业化的需要与生态环境承载力约束的考量，如何实现二者的协调平衡是西部地区科学发展的重要内容。

7.4.1 西部生态环境面临的困境

西部地区是我国重要的生态功能区。西部地区是我国最重要的水源和大气动源，并集中了我国大部分的森林、草原、湿地、湖泊，成为整个国家赖以生存和发展的基本生态环境屏障。然而由于地质条件特殊，自然条件恶劣，水土流失严重，西部地区也是我国沙尘暴引发地，生态环境承载力极为脆弱。如据统计，全青海地区沙漠、戈壁面积 87 135 平方千米，占全国的 68.11%，是西部地区国土面积的 16.02%；水土流失面积达 7 494.2×104 平方千米，占全国水土流失面积的 45.96%，为西部地区国土面积的 13.74%（耿林和鹏润民，2006）。西北地区 90%以上的面积为干旱地区，土壤侵蚀面积达 410 万平方千米，占全国总侵蚀面积 83.3%。每年新增"荒漠化""石漠化"的面积大部分在西部地区，导致土地和草场不断退化，西部地区自然生态环境系统的稳定性受到严重破坏[①]。脆弱的西部地区生态环境已经威胁到当地人类社会的生存和发展，也构成对国家的经济社会发展安全的影响（倪志凌等，2008）。

工业化对西部地区生态环境的影响。随着投资西进，东部的煤炭、电力、冶炼、化工等重化工业已经逐步转移到西部，并正在成为西部许多地区的主导产业。西部地区的经济增长方式将长期维持高能耗和高投资的拉动方式，从而加重对资源、环境的损耗。特别是火电、金属冶炼、矿产品初级加工等资源性企业主要产生二氧化硫排放、工业烟尘排放等环境污染问题。如以贵州省为例，2009年，规模以上工业生产总值仅占全国的 0.62%，工业废气排放量 7 786 万吨，占全国 436 064 万吨的 1.79%。其中，燃料燃烧的工业废气排放量 4 763 万吨，占全国 241 202 万吨的 1.97%；工业废气排放量 3 023 万吨，占全国 194 862 万吨的 1.55%；工业二氧化硫排放量 62.4 万吨，占全国 1 865.9 万吨的 3.3%；工业烟尘排放量 118 万吨，占全国 604.4 万吨的 1.95%（胡晓登，2011）。西部地区

---

① 资料来源:《中国西部经济发展报告（2006）》。

资源开发产生的负外部性，对矿山及其周围环境造成污染并诱发多种地质灾害。如矿区周围地表塌陷、地基下沉、地下水位下降、山体滑坡、崩塌、泥石流、地裂缝、住房开裂、道路下沉和中断、社会公共设施破坏、水土流失、水资源枯竭等，破坏了生态环境；此外，由于环保意识薄弱和缺少足够的资金投入，一些矿山废石、废渣、废水随意堆积排放，严重污染环境，特别是尾矿未能得到有效的回收利用，既不利于资源二次开发，也容易造成环境污染和地质灾害，并使开采后的生态环境无法修复再造。据调查，我国采矿企业排放的废水占工业废水的10%，采矿产生的固体废弃物占工业固体废弃物的80%，采矿占用和损毁土地近60 000平方千米，而复垦率仅为12%，大量老矿山的塌陷区、排石场、尾矿坝亟待治理（邵忍丽，2009）。这些生态负外部性还衍生出一系列社会问题，即资源开采的利益分配严重失衡与生态环境恶化导致资源开发地区群体性事件，造成社会不稳定。根据邱鹏（2009）的研究，除了青海、陕西、云南、四川、内蒙古、西藏等省区的环境承载力还有一定余地外，其他的省份（广西、甘肃、重庆、新疆、贵州、宁夏）都已经处于超载状态，特别是经济发展落后的宁夏回族自治区与贵州省环境超载较大；且西部地区总体资源环境承载力正逐渐减弱，一步一步向承载极限靠近。在未来发展中，西部地区资源环境承载力状况将不容乐观，这是西部地区工业化进程中需要特别考虑到的一方面。

7.4.2　西部地区工业化道路选择

工业化是现代化的基础。西部地区发展滞后就在于工业化程度不高，其突破发展的潜力在于加快工业化，迅速提高工业化水平。当前，西部地区处在工业化中期，还处于重化工业加速发展之中。西部地区面临工业化、城镇化双重压力下的生态环境问题，显然我们不能走先发展后治理的传统工业化与城镇化之路。西部地区的工业化发展，必须是新型工业化的道路，是与新型城镇化、农业现代化联动发展的道路，并与生态环境保护同步推进的模式。西部地区一方面依托其现有的科技实力发展高新技术产业，实现跨越式发展的示范效应；另一方面，要充分发挥资源多样性、生物多样性的特点，充分利用当地优势资源发展相应的优势产业，形成具有当地特色的经济发展模式。如区域民族特色经济、特色旅游经济等。

西部区域复杂，主体功能区划分，除了重点开发区域之外，在限制开发区和禁止开发区中，主要为高原地区、生态脆弱地区、民族地区。不同区域，新型工业化道路的内容会有不同。工业化在重点开发区域，由于产业基础好，可以大力发展高技术产业和战略新兴产业，发展循环经济，合理地利用和节约资源，并加快传统产业的转型升级，加快产业结构升级调整，走可持续发展道路。对限制开发区和禁止开发区（往往也是生态脆弱区和民族聚居区），新型工业化的内容将重点是社会建设和生态保护，适度发展绿色、循环的经济，以尽可能保护好宝贵的自然资源。

7.5 西部地区产业发展路径

7.5.1 以优势资源开发推动主导产业和优势产业的发展壮大

有行业选择性和倾向性地推动西部地区主导产业和优势产业的发展壮大。根据杨先明（2009）的统计计算分析结果显示，电力热力的生产和供应业、石油加工和炼焦及核燃料加工业、交通运输等设备制造业、有色及黑色金属冶炼及压延加工业、化学原料及化学制品制造业、饮料食品烟草制造业、非金属矿物制造业、农副产品加工业、医药制造业、纺织服装及鞋帽制造业、煤炭及矿石开采和选洗业这 11 个行业基本囊括了西部地区主导产业和优势产业，发展这些行业及产业链配套行业的相关产业，特别是鼓励发展具备高技术含量的企业加大在西部地区投资，有利于加快西部地区的工业化进程，强化产业支撑，有利于带动和推动其他产业的发展，促进产业结构的合理化和高级化。

7.5.2 以绿色发展推动产业结构生态化水平的提升

西部地区生态环境脆弱，在培育产业时必须加强政策引导。在制定鼓励、支持资源和劳动密集型产业发展政策时，提高项目的环保准入标准，推动资源综合开发利用，积极发展在节能降耗方面表现突出的环保产业和循环经济产业，促进工业可持续发展，提高西部地区工业结构的生态化程度（周兵，2009）。对国家鼓励西部发展的风电、光伏发电等清洁能源项目的建设，应简化审批核准程序，交由项目所在地按国家已核准项目的特许权进行招标核准。以加快项目建设进度。在培育产业过程中注重兼顾国土资源和生态环境的保护、开发、利用，把发展产业与资源开发和生态保护三者有机结合，实现可持续发展，促进西部地区产业结构生态化发展（钟劲松，2011）。

7.5.3　以强化优势资源与特色推动战略性新兴产业的培育和发展

因地制宜推动战略性新兴产业的培育和发展对于西部地区产业结构升级具有重要意义。目前，我国确定的战略性新兴产业有节能环保、新一代信息技术、生物、高端装备制造、新能源、新材料和新能源汽车 7 大领域。相对照下，西部地区可以发挥自身的资源要素禀赋优势，通过承接现代产业，引进先进技术，大力发展的战略性新兴产业领域主要有一些与自然资源有关的行业，例如，新材料、新能源、生物、高端装备制造行业。在这些领域，西部地区有条件借助自然资源优势和现有的特色优势产业基础，通过争取国家政策倾斜和地方制定优惠政策，以丰富的自然资源和较低价的劳动力资源吸引发达国家和地区相关行业的龙头企业到西部地区投资，促进西部地区战略性新兴产业的培育和发展。

7.5.4　以发展特色产业推动科技自主创新能力的增强

在西部地区特色产业发展过程中，必须从国家的全局出发，在对西部地区现有特色优势产业发展的基础上，通过有选择性地承接国内外发达地区的产业转移而发挥后发优势，在承接产业转移过程中处理好高新技术引进和吸收渗透与自主创新的关系，并以此吸引大量外部资金、先进技术等生产要素进入，使本身的各种资源要素更充分地利用起来，加快产业结构高级化进程；拉紧拉长产业链条，占据附加值更高的生产环节，实现产业结构的高级化，增强西部地区产业核心竞争力。要善于向一流企业学习，包括技术、管理、营销等，并充分利用陕西、甘肃、四川、贵州、重庆等省份军工企业和科研力量比较先进的优势，发挥后发优势，在引进的基础上进行创新，逐步提升科技自主创新能力。选择合适的创新路径，在引进、模仿、消化、吸收的过程中进行的技术积累基础上逐步完成自主技术创新体系的建立。借助国际产业转移的机会，多渠道地引进世界高技术和先进技术，并积极鼓励当地企业与外资支柱企业形成产业配套关系，在配套中通过技术学习，积累起自主的产业创新能力（刘修军，2009）。

7.5.5　以承接产业链转移推动产业集群的形成发展

西部地区应认真分析自身优势，科学制定产业发展规划，提高产业间关联度；加快产业链培育，加快配套产业的发展，创造更多条件承接发达国家和地区的产业链整体转移，争取通过引进关联度高、辐射力大、带动性强的龙头企业来促进产业链发展（尹磊，2009），以产业链整体培育推动形成产业集群，提高产业带动能力和对发达国家和地区产业转移的吸引力。通过超前规划西部产业园区，引导各大中型企业和其配套的中小型企业向优势区域集中，向工业园区集中，打造产业集群，大力推动形成和发展以成都、西安、重庆市为中心的高科技产业集群、制造业集群；以兰州、克拉玛依市为中心的石油化工集群；以昆明、贵阳市为中心的烟酒产业集群；以西宁市为中心的盐化工产业集群，等等，逐步缩小与发达地区的发展距离。

第8章

西部地区基础设施提升战略：
改善区域供需条件

8.1 西部地区基础设施建设的社会经济意义与现状

自从 2000 年中国实施西部大开发以来，西部地区固定资产投资特别是基础产业和基础设施投资快速增长，一大批重点建设项目建成投产，交通、通信、能源等基础产业和基础设施得到加强，经济增长后劲明显增强。系统评估西部地区基础设施建设状况和已经取得的成效，分析西部地区基础设施建设存在的问题，提出未来西部大开发战略实施过程中基础设施建设规划和建议，是深入和扎实推进西部地区科学发展的重要保障。

8.1.1 西部地区基础设施建设的社会经济意义

基础设施是指为居民生活和社会生产提供公共服务的物资工程设施，是用于保障国家或地区社会经济活动正常进行的公共服务系统。基础设施主要包括经济基础设施和社会基础设施。按照世界银行的划分标准，经济基础设施主要包括以下方面：公共设施——自来水、管道煤气、电信、电力、卫生设施与排污、固体废弃物的收集与处理等；公共工程——公路、大坝、灌溉及排水用的渠道工程；其他交通部门——港口和水陆、城市和城市间铁路、机场、城市交通等。社会基础设施是指服务于居民生活的各种机构和设施，如住宅和公用事业、公共交通、商业和饮食、服务业、教育和文化、体育设施、卫生和保健机构等。我国学者认为基础设施体系一般包括七个方面：交通运输、能源、水利、信息、生态、防灾、社会性（如文教、医疗保健、公共管理等）基础设施等。本书主要研究西部地区交通、水利、通信等显著薄弱的基础设施建设情况。

一个国家或地区的基础设施完善程度，直接影响该国家或地区经济发展程度，也决定该国家或地区经济能否实现可持续发展。良好的基础设施即是西部地区追赶东部发达地区的基本条件，也是东部企业西进和吸引外资的重要前提。世界区域经济发展的一个重要规律和原则是：城乡和交通干线连接的点、线、带、轴是经济发展的关键区域，优先和超前发展西部地区的交通、水利、能源、通信等基础设施，是实施西部大开发战略的重要基础。具体而言，西部地区基础设施建设具有以下经济社会效应。

1. 西部地区基础设施建设支撑西部地区经济快速增长

西部大开发 10 多年以来，西部地区 GDP 以年均 10% 以上的增长速度快速增长，高于全国 GDP 增长的平均值。西部大开发这一时期，是新中国成立以来增长最快的时期。

为了初步测算西部地区基础设施对西部地区经济增长的作用，本书选取有代表性的基础设施指标（公路里程和邮电业务总量）和经济增长指标（人均 GDP 和就业率）做相关性分析。公路里程、邮电业务总量、人均 GDP 和就业率 4 个变量分别用 X1，X2，X3，X4 代表，用 Eviews 软件进行分析，得到这些指标之间的相关性系数，如表 8 - 1 所示。

表 8 - 1   西部基础设施与经济增长相关性系数

	X1	X2	X3	X4
X1	1	—	—	—
X2	—	1	—	—
X3	0.9037	0.8318	1	—
X4	0.6325	0.7610	—	1

资料来源：表中数据系作者测算。数据来源于《中国统计年鉴》，数据年份为 1998 ~ 2009 年。

从表 8 - 1 可以看出，西部地区公路里程与人均 GDP 的相关系数为 0.9037，与就业率的相关系数为 0.6325；西部地区邮电业务量与人均 GDP 的相关系数为 0.8318，与就业率的相关系数为 0.7610。通过表 8 - 2 可以进一步看出，各类基础设施与人均国民收入之间的相关性程度都比较大，尤其是邮电通信、交通运输与人均国民收入的相关性就更高，两者的相关系数分别达 0.9325 和 0.9038。由此可以初步判断，西部地区基础设施建设与经济增长关系较为密切。经济发展离不开大量的基础设施投资，充分大量的基础设施投资才能形成维持经济持续快速增长的资本。与沿海地区相比，西部地区的地理优势更弱，出口和内需的不足，使得西部地区的增长更多地需要依靠投资来拉动。大型基础设施的建设，带动了西部地区建材、钢铁和机械等行业的发展，基础设施投资成为西部地区经济发展的重要驱动力。

表 8 - 2　　　　　　　各类基础设施水平与人均国民收入的相关系数

交通运输	邮电通信	能源供给	环境保护	学校教育	卫生保健	社会福利
0.9038	0.9325	0.7921	0.7826	0.8496	0.8037	0.4720

　　资料来源：转引自李泊溪，刘德顺. 中国基础设施水平与经济增长的区域比较分析 [J]. 管理世界，1995（2）：106 - 111.

2. 发挥资源优势实现快速发展

　　我国西部地区是中国主要的能源储备地。西部地区油气、矿藏等能源储量丰富，集中了全国65%的矿产资源，76%的可开发水能资源。在能源、黑色金属矿产基础储量（2006 年）中，西部铬矿储量占全国总储量的97.50%、天然气储量占全国总储量的83.42%，煤炭储量占全国总储量的49.73%、石油储备量占全国总储量的29.39%。在主要有色金属和非金属矿产基础储量（2006 年）中，西部锌矿储量占全国总储量的77.04%、铅矿储量占全国的66.91%、铜矿储量占全国的27.46%。西部地区丰富的资源优势并没有很好地转换为经济优势。西部地区城市化程度较低，交通、通信和能源基础设施较差，使得西部地区丰富的资源未能充分对外开放和开发利用。为了充分发挥西部地区的资源优势，加快和促进西部地区资源合理配置和流动，充分利用各种丰富的自然资源，将西部丰富的资源优势转换为经济优势，将潜在优势转换为现实优势，就必须加快西部地区基础设施建设，搭建西部地区内部以及西部与东中部地区沟通合作的平台，从而加快促进西部地区经济发展。

3. 优化西部地区产业布局

　　基础设施的完善有利于发挥地区比较优势，促进地区间的分工协作，形成合理的地区分工布局。在西部大开发新的历史时期，加强基础设施建设，可以有效降低生产要素流动成本，促进资金、人才、技术等生产要素的合理流动，避免由于重复建设带来资源的低效益和浪费，提高西部地区生产要素的利用效率和要素收益。基础设施产业的发展可以与工业的发展形成双向互动的发展格局，既相互为对方提供投入，又相互消耗对方的产品。具体来说，工业的发展需要消耗基础设施提供的产品和服务，工业同时为基础设施建设提供市场需求；另一方面，交通、通信、水利等基础设施的建设和发展也会消耗工业部门提供的产品,为工业发展提供市场需求支撑。西部地区重大基础设施项目的建设和西部交通干道的快速建设,优化了西部地区产业布局,加快了西部地区经济发展。

4. 维护西部地区民族团结和边境稳定

西部大开发不仅指西部资源的开发和利用,它是一个"牵一发而动全身"的历史遗留问题和重要历史使命。国家要发展,人民要富裕,国家要富强,离不开西部地区人民的富裕和社会的安定。西部基础设施的建设,在维护民族团结和西部边境地区稳定发挥了重要作用。具体表现在两个方面。一方面,西部地区基础设施建设可以直接为贫困地区居民提供基础性公共服务;另一方面,西部地区基础设施建设,可以大大降低西部地区居民获得医疗卫生、教育等公共服务的成本,为其他社会性公共服务体系更好发挥作用提供基础。尤其是针对西部老、少、边、穷地区的基础设施建设,更加改善了该地区人民生活状况,提高了该地区人民收入,促进了该地区经济增长。因此,西部地区基础设施的建设既维护了西部地区的民族团结,也实现了西部地区边境稳定。

8.1.2 西部地区基础设施建设现状

1. 基础设施建设布局情况

(1) 交通基础设施建设情况。任何国家或地区的经济发展,都是以畅通完善的交通运输网络体系为前提,只有形成水、陆、空为一体的立体化交通运输网络,才能把区域经济中各个发展点有机地连接起来,从而加快商品、信息的流通,不断扩大与其他区域的交流与合作。交通基础设施还是区域经济发展的催化剂。一个地区拥有完善的交通基础设施,将会吸引其他地区的各种资源流向该地区。在生产要素自由流动的情况下,生产要素往往倾向于流向交通基础设施发展较为完善的区域。

西部大开发10多年来,国家不断加大对西部交通、能源、通信、水利、市政等基础设施建设的投资和支持力度,青藏铁路、宁西铁路、渝怀铁路、株六复线、兰武复线、宝兰复线、遂渝铁路、西康铁路、南疆铁路、宝成铁路复线等一批重大铁路项目顺利完成。2000~2008年,西部地区新增公路通车里程88.8万千米,西部初步形成了覆盖全国纵横交错的交通运输体系。

从表8-3和表8-4中可以看出,西部12省份的铁路营业里程、内河航道里程、公路里程、高速公路里程和一级路里程都有所增加,等外路里程大大减少。

铁路方面,西部铁路营业里程从1999年的21 346.8千米增加至2009年的

32 753.86 千米，增加 53.44%。重庆、新疆和西藏等省份的铁路营业里程增幅较大，重庆市和新疆维吾尔自治区铁路里程 2009 年分别是 1999 年的 2.23 和 1.99 倍，西藏自治区铁路实现了从无到有的较大突破。与全国铁路营业里程增加 47.64% 的水平相比，甘肃和贵州等省铁路营业里程增长较慢，甘肃省的铁路里程从 1999 年的 2 322.8 千米增加至 2009 年的 2 435.39 千米，贵州省的铁路里程从 1999 年的 1 653.5 千米增加至 2009 年的 1 982.65 千米，两个省铁路里程分别增加了 4.85% 和 19.91%。

内河航道方面，西部地区内河航道里程从 1999 年的 21 922 千米增加至 2009 年的 31 287.72 千米，增加了 42.72%。西部地区内河航道里程增幅不大。宁夏、甘肃、青海和广西 4 省份内河航道里程不增反而减少，其中宁夏回族自治区内河航道里程降幅较大，从 397 千米缩减至 116.94 千米。

公路方面，西部地区公路建设取得了巨大的成就，公路里程从 1999 年的 532 650 千米增加至 2009 年的 1 504 532 千米，增加了 182.46%，其中新疆、贵州、重庆等省份公路里程增加较多，西部地区公路状况得到大大改善。西部地区高速公路里程和一级公路里程都得到较快增长，高速公路里程从 1999 年的 429 850 千米增加至 2009 年的 1 041 936 千米，增加了 142.4%。一级公路增加更多，从 2 529 千米增加至 18 589 千米，增加了 6.35 倍。等外公路从 1999 年的 102 800 千米减少至 2009 年的 10 301 千米，这说明西部地区公路等级状况得到大幅提升。

表 8-3　　　　　　　　1999 年西部地区交通基础设施建设情况　　　　　　单位：千米

地区	铁路营业里程	内河航道里程	公路里程	高速路里程	一级路	等外路
重庆	591.40	2 324	28 086	20 521	134	7 565
四川	2 289.60	6 199	89 318	66 878	747	22 440
贵州	1 653.50	2 132	33 973	15 470	115	18 503
云南	1 872.50	1 530	102 405	95 354	405	7 051
西藏	0	0	22 475	10 582	0	11 893
陕西	1 940.70	998	43 212	36 396	315	6 816
甘肃	2 322.80	1 305	36 212	26 089	13	10 123
青海	1 091.80	372	18 268	14 549	0	3 719
宁夏	711.70	397	10 015	9 460	55	555
新疆	1 848.50	0	33 484	31 149	170	2 335

续表

地区	铁路营业里程	内河航道里程	公路里程	高速路里程	一级路	等外路
内蒙古	5 011.50	1 083	63 824	59 731	0	4 093
广西	2 012.80	5 582	51 378	43 671	575	7 565
合计	21 346.80	21 922	532 650	429 850	2 529	102 800
全国	57 922.50	116 504	1 351 691	1 156 736	11 605	194 955

资料来源:《中国统计年鉴2000》。

表 8-4 **2009 年西部地区交通基础设施建设情况** 单位:千米

地区	铁路营业里程	内河航道里程	公路里程	高速路里程	一级路	等外路
重庆	1 317.68	4 331.49	110 950	70 425	1 577	516
四川	3 257.88	10 720.39	249 168	183 108	2 240	2 186
贵州	1 982.65	3 442.32	142 561	68 046	1 189	151
云南	2 474.77	2 531.94	206 028	138 150	2 512	628
西藏	525.50	0	53 845	26 063	0	0
陕西	3 319.50	1 065.66	144 109	128 487	2 779	781
甘肃	2 435.39	913.77	114 000	76 631	1 644	147
青海	1 676.90	329.49	60 136	39 726	217	209
宁夏	890.00	116.94	21 805	20 297	1 022	314
新疆	3 673.40	0	150 683	91 618	838	1 405
内蒙古	8 074.21	2 402.76	150 756	122 231	2 176	3 137
广西	3 125.98	5 432.98	100 491	77 154	2 395	827
合计	32 753.86	31 287.72	1 504 532	1 041 936	18 589	10 301
全国	85 517.89	123 683.24	3 860 823	3 056 265	65 055	59 462

资料来源:《中国统计年鉴2010》。

(2) 水利基础设施建设情况。水利是经济社会发展中的重要基础设施。水利基础设施建设是惠民利民的基础工程。通过水利基础设施建设可以解决涉及民生和保障国家粮食安全的水利问题,切实改善农村居民的生产、生活条件,切实维护农村居民和牲畜饮水安全。水利基础设施建设通过产业链条延伸对经济产生直接的拉动效应。水利基础设施建设需要消耗大量的钢筋和水泥,直接增加对建筑材料、机电设备等物资资料的需求，进而拉动冶金、机械、建材、石油、化工、运输等众多相关产业的发展，同时还可以为经济社会发展创造大量的就业机会。在当前形势下，水利基础设施建设，不仅可以起到稳固水利的作用，还可以扩大内需。水利基础设施建设在改善农民生产生活条件的基础上，可以进一步提高农民收入，农民收入提高后又有更强的消费能力，从而可以扩大农村市场需求，拉动经济增长。因此，加大水利基础设施建设，加快水利改革发展，是转变经济发展方式、建设资源节约型和环境友好型社会的迫切需要，是保障国家粮食安全的迫切需要，也是改善民生的迫切需要，还是增强抵御自然灾害综合能力的需要。

　　西部大开发 10 多年来，西部地区水利基础设施建设取得较大成就。通过表 8 - 5 和表 8 - 6 可以比较得出，西部地区的水库总库容量、水土流失治理面积、有效灌溉面积和废水治理设施数都有一定程度的增加，根据表中数据计算可得，其中西部地区水库总库容量、水土流失治理面积、有效灌溉面积从 1999 年分别占全国的 21.15%、42.92% 和 27.89% 增加至 2009 年的 28.09%、47.05% 和 29.39%。水利基础设施的不断完善增强西部地区抵御自然灾害能力，并加快西部地区经济发展。与 2003 年相比，西部地区的供水总量占全国比重有所下降，从 2003 年占全国的 33.34% 下降至 2009 年的 32.09%。这从某种程度上说明西部地区人均水资源紧张，也更加需要西部地区加快水利改革，进一步完善水利基础设施，不断提高全年供水总量。

表 8 - 5　　　　　　　　　　1999 年西部地区水利基础设施建设情况

地区	水库数（座）	水库总库容量（亿立方米）	水土流失治理面积（万公顷）	有效灌溉面积（千公顷）	供水总量（亿立方米）*（2003）	废水治理设施数（套）
重庆	2 727	35.30	171.90	620.60	63.20	1 207
四川	6 613	86.70	339.50	2 427.90	209.90	3 313
贵州	1 911	72.30	164.30	643.90	93.70	1 156
云南	5 084	80.30	266.10	1 374.00	146.10	1 391
西藏	0	0	0	151.10	25.30	25
陕西	1 064	40.80	823.50	1 309.20	75.10	1 641
甘肃	289	86.10	605.70	972.60	121.60	824
青海	146	251.60	56.50	189.70	29.00	116
宁夏	195	18.40	92.40	343.60	64.00	274
新疆	477	66.60	5.10	3 065.40	500.70	430
内蒙古	451	74.20	583.50	2 248.70	166.90	590

续表

地区	水库数（座）	水库总库容量（亿立方米）	水土流失治理面积（万公顷）	有效灌溉面积（千公顷）	供水总量（亿立方米）* （2003）	废水治理设施数（套）
广西	4 374	229.40	111.10	1 478.00	278.40	1 958
合计	23 331	1 041.70	3 219.60	14 824.70	1 773.90	12 925
全国	84 944	4 924.20	7 502.20	53 158.40	5 320.40	60 035

　　注：2003 年之前的《中国统计年鉴》没有统计供水总量指标数据。

　　资料来源：《中国统计年鉴 2000》。

表 8-6　　　　　　　　　　2009 年西部地区水利基础设施建设情况

地区	水库数（座）	水库总库容量（亿立方米）	水土流失治理面积（万公顷）	有效灌溉面积（千公顷）	供水总量（亿立方米）	废水治理设施数（套）
重庆	2 831	55.70	226.70	672.00	85.30	1 638
四川	6 752	210.60	610.00	2 523.70	223.50	4 377
贵州	2 069	354.20	299.70	1 016.00	100.40	2 050
云南	5 517	129.00	524.80	1 562.10	152.60	2 088
西藏	64	12.90	4.00	235.10	30.90	16
陕西	1 012	76.60	914.30	1 293.30	84.30	1 728
甘肃	311	103.00	780.70	1 264.20	120.60	657
青海	157	341.90	81.20	251.70	28.80	155
宁夏	224	26.10	197.40	453.60	72.20	353
新疆	577	135.60	39.40	3 675.70	530.90	877
内蒙古	494	163.20	1 056.70	2 949.80	181.30	889
广西	4 370	375.30	184.40	1 522.10	303.40	2 539
合计	24 378	1 984.10	4 919.30	17 419.30	1 914.20	17 367
全国	87 151	7 063.67	10 454.48	59 261.40	5 965.15	77 018

　　资料来源：《中国统计年鉴 2010》。

　　通过图 8-1 可以看出，西部地区各省份水库总库容量变化趋势。尽管西部地区水库总库容量从 1999~2009 年有一定程度的增加，但各个省份的增加量却有较大差异。从图 8-1 中可以看出，四川、贵州、广西等省份水库总库容量增加较多，而重庆、西藏、宁夏等省份增加较少。

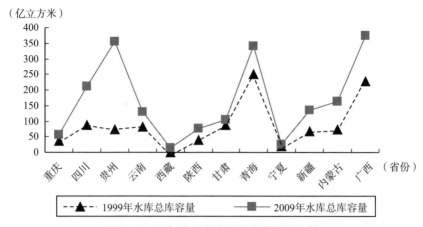

图 8-1　西部地区水库总库容量变化趋势

资料来源：作者根据《中国统计年鉴 2000》和《中国统计年鉴 2010》数据绘制。

从图 8-2 可以看出西部地区经过西部大开发的 10 多年发展，有效灌溉面积的变化趋势。从图 8-2 中可以看出，西部地区各个省份有效灌溉面积都有所增加。与全国有效灌溉面积减少量快速增加、有效灌溉面积新增量与减少量的差距越来越小的发展趋势相比，西部地区有效灌溉面积总体来说在不断增加（柳长顺等，2006）。水利是农业发展的命脉，灌区更是命脉中的命脉，灌区是我国粮食安全保障的重要基地。从图 8-2 可以看出，西部地区各省份有效灌溉面积都有所增加，其中贵州、甘肃、新疆和内蒙古等省份有效灌溉面积增加较多。西部地区有效灌溉面积的不断增加，说明西部地区水利基础设施不断完善，尤其是灌溉工程设施基本配套。

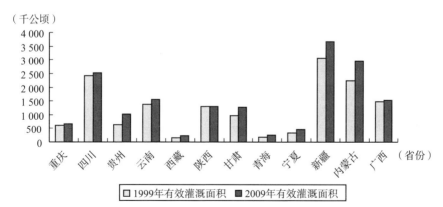

图 8-2　西部地区有效灌溉面积变化趋势（1999～2009 年）

资料来源：作者根据《中国统计年鉴 2000》和《中国统计年鉴 2010》数据绘制。

（3）信息基础设施建设情况。西部大开发战略实施 10 多年来，西部地区的信息基础设施建设发展迅速。西部地区农村电话、信息网络设施、通信走廊、通信服务设施等信息基础设施建设工程建设力度不断加大，使得西部地区的网络通信、信息技术水平等方面都得到全面提升。西部地区通信干线和支线建设加快，进一步扩大了通信容量，提高了通信质量和服务水平。

2001 年，西部地区的移动电话年末用户为 2 567.9 万户；邮政总长度为 1 036 529 千米；移动电话交换机容量为 4 710.88 万户。而到 2009 年底，西部地区移动电话年末用户达到 17 326.6 万户；邮政总长度增加至 1 106 352 千米；移动电话交换机容量达到 35 007.8 万户，相对于 2001 年分别提高了 574.74%、6.74% 和 643.13%。与 2001 年相比，新增长途光缆线路 22.72 万多千米，长途光缆纤芯，464 万千米，太原—银川—兰州、昆明—拉萨等电信光缆传输系统工程相继建成使用，如表 8 - 7 和表 8 - 8 所示。

截至 2008 年底，西部地区互联网宽带接入用户达 1 399.8 万户，普及率达 14.8%，而 1999 年我国互联网用户仅为 301.45 万户。在网民数量增长方面，西部地区要远远高于东中部地区。西部地区的网民增速达 52%，而东部和中部地区分别为 39.3% 和 40.6%。截至 2008 年底，广播电视网络基本覆盖了西部所有行政村①。

表 8 - 7 　　　　　　　　　　**2001 年*信息基础设施建设情况**

地区	移动电话年末用户 （万户）	邮政总长度 （千米）	移动电话交换机容量 （万户）	长途光缆线路长度 （千米）
重庆	245.80	119 917.00	477.00	8 496.10
四川	599.90	203 118.00	1 153.00	19 047.60
贵州	169.90	67 387.00	305.00	13 694.60
云南	338.60	135 276.00	573.00	16 645.70
西藏	11.30	16 262.00	22.70	6 789.50
陕西	291.70	97 178.00	596.50	12 278.90
甘肃	143.00	74 818.00	287.58	15 440.90
青海	45.70	28 090.00	86.75	8 166.00

---

① 引自国务院办公厅 . 2006 ~ 2020 年国家信息化发展战略 [M]. 北京：中国法制出版社，2006.

续表

地区	移动电话年末用户 （万户）	邮政总长度 （千米）	移动电话交换机容量 （万户）	长途光缆线路长度 （千米）
宁夏	42.50	18 424.00	76.50	3 894.60
新疆	180.90	129 742.00	292.35	14 262.70
内蒙古	227.60	72 499.00	398.60	17 222.80
广西	271.00	73 818.00	441.90	17 914.60
合计	2 567.90	1 036 529.00	4 710.88	153 854.00
全国	14 522.40	3 102 558.00	21 926.32	385 156.30

注：因为 2001 年之前各省份移动电话年末用户（万户）等信息基础设施统计数据缺失，本书取 2001 年的数据来反映西部地区基础设施建设情况。

资料来源：《中国统计年鉴 2002》。

表 8-8　　　　　　　　　　2009 年信息基础设施建设情况

地区	移动电话年末用户 （万户）	邮政总长度 （千米）	移动电话交换机容量 （万户）	长途光缆线路长度 （千米）
重庆	1 440.90	78 144.00	2 340.20	11 143.00
四川	3 466.90	207 600.00	9 611.00	77 292.00
贵州	1 453.40	61 854.00	2 332.20	28 612.00
云南	1 936.40	172 714.00	3 670.90	33 978.00
西藏	124.00	19 246.00	184.00	20 419.00
陕西	2 337.40	113 537.00	3 636.60	26 489.00
甘肃	1 194.70	77 471.00	1 719.00	30 106.00
青海	301.00	33 586.00	438.00	25 550.00
宁夏	382.80	23 939.00	722.40	9 885.00
新疆	1 113.00	126 662.00	2 461.00	38 403.00
内蒙古	1 616.00	72 245.00	4 122.00	42 626.00
广西	1 960.10	119 354.00	3 770.50	36 525.00
合计	17 326.60	1 106 352.00	35 007.80	381 028.00
全国	74 684.50	4 027 751.00	144 084.80	831 014.00

资料来源：《中国统计年鉴 2010》。

（4）城市基础设施建设情况。城市基础设施是城市生存和发展所必需的基础设施，是城市发展和文明程度的重要支撑，也是城市经济社会协调发展和城市生活品质提高的重要物质条件。城市基础设施与居民日常生产生活息息相关，是全面建设小康社会和构建社会主义和谐社会的重要方面。西部大开发以来，我国加大了对西部地区的城市环境保护、城市污水废水处理、城市供水、城市交通道路建设与改造等工程建设方面的投资力度，专门安排了西部缺水城市、城镇的建设项目，提高水资源的利用效率。成都、重庆、西安、乌鲁木齐、昆明等城市的市政建设力度不断加大，市容市貌有很大的改观。1999~2008年，我国城市基础设施投资力度进一步加大，城市基础设施投资是基础产业和基础设施中年平均增速较快的行业。

西部大开发10多年来，西部地区与城市居民生活相关的供水、燃气和城市道路建设等发展迅速。西部地区各省份城市用水普及率、城市燃气普及率和人均城市道路面积总体来说都有一定程度增长。西部地区的城市年末供水综合生产能力从1999年的3 541万立方米/日增长至2009年的4 023.18万立方米/日，增长了13.62%。1999年末，公共交通运营数为38 777辆；2009年末，公共交通运营数为71 164辆，是1999年的1.84倍（见表8-9和表8-10）。西部地区城市基础设施保障能力进一步增强。但是，西部地区城市基础设施建设也有不足之处，如城市用水普及率。从图8-3可以看出，西部地区2009年各省份城市用水普及率并不是都高于1999年。其中，重庆、贵州、甘肃和广西等省份2009年城市用水普及率都低于1999年城市用水普及率。总体而言，西部地区城市用水普及率有待提高。

表8-9　　　　　　　　　　　1999年城市基础设施建设情况

地区	城市用水普及率（%）	城市燃气普及率（%）	人均城市道路面积（平方米）	年末供水综合生产能力（万立方米/日）	年末公共交通运营数（辆）
重庆	96.53	73.03	4.89	324.72	3 993
四川	96.85	72.43	6.89	882.19	6 682
贵州	94.34	50.72	4.97	211.97	5 850
云南	98.02	78.76	7.90	210.75	4 548
西藏	74.72	65.13	16.00	13.80	715
陕西	97.85	64.88	6.21	306.63	3 765
甘肃	94.24	43.92	7.87	293.63	2 255

续表

地区	城市用水普及率（%）	城市燃气普及率（%）	人均城市道路面积（平方米）	年末供水综合生产能力（万立方米/日）	年末公共交通运营数（辆）
青海	97.54	48.89	6.58	59.59	699
宁夏	97.72	76.63	8.46	104.00	781
新疆	98.14	92.47	9.44	286.74	5 119
内蒙古	88.62	54.11	6.37	237.26	2 008
广西	98.67	89.72	9.85	609.72	2 362
合计	—	—	—	3 541.00	38 777
全国	96.30	81.74	—	21 551.94	209 884

资料来源：《中国统计年鉴2000》。

表 8-10　　　　　　　　　　　　2009 年城市基础设施建设情况

地区	城市用水普及率（%）	城市燃气普及率（%）	人均城市道路面积（平方米）	年末供水综合生产能力（万立方米/日）	年末公共交通运营数（辆）
重庆	94.60	91.83	9.78	420.35	7 130
四川	89.68	83.38	11.50	764.95	14 583
贵州	92.09	68.49	6.29	240.16	4 439
云南	96.23	77.68	10.00	282.87	6 286
西藏	92.53	81.40	13.32	25.06	751
陕西	98.06	89.64	12.86	376.33	9 103
甘肃	89.66	73.03	11.29	397.37	4 172
青海	99.45	91.49	11.47	78.59	1 994
宁夏	97.20	87.13	16.57	130.45	2 133
新疆	99.03	89.34	12.55	371.53	8 082
内蒙古	87.89	75.51	13.62	344.66	5 558
广西	94.43	92.19	13.98	590.86	6 933
合计	—	—	—	4 023.18	71 164
全国	96.10	91.40	—	27 046.83	370 640

资料来源：《中国统计年鉴2010》。

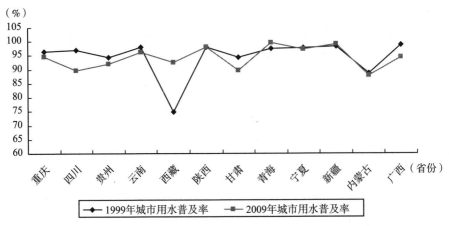

图 8-3　西部地区城市用水普及率变化趋势（1999~2009 年）

资料来源：作者根据《中国统计年鉴2000》和《中国统计年鉴2010》数据制图。

2. 基础设施建设投资情况

实施西部大开发战略以来，西部地区基础设施建设得到历史上最好的发展机遇，国家在资金投入和政策倾斜等方面都给予西部地区很大的支持。在国家财政投资和国债资金的引导下，中央政府及各级地方政府对西部地区基础设施建设投资力度不断加强，西部地区基础设施固定资产投资大幅度增加。在基础设施建设项目投资的拉动下，西部地区全社会固定资产投资增长率在西部大开发10多年一直高于全国平均水平，也高于东部地区。西部地区全社会固定资产投资的快速增长，将有效地拉动西部地区经济和社会总需求的增长，为西部地区经济发展奠定良好的物质基础。在基础设施建设投资的引导和作用下，青藏铁路、"西电东送""西气东输"、交通干线、水利枢纽等一大批重大项目全面开工和完成。据国家发展和改革委统计，2000~2008 年，国家已安排西部大开发新开工重点工程102 项，投资总规模17 400 多亿元。据水利部统计，2000~2009 年底，国家累计安排西部地区中央水利投资1 270 亿元。仅 2009 年，国家又计划西部大开发新开工 18 项重点工程，投资总规模达 4 689 亿元。

从表 8-11 和表 8-12 中可以看出，2009 年西部地区全社会固定资产投资完成49 686.4 亿元，是1999 年全社会固定资产投资的 19.01 倍。西部地区在 1999~2009 年投资规模之大、投资增长速度之快历史罕见。在投资总量方面，四川省投资量最大，2009 年全社会固定资产投资达到 11 371.9 亿元；内蒙古自治区次之，全社会固定资产投资达到 7 336.8 亿元。通过表中数据计算可得，西部地区固定资产投资占全国的比重从 1999 年的 22.57% 上升至 2009 年的 22.71%，固定资产投资力度进一步加强；西部地区电力、燃气及水的生产和供应业固定资产投资占全国比重从 1999 年的 21.19% 上升至 2009 年的 35.72%，增长幅度较大；交通运输、仓储和邮政业方面，西部地区固定资产投资占全国的比重从 1999 年的 26.42% 提高至 2009 年的 27.9%。水利、环境和公共设施管理业固定资产投资方面，西部地区占全国比重 2009 年比 1999 年还低 1.42 个百分点，西部地区水利、环境等基础设施投资需要进一步加强。

表 8－11　　　　　　　　　　1999 年西部地区基础设施投资额　　　　　　　单位：亿元

地区	固定资产	电力、燃气及水的生产和供应业	交通运输、仓储和邮政业	水利、环境和公共设施管理业（2003 年）
重庆	190.58	25.03	53.45	145.65
四川	551.83	104.61	172.68	270.93
贵州	130.42	22.08	42.87	65.21
云南	320.93	52.17	109.79	83.96
西藏	46.04	6.23	3.02	16.94
陕西	279.35	50.87	71.27	69.37
甘肃	187.49	43.78	51.14	23.66
青海	72.75	18.94	12.03	14.48
宁夏	69.09	9.58	21.98	39.83
新疆	332.75	41.52	54.51	96.05
内蒙古	172.30	21.28	57.50	114.94
广西	259.65	50.69	84.46	99.55
合计	2 613.18	446.78	734.70	1 040.57
全国	11 580.24	2 108.03	2 781.36	3 835.07

资料来源：《中国统计年鉴 2000》。

表 8－12　　　　　　　　　　2009 年西部地区基础设施投资额　　　　　　　单位：亿元

地区	固定资产	电力、燃气及水的生产和供应业	交通运输、仓储和邮政业	水利、环境和公共设施管理业
重庆	5 214.30	257.20	643.40	562.90
四川	11 371.90	815.80	1 250.00	1 397.80

续表

地区	固定资产	电力、燃气及水的生产和供应业	交通运输、仓储和邮政业	水利、环境和公共设施管理业
贵州	2 412.00	277.90	397.20	224.50
云南	4 526.40	731.40	570.90	531.70
西藏	378.30	42.80	82.40	19.70
陕西	6 246.90	391.90	599.50	751.20
甘肃	2 363.00	420.70	155.00	103.40
青海	798.20	118.30	124.10	61.90
宁夏	1 075.90	184.10	90.10	66.80
新疆	2 725.50	305.90	339.90	187.90
内蒙古	7 336.80	1 126.10	786.40	595.40
广西	5 237.20	364.20	602.30	566.60
合计	49 686.40	5 036.30	5 641.20	5 069.80
全国	218 819.10	14 097.60	20 216.00	19 722.80

资料来源：《中国统计年鉴2010》。

3. 基础设施建设资金来源

基础建设资金来源渠道主要包括四个方面：国家预算内资金、国内贷款、利用外资、自筹资金和其他资金。在新中国成立以来很长一段时间，固定资产投资都是由国家预算内资金拨付为主。这样的固定资产投资资金运作方式在历史上曾经发挥了较大的支持经济建设作用，但这种以国家投资为主的基础设施建设资金融资渠道也存在很多弊端。在国家资金有限的情况下，仅仅依靠国家财政资金是难以实现固定资产投资大规模增长的，也难以满足经济发展对基础建设固定资产投资资金的需要。因此，在新的历史时期，国家和各级地方政府应该充分调动各方面资金，加大对当地基础设施建设投资力度，进而带动当地经济发展。当然，对于西部很多省份财政资金较为紧张的情况下，国家可以优先安排预算内资金投资计划，从而保证和促进西部地区经济发展。

从表8-13中可以看出，从投资的绝对数量上看，自筹资金和其他资金无论是在1999年还是2009年都是全社会固定资产投资的主要构成部分，但在2009年自筹资金和其他资金的固定资产投资数量就更大。在2009年，除了自筹资金和其他资金，国内贷款也是西部地区固定资产投资资金来源的主要渠道。

表8-13　　　　　　　　西部地区固定资产投资资金来源构成情况　　　　　单位：亿元

地区	国家预算内资金		国内贷款		利用外资		自筹和其他资金	
	1999 年	2009 年	1999 年	2009 年	1999 年	2009 年	1999 年	2009 年
重庆	38.08	381.30	52.60	1 171.50	4.64	71.40	87.74	4 289.80
四川	34.11	1 001.90	152.75	1 791.10	34.51	50.20	300.17	9 454.00
贵州	21.92	265.90	38.89	701.20	8.66	10.90	61.14	1 846.00
云南	28.32	534.50	89.04	1 140.90	5.57	15.20	171.13	3 253.40
西藏	24.28	255.00	1.84	10.30	0.02	71.40	21.77	179.10
陕西	47.99	722.10	70.94	965.70	6.93	31.70	140.38	5 273.50
甘肃	25.07	378.70	53.85	360.50	5.13	17.10	91.86	1 616.80
青海	10.99	130.20	27.25	148.50	0.68	8.40	32.10	512.60
宁夏	13.25	74.90	19.48	294.50	2.04	4.10	30.52	654.10
新疆	43.10	526.20	85.72	484.60	6.65	9.40	182.98	1 919.00
内蒙古	29.39	420.10	37.40	708.30	12.44	14.70	88.74	6 107.10
广西	30.50	286.90	49.29	852.10	25.91	75.80	153.77	4 422.70
合计	347.00	4 977.70	679.05	8 629.60	113.18	380.30	1 362.30	39 528.20
全国	1 234.00	12 078.00	2 651.00	36 528.00	902.00	4 559.00	6 184.00	191 469.00

资料来源：《中国统计年鉴2000》和《中国统计年鉴2010》。

西部地区固定资产投资、国家预算内资金、国内贷款、利用外资、自筹和其他资金在 1999 ~ 2009 年的平均增速分别为 22.48%、26.21%、24.98%、15.63%、38.76%，同期全国固定资产投资按上述资金来源划分，各项指标年均增速分别为 20.19、17.20%、18.11%、12.03%、24.18%。由此可见，西部地区固定资产各项资金来源增速都高于全国平均水平，其中自筹和其他资金高于全国 14.58 个百分点，远远高于全国平均水平，处于高速增长态势。

从表 8-14 可以看出，西部地区固定资产投资资金来源构成中，自筹和其他资金来源渠道占全部固定资产投资比重平均为 77.18%，远远高于 1999 年的 26.31%。但与全国平均水平相比，西部地区自筹和其他资金来源占比还是低了 5.96 个百分点。总体来说，西部地区自筹和其他资金来源渠道远远高于其他各种资金渠道。这说明西部各个省份在积极争取国家财政资金对固定资产投资以外，还在利用各种渠道，尤其是利用自筹和其他资金渠道进行固定资产投资，这对推动西部地区固定资产投资，支持和带动西部地区经济发展起到了较大的作用。从预算内资金角度来看，2009 年西部地区国家预算内资金占全国固定资产投资比重为 6.95%，高于全国平均水平 4.48 个百分点。这也反映出西部地区对国家预算内资金仍然存在一定程度的依赖，西部地区仍然需要不断利用各种资金以加快西部地区固定资产投资和经济发展。

表 8-14　　　　　　　　西部地区固定资产投资资金来源构成比重　　　　　单位：%

地区	国家预算内资金		国内贷款		利用外资		自筹和其他资金	
	1999 年	2009 年	1999 年	2009 年	1999 年	2009 年	1999 年	2009 年
重庆	7.25	4.72	10.01	22.76	0.88	1.78	16.70	76.20
四川	2.79	3.04	12.48	16.89	2.82	1.41	24.51	81.34
贵州	7.03	7.41	12.47	25.70	2.78	0.77	19.60	72.75
云南	4.27	9.55	13.41	21.82	0.84	0.67	25.77	72.63
西藏	45.33	75.06	3.44	1.90	—	—	40.65	50.86
陕西	8.16	9.21	12.07	12.99	1.18	0.65	23.88	77.22
甘肃	7.05	11.30	15.15	16.85	1.44	0.78	25.84	68.75
青海	9.38	14.06	23.26	16.00	0.58	1.49	27.40	65.11
宁夏	10.34	6.83	15.21	26.59	1.59	0.36	23.83	61.95
新疆	8.18	14.99	16.28	13.36	1.26	0.40	34.74	71.80
内蒙古	8.44	4.07	10.74	7.01	3.57	0.85	25.41	85.50
广西	5.27	5.57	8.52	13.08	4.48	2.15	26.57	80.79
合计	6.23	6.95	12.21	16.02	2.18	1.26	26.31	77.18
全国	6.13	2.47	18.84	15.45	6.56	3.19	68.03	83.14

资料来源：《中国统计年鉴 2000》和《中国统计年鉴 2010》。

8.2　西部地区基础设施建设存在的问题研究

8.2.1　基础设施建设市场化程度低

目前，世界上出现了"按市场化经营公用事业"的原则，我国的发达地区在进行基础设施建设中，投融资渠道较为广泛，更多地采用私人资本、外资等社会投资。但西部地区由于受经济发展总体水平、需求不足和效益不高等方面因素的影响，基础设施建设的投资体制市场化程度较低。虽然近年来改变了在基础设施投资方面单一国家投资体制的状况，逐步形成了多元化的投资体制，但与发达国家和我国发达地区相比，西部地区基础设施投资，尤其是交通基础设施投资渠道中国家预算内资金仍然占有较大比例。从表 8 - 14 中可以看出，西部地区固定资产投资中国家预算内资金占比从 6.23% 上升到 6.95%，而全国固定资产投资中国家预算内资金占比从 6.13% 下降到 2.47%，这说明与全国总体情况相比，国家预算内资金仍然是西部固定资产投资建设中的重要来源。从表 8 - 14 中还可以看出，西部固定资产投资利用外资、自筹资金和其他资金占比都分别低于全国。这也说明了西部基础设施利用外资水平和自筹资金水平都有待提高。

我国东部发达地区由于经济实力较强，市场化改革步伐较快，在公路、邮电和航空等基础设施建设领域，逐渐形成了以利润为导向的市场化投资机制，并逐步形成了一种市场的自我生长机制。西部地区经济基础薄弱，市场化改革步伐较慢。西部地区许多公共基础设施项目如果完全采取市场化运作和收费，投资收益难以弥补投资资金，这必然影响外资和私人资本投资的积极性。西部经济增长实力较弱，导致地方缺乏足够财力提供良好的基础设施，在中央财政资金投入不足的情况下，西部基础设施建设资金的短缺必然使得基础设施更加落后，基础设施的落后又反过来制约了经济的增长。这就形成了西部地区基础设施建设与经济增长互相制约的"增长陷阱"。如果不借助强大的外力冲击，西部地区就难以走出这个"增长陷阱"怪圈，最终影响西部大开发政策的实施效果和西部地区人民生活水平的提高。

8.2.2 交通基础设施供给明显不足

经过持续多年的西部大开发建设，西部地区交通建设取得了巨大的发展，初步形成了水、陆、空立体交通体系。以铁路营业里程为例，从表 8 - 15 中可以看出，西部地区铁路营业里程从 1999 年的 21 346.80 千米发展至 2009 年的 32 753.86 千米，年均增长率为 4.37%。由此可见，西部铁路建设获得了较快发展。但是，西部地区的交通建设与东中部地区相比仍然存在较大差距，与国内其他区域之间还没有形成畅通快捷的交通网络，公路国道主干线还没有完全连通，内河航道较少，管道覆盖面窄，这些因素是制约西部地区经济发展的重要原因之一，也阻碍了全国统一市场的形成。

根据表 8 - 15 中数据计算可得，西部铁路营业里程占全国的比重从 1999 年的 36.85% 增加至 2009 年的 38.30%，西部铁路密度占全国的比重从 1999 年的 51.41% 增加至 2009 年的 53.44%，虽然都有所增加，但占全国的比重增加都较少，西部铁路密度也仅占全国铁路平均密度的50%多一些。通过表8-16中数据计算可得，西部地区高速公路密度2009年仅占全国的39.86%，西北地区高速公路密度更低，仅为21.05千米/万平方千米。由此可见，西部交通基础设施供给远低于全国平均水平。西部地区地处亚欧大陆桥的中心方位，与14个国家接壤，在我国沿边开放中占有独特的地理优势。然而，西部地区外向型经济并不发达，对外开放水平较低，这与西部地区交通基础设施较为滞后有着密切关系。在西部地区已经开放的20多个口岸中，除了2个通达铁路以外，大多数口岸只有低等级公路，这严重制约了西部沿边省份与国内外其他地区的开放合作水平。西部交通基础设施供给不足也降低了西部地区承接东中部地区和国外先进产业转移的速度，影响西部地区经济发展。

表8-15 西部地区铁路里程、密度

区域	面积（万平方千米）	铁路营业里程（千米）		密度（千米/万平方千米）	
		1999年	2009年	1999年	2009年
全国	956.85	57 922.50	85 517.89	60.53	89.37
西部	685.87	21 346.80	32 753.86	31.12	47.76
西北	308.86	7 915.50	11 995.19	25.63	38.84
西南	235.08	6 407.00	9 558.48	27.25	40.66
西南（不含西藏自治区）	112.73	6 407.00	9 032.98	56.83	80.13

注：表8-15中西北地区包括陕西、甘肃、青海、宁夏、新疆5省份；西南地区包括重庆、四川、贵州、云南、西藏5省份；因为西部包括广西壮族自治区和内蒙古自治区，所以西北和西南地区数据相加不等于西部合计数据。下同。

资料来源：根据《中国统计年鉴2000》和《中国统计年鉴2010》数据计算。

表8-16 西部地区高速公路、密度

区域	面积（万平方千米）	公路里程（千米）		密度（千米/万平方千米）	
		1999年	2009年	1999年	2009年
全国	956.85	11 605.00	65 055.00	12.13	67.99
西部	685.87	2 529.00	18 589.00	3.69	27.10
西北	308.86	553.00	6 500.00	1.79	21.05
西南	235.08	996.00	7 518.00	4.24	31.98
西南（不含西藏自治区）	112.73	996.00	7 518.00	8.84	66.69

资料来源：作者根据《中国统计年鉴2000》和《中国统计年鉴2010》数据计算。

8.2.3　交通基础设施空间分布不均

目前，除以成都、重庆、西安和昆明等大城市为中心的西部地区交通网络较为密集以外，其他地区的交通基础设施建设明显滞后于东部发达地区。西部交通基础设施空间分布不均主要体现在两个方面。第一，西部交通基础设施的密度分布总体来说明显低于我国中东部地区。以高速公路密度为例。高速公路密度最低的10个省份中，有8个省份都是西部省份（见表8－17）。其他4个西部省份高速公路密度也只是在第三类的高速公路一般密集省份中，高速公路最密集省份和比较密集省份基本是东部发达的沿海省份（除了中部的河南省）。与东部发达省份相比，西部省份交通基础设施落后状况可见一斑。

第二，西部省份之间基础设施的布局也不平衡。以西部省份铁路密度为例。重庆、陕西、宁夏、广西4省份铁路密度最高。西藏、新疆和青海3个省份的铁路密度最低。陕西省和重庆市的铁路密度分别为161.45千米/万平方千米和160.11千米/万平方千米，而西藏自治区和新疆维吾尔自治区的铁路密度分别为4.28千米/万平方千米和22.13千米/万平方千米。西部地区铁路密度差异非常明显。通过表8－16可以看出，西北地区和西南地区高速公路密度分别为21.05千米/万平方千米和31.98千米/万平方千米，西南地区的高速千米密度明显高于西北地区，如果不考虑西藏这一特殊省份，西南地区的高速公路密度为66.69千米/万平方千米，基本接近全国高速公路密度水平（67.99千米/万平方千米），大大高于西北地区的高速公路密度（21.05千米/万平方千米）。西藏自治区于2011年7月开通了首条高速公路，但西藏自治区的高速公路密度仍然很低。青海和新疆两省份的高速公路也仅能够连接个别重要城市。省份之间的基础设施的巨大差异，会使西部地区的经济发展陷入恶性循环的怪圈。

表8－17　　　　　　　　　中国各省份高速公路密度分类结果

类别	省份
第一类：高速公路最密集省份	北京、天津、上海
第二类：高速公路比较密集省份	山东、河南、浙江、江苏
第三类：高速公路一般密集省份	辽宁、海南、重庆、安徽、广东、河北、湖北、福建、宁夏、湖南、广西、江西、陕西、山西
第四类：高速公路密度最低省份	贵州、云南、吉林、四川、青海、新疆、西藏、内蒙古、黑龙江、甘肃

注：省份下面加下划线"—"的为西部省份。

8.2.4 基础设施建设水平较为落后

西部大开发以来，我国对西部基础设施进行了前所未有的人力、资金和技术等方面的全面投入，西部地区基础设施也取得了前所未有的辉煌成就，较大程度上改变了西部地区基础设施严重落后的局面。但由于西部地区地域广阔，开发时间还不长，基础设施建设主要集中在一些国家级重点工程和大工程方面，西部地区基础设施建设还存在很多问题。

基础设施建设水平还比较落后，这主要表现在三个方面。第一，农村基础设施普遍滞后和薄弱。农村道路、农村电网、供热供气工程、农田水利工程等基础设施供给不足或者是供给缺失。相对于城市而言，国家对西部农村地区的基础设施投入就更低，进而使得农村基础设施在原有比较薄弱的水平上更加薄弱。以农田水利基础设施为例。西部地区的农田水利设施老化严重，现有的很多水利设施大多修建于20世纪五六十年代，这些水利设施的功能都已经衰减30%以上，难以发挥应有的效益。由于对现有的水利设施疏于管理，只建不管、重建轻管等问题使得农田水利设施的防灾、减灾能力不断弱化，使得现有的水利设施利用效率较低。第二，西部主要城市之间快速通道少，远远不能满足西部经济发展的需要。西部经济区或者核心经济区之间快速通道还没有形成。目前西部地区仅成都到重庆、西安到郑州这些城市之间开通了动车路线。西部的主要城市成都、西安、重庆、昆明、南宁、兰州等城市之间还没有形成完善的快速交通网络，而且这些城市与发达地区的快速通道建设也落后于东中部地区，这些都降低了西部与东中部地区开放开发合作进度，影响了西部地区经济快速发展。第三，西部地区断头交通路线较多。西部断头交通较多，特别是公路。一方面，由于行政因素的影响，再加上西部地区地方政府财政不足，一些地区在交通基础设施建设时往往只考虑本行政区内的通道建设，较少考虑这些交通路线与相邻行政区的交通问题；另一方面，西部地区地形复杂，山地和丘陵较多，行政区的分界线多是一些不利于人类生存的山地等，这也使得西部断头交通现象较为严重。

8.2.5 基础设施管理利用水平不高

据世界银行研究，基础设施维护保养不足问题在发展中国家普遍存在。在我国西部地区，基础设施总体供给不足与局部浪费同时并存，"所建非所用"现象普遍存在。很多基础设施疏于管理，使得基础设施的利用效率大大降低。西部地区的基础设施大多数都是由国家和地方政府投资兴建的。在基础设施申请和建设之初，地方政府有着较大的积极性。由于西部属于地质灾害多发地区，交通基础设施经常会出现泥石流、塌方和断裂等较为严重的破坏问题，影响着交通线路的通达。西部地区高速公路、铁路管理水平不高，道路等基础设施的多头管理使得基础设施使用和维护都存在较大的问题。

西部地区经济落后，地方财政实力较弱。西部地区地方政府受资金不足的影响，对基础设施投资资金和维护保养资金长期处于欠缺状态。资金不足也会造成一些项目不能按照预先设计的标准进行施工，从而使得许多基础设施出现"先天病"。如管网、线路等许多基础设施在地方政府资金不足的情况下，得不到及时有效的维修改造，不能充分发挥这些基础设施应有的作用。农田水利、通信等基础设施设备老化现象也比较严重，新的技术设备没有及时跟进，再加上对这些基础设施没有合理有效地维护，使得西部基础设施利用水平总体不高。西部地区恶劣的自然环境和复杂的地质条件，使得西部地区的基础设施维护费用投入较大，再加上地方政府财政的不足，直接降低了地方政府对基础设施的维护保养的积极性。基础设施的利用率下降和交通基础设施的落后，制约了西部地区与国内外其他区域的经济往来，阻碍了西部大开发的进程。

8.3　西部地区基础设施建设的重点领域

基础设施建设可以带来经济发展的"倍增效应"，对于扩大内需和解决就业也有着较为显著的作用。基础设施建设可以使有限的投资引导更大规模的各种要素流向该地区，这比政府直接投资生产领域所产生的效果要大得多。西部地区必须以战略的眼光对待基础设施建设，突破基础设施落后对西部地区经济发展的桎梏。西部大开发 10 多年来，中央和各级地方政府对基础设施建设非常重视，不断加大对基础设施建设投资力度，青藏铁路、西气东输等一大批重大项目开工并完成。在新的历史时期，在西部大开发的新阶段，西部地区必须把基础设施建设摆在更加突出的位置，重点抓好交通基础设施、水利基础设施等方面的建设，着重规划和建设西部重点区域的基础设施建设项目，起到"以点带面""以线带面"的作用。

8.3.1　构建综合交通运输网络

交通运输是区域经济发展的基本条件。交通运输与国民经济增长的关联性很高，两者之间的相关系数在 0.9 以上。改善交通基础设施建设水平，能够有效地推动区域经济增长。畅通快捷的交通运输体系有助于促进各种要素资源在区域间高效自由流动，促进地区间产业的合理分工协作，从而合理配置各种资源要素。为了有效地促进地区间生产要素的流动与产业转移，就必须从改善西部地区交通状况入手。

西部地区要构建畅通高效的运输网络，重点需要解决好以下几个方面的问题：（1）在积极争取国家交通基础设施建设资金投入的同时，要多渠道扩宽融资渠道，创新交通基础设施融资机制。西部大开发 10 多年来，青藏铁路、西部机场建设等一批重要交通项目顺利开工或完成，西部地区的交通基础设施建设状况大大改善。但与东中部许多地区相比，西部地区的交通基础设施建设仍然较为落后。在西部地区财政资金紧张的情况下，国家在统筹安排交通基础设施建设资金时，应在资金支持和政策方面向西部地区倾斜。同时，西部地区可以按照"投资主体多元化、投资方式多样化、资金来源多渠道、项目建设市场"的原则建立投融资体制新格局。（2）建立健全区域协调合作机制，构建区域内和区域间交通运输一体化综合网络体系。西部地区要建立内畅外联、通江达海的立体交通网络体系，不仅要重视改善西部地区交通基础设施，还要加快构建西部各省份与相邻省份之间的交通网络体系。这首先需要建立区域间互动协调机制，加强区域内交通基础设施建设的统一规划和建设，在公路、铁路、水运、航空的建设和布局上，发挥系统的最大效益，形成区域内高效便捷的交通网络。（3）实现西部地区旅客运输"零距离换乘"、货物换装"无缝衔接"、城际交通"无缝对接"。在进行西部地区综合交通枢纽布局、客货枢纽建设和城市发展规划时，要注重铁路、公路、水路等主要交通方式与城市轨道交通等公交系统的衔接，实现交通运输一体化，提高运输效率。

1. 公路通道规划及建设重点

西部地区目前公路、铁路、水运等主要交通运输方式中，公路里程占 90% 以上，公路运输的旅客运输周转量和货物运输周转量分别占综合运输总量的 61.6% 和 34.3%，客、货运量分别占综合运输总量的 94.3% 和 87.6%，这些均高于全国平均水平。由此可见，公路运输在综合运输体系中占据主导地位，在西部地区国民经济发展中发挥着至关重要的作用。西部地区的自然和地理环境极其复杂，相对复杂的自然地理环境也决定了西部地区更适合发展公路。因此，西部地区在交通基础设施建设中应该优先发展公路。

西部地区应该遵循全国公路规划，建设一个与全国公路规划相协调，与西部地区经济发展相适应的内联外通、四通八达、布局合理、功能完善的公路运输网络，为西部地区经济社会发展和人民生活水平的改善提供方便快捷的交通条件。目前西部地区已经初步建设完成纵贯西部，连接东、中部地区的公路大通道。在完成国道主干线建设任务的基础上，又建成 8 条连接东、中部地区的公路主要通道，技术标准是二级以上的高等级公路。目前，西部地区有 98% 的行政村通了公路，余下一些极少数因地质条件较为恶劣等原因无法通路的地区，也在进行最后的攻坚战斗。这大大改善了西部地区的公路交通运输条件，为深入实施西部大开发战略创造良好的交通条件。

东部地区改革开放过程中先发展经济特区的成功经验告诉我们，西部大开发过程中要求西部 12 省份同步发展是不现实，也是不可能的。西部大开发应该采取区别对待的原则，根据西部地区的实际情况，重点和优先发展一些经济和自然等各方面条件较好的区域，首先让这些区域优先发展起来，然后以点带面，辐射到周边省份，最终带动西部各省份整体发展。建设西部交通运输网，也应该首先围绕西部重点发展的经济区域，打造以西部核心城市为中心的综合交通网络。具体来说，建立西部公路网络，重点加强成渝、关中—天水、广西北部湾等重点经济区内部及与周边区域之间的 53 条干线公路建设。可以考虑建设以成都、重庆、西安等城市为核心的西部公路网，使这些城市率先发展，然后不断向周边市县辐射和扩展，带动周边省份发展，进而推动整个西部地区经济社会的全面发展。

根据《深入实施西部大开发战略公路水路交通运输发展规划纲要》规定，西部地区的公路建设体系包括"八纵八横"①骨架公路、重点经济区干线公路、国际运输通道、老少边穷及连片特殊困难地区连接线等四个层次，建成连接东西、纵贯南北、通江达海、连接周边国家的西部公路干线网络，形成连接城乡、覆盖村镇的公路运输交通体系。

西部公路建设目标可以分两个步骤实施。

第一步，到 2020 年，基本建设形成纵贯西部、连接东西、连通周边、布局合理的骨架高速公路网络；基本形成二级连通地（州、市）、三级连通县城的区域干线公路网络；形成硬化路面广泛连通乡镇和建制村的农村公路网络；建立西部大中城市之间能力充分、功能完善的快速客货运输网络；逐步形成方便快捷的农村客货运输网络，基本适应西部地区经济社会发展需要。

第二步，到 21 世纪中叶，彻底解决目前西部地区公路交通网技术等级较低、服务水平不高、通行能力低、抗灾能力弱和缺桥少涵的问题，提高公路的通达深

---

① 八纵即北京—磨憨、满都拉—防城港、银川—北海、甘其毛都—河口、银川—河口、策克—打洛、西宁—大理、阿勒泰—广州公路；八横即阿荣旗—伊尔克什坦、天津—喀什、青岛—拉萨、连云港—霍尔果斯、上海—喀什、上海—成都、上海—瑞丽、广州—昆明公路。

度，使西部地区公路交通完全适应西部地区和整个国民经济发展的需要。

西部公路网建设具体实施方案为①：

（1）西部地区与中、东部地区之间的公路通道（见表 8 – 18）。主要包括通过中部、通往环渤海地区和长三角地区的公路通道、通往珠三角地区的横贯东中西部的公路通道。

表 8 – 18　　　　　　　西部地区与中、东部地区之间的主要公路线

线路	途经主要城市
乌鲁木齐—天津	乌鲁木齐—呼和浩特—北京—天津
乌鲁木齐—青岛	乌鲁木齐—兰州—太原—石家庄—济南—青岛
乌鲁木齐—连云港	乌鲁木齐—兰州—西安—郑州—连云港
昆明—北京	昆明—成都—西安—太原—石家庄—北京
昆明—上海	昆明—贵阳—长沙—南昌—杭州—上海
昆明—广州	昆明—南宁—广州
成都—上海	成都—重庆—武汉—上海
成都—广州	成都（重庆）—贵阳—广州
拉萨—天津	拉萨—西宁—银川—呼和浩特—北京—天津

资料来源：作者通过对相关资料归纳整理而得。

（2）西部地区与周边国家之间的公路通道（见表 8 – 19）。主要包括通过云南、广西两省份南下连通东盟国家的公路通道，通过云南省西向连通南亚及欧洲的公路通道，通过西藏、南疆地区连通南亚国家的公路通道，通过新疆维吾尔自治区连通中亚国家的公路通道，以及通过内蒙古自治区连通蒙古国、俄罗斯等东北亚国家的公路通道。

表 8 – 19　　　　　　　西部地区与周边国家的主要公路线

	昆明—瑞丽
	昆明—磨憨
东盟通道	昆明—河口
	南宁—友谊关
	南宁—东兴

---

① 交通部规划研究院. 西部地区公路水路交通建设规划（征求意见稿）［S］. 2007 – 10.

续表

南亚通道	喀什—红其拉甫
	拉萨—樟木
中亚通道	乌鲁木齐—霍尔果斯
	乌鲁木齐—塔城
	乌鲁木齐—伊尔克斯坦
东北亚通道	集宁—二连浩特—蒙古国
	赤峰—锡林浩特—蒙古国
	绥芬河—满洲里—俄罗斯

资料来源：作者通过对相关资料归纳整理而得。

（3）西部地区通江达海的公路通道。

● 西部出海通道

西部属于内陆地区，除广西壮族自治区以外没有出海口。随着对外开放的不断深入，西部地区与国外的联系更加紧密，国际贸易和出海需求随之增多。由于西部地区与中东部地区之间的通道将东部地区的主要沿海港口与西部直接联通在一起，因此这些通道也是西部地区重要的出海通道。除此以外，西部地区也可以直接利用北部湾地区的港口出海，这也是西部地区特别是西南地区最为便捷的出海通道。

成都（重庆）—贵阳—南宁—北海（防城港）

昆明—南宁—北海（防城港）

● 西部通江通道

主要指西部地区为借助长江出海，主要经济中心、资源产地、产业基地便捷联系长江航运水道的通江公路通道。

兰州—重庆

西安—武汉（重庆）

昆明（贵阳）—重庆

（4）西部地区省会（自治区首府、直辖市）城市之间的公路通道。主要服务西部地区各省会（自治区首府、直辖市）城市之间政治、经济交流与人员往来，保障中央同西部各省（自治区、直辖市）政治、经济联系的需要。

乌鲁木齐—西宁—兰州—西安

拉萨—西宁—兰州—银川—呼和浩特

拉萨—成都

　　兰州—成都—昆明

　　兰州—重庆—贵阳—南宁

　　西安—重庆—昆明

　　（5）西部地区核心城市间、中心城市与周边地区之间的公路通道。主要包括服务成渝经济区、关中—兰州—西宁经济带、环北部湾（广西）经济圈、呼（和浩特）包（头）银（川）城市群、乌（鲁木齐）吐（鲁番）库（尔勒）城市圈等区域增长极发展的公路通道。

　　（6）西部地区现有公路通道改造。除了上述贯通东西、连接南北、连通周边、通江达海的主骨架公路通道建设以外，西部地区还应当加大对现有公路路网的改造力度，增加高等级公路比重，基本实现省会（自治区首府、直辖市）到地（州、市）及地（州、市）之间通二级以上公路，地（州、市）到县及县际公路通三级以上公路；另外，西部地区还要重点加强省份之间、省份内部地（州、市）之间的断头路建设，加强重要出口路和连接地（州、市）的公路建设，打通"瓶颈"路段。

2. 铁路通道规划及建设重点

　　长期以来，我国铁路网布局不合理态势一直存在，特别是在我国西部地区，运网密度稀疏，西部铁路营运总里程增速很快，但由于西部地区面积广大，使得西部地区铁路网络密度增长不够明显。从目前的趋势来看，西部地区与东、中部地区的铁路网络密度差距呈现出不断扩大趋势。西部路网密度较低，通达水平较低，运能严重不足，这直接影响了西部地区与东中部地区的合作。

　　在中国，铁路是最短缺、亟待发展的基础设施，也是最需要加大投入的行业之一。西部地区应当构建纵贯南北、连接东西、内联外通、通江达海、布局合理的铁路运输网络，拓展路网覆盖面，提升通过能力，提高运行速度，全面提高铁路基础设施对西部地区经济发展的适应和满足能力。

　　西部地区铁路建设规划可以分为五个方面。第一，西部地区应当集中力量加强西部与中、东部地区的连接通道建设，在西南至中南及华东间、西北至华北及华东间打造若干条高效便捷的铁路运输通道，形成铁路路网骨架，满足西部与东、中部地区客货交流的需要。第二，构建西南地区连接西北地区的南北高效快捷运输通道。第三，打通西部地区与周边国家的国际通道。第四，完善西部地区内部铁路通道。第五，积极推进重点城市群城际轨道交通建设。

　　西部地区铁路运输网建设具体实施方案为：

　　（1）西部地区与中、东部地区的铁路通道。东向运输大通道，是西部地区与珠三角、长三角、中原经济区、长株潭城市群等经济区形成便捷化、大能力铁路大通道，这些铁路线也形成了西部地区东向出海大通道。

主要包括以下铁路线，如表 8 - 20 所示。

表 8 - 20　　　　　　　　　西部与中、东部的主要铁路线

铁路线	主要连接区域
徐州—郑州—兰州客运专线	连接西北和华东地区
南京—武汉—重庆—成都客运专线	连接西南和华东地区
上海—武汉—成都（沪汉蓉）客运专线	连接西南和华东地区
重庆—长沙客运专线	连接西南和中部地区
郑州—重庆—昆明（郑渝昆）铁路	连接西南和中部地区
遂宁—重庆—怀化（遂渝怀）铁路	连接西南和中部地区
西安—太原（太西）铁路	连接西部和中部地区
银川（中卫）—太原铁路	连接西部和中部地区
南宁—广州铁路	连接西部和东南地区
贵阳—广州铁路	连接西部和东南地区

资料来源：作者通过对相关资料归纳整理而得。

（2）西南地区与西北地区的南北铁路通道。西部地区要想加快地区经济发展，首先需要西部地区在政策、产业、基础设施等方面进行整合，形成合力，共同推进西三角经济区发展。就目前来看，最为重要的是实现成渝经济区和关中—天水经济区的整合。要实现两个区域资源、市场等方面的共享和交流，首先需要构建两个区域间的便捷通道。尽管两个区域之间的公路交通在各自行政区内已经初步形成网状，但受秦巴山区的天然阻隔，两个区域之间的连接不够通畅。因此，完善西三角经济区区域内的交通网络是西部大开发向纵深推进的关键。

重庆—兰州客运专线

成都—天水客运专线

兰州—重庆铁路

西宁—成都铁路

（3）西部地区与周边国家的国际铁路通道。西部地区向南和西南方向可以联系南亚、东南亚地区，向西联系西亚、中亚地区，西部方向联系中亚和欧洲地区，北向可以联系蒙古国和俄罗斯等国家或地区。为了加快西部大开发，推进西部地区的开放和开发合作，西部地区需要构建与周边国家合作交流的快速通道。

新建或改扩建新疆维吾尔自治区通往中亚，东北通往俄罗斯，西南地区通往

越南、老挝、泰国、缅甸等东南亚国家的出境铁路通道，如新建中吉乌铁路喀什—吐尔尕特段，改建中越通道昆明—河口段，新建中老通道昆明—景洪—磨憨段、中缅通道大理—瑞丽段等，形成西北、西南进出境国际铁路通道。

（4）西部地区内部的铁路通道。西部地区除了要构建西南地区和西北地区便捷通畅的铁路通道以外，还要布局形成其他铁路通道，形成西部地区内部便捷化、网络化、大能力的铁路线路，以满足西部地区经济发展对铁路建设的需要。

第一，继续建设包（头）—西（安）铁路，连接神府和黄陇两大煤炭基地；

第二，加快建设包（头）—柳（州）铁路，形成西部地区重要的南北铁路干线；

第三，新建拉萨—林芝、大理—香格里拉线，研究建设成都—波密—林芝、香格里拉—波密线，形成四川、云南至西藏3省份的便捷通道；

第四，新建喀什—和田、日喀则—拉萨、库尔勒—格尔木、龙岗—敦煌—格尔木铁路线，研究建设和田—狮泉河—日喀则线，形成新疆维吾尔自治区至甘肃、青海、西藏3省份的便捷通道；

第五，新建西安—平凉、乌鲁木齐—富蕴—北屯、奎屯—阿勒泰、哈密—若羌、哈密—临河、准格尔—呼和浩特、集宁—张家口、二连浩特—锡林浩特—乌兰浩特、昆明—百色、昭通—攀枝花—丽江、柳州—肇庆、南宁—河池等铁路线，研究建设安康—恩施—张家界等铁路线，完善西部地区铁路网络。

（5）西部地区重点城市群之间城际轨道。为了充分发挥西部核心城市、西部省会城市的辐射和带动作用，同时加快这些西部重点城市之间的合作，西部地区必须构建西部重点城市群之间的城际快速通道。随着西部地区经济规模的不断扩大和客运需求日益增加，成都—兰州，成都—西安，成都—贵阳、成都—重庆、重庆—贵阳、贵阳—南宁、西安—兰州这些重点城市之间需要陆续修建时速200千米及以上的高速铁路或高速客运铁路专线，从而扩大运输能力，加快推动西部重点城市的发展，进而带动铁路周边及附近区域的经济社会发展。

3. 水运通道规划及建设重点

西部大开发以来，西部地区内河航道建设取得较大的成绩，通航里程增长速度最为明显。长江干线航道经过系统治理，通航条件大大改善，长江黄金水道作用进一步发挥。西部地区内河港口和广西北部湾沿海港口建设步伐明显加快，港口机械化、专业化、规模化水平不断提高，集疏运能力得到有效提升。但西部地区水运基础设施建设由于缺乏资金投入，内河航道等级低，通航条件仍然较差。内河港口和沿海港口总体而言基础设施建设相对滞后，技术水平较差、码头泊位小、吞吐能力低，使得这些港口无法充分发挥自身优势，港口效益和效率"双低"。再加上西部地区公路、铁路等运输方式覆盖密度较低，港口与公路、铁路等运输网络之间衔接不畅，直接导致运输效率低下。

西部地区应当结合西部水运资源分布情况，充分考虑水路交通的技术经济优势，充分发挥水运优势，与公路、铁路等运输方式共同构建畅通完善的综合运输网络，改善西部地区综合交通基础设施水平。西部地区力争用 10 年左右的时间，基本建成高等级航道，长江干线、西江航运干线等主要的西部地区出海通道基本形成，内河和沿海主要港口要努力建成一批集约化、机械化、规模化的现代化港区，从而形成便捷、高效的水路交通运输体系，促进西部地区经济全面和可持续发展。

西部地区水运交通基础设施布局方案：

（1）西部地区内河航道布局。西部地区规划建设高等级航道和地区级重要航道各 10 条，航道里程 10 270 千米，其中高等级航道 4 701 千米，占规划国家高等级航道里程的 25%，三级及以上航道 3 459 千米，四级航道 2 949 千米。

西部地区内河航道布局方案如表 8-21 所示。

表 8-21　　　　　　　　西部地区内河航道布局方案

航道名称	起讫点	规划里程（千米）	规划等级	备注
一、国家高等级航道		4 701		
1. 长江干线	水富—重庆九龙坡	412	三级	
	重庆九龙坡—鳊鱼溪	527	一级	
2. 西江航运干线	南宁—贵港	273	二级	
	贵港—梧州界首	297	二级	远景一级
3. 岷江	乐山—宜宾	162	三级	
4. 嘉陵江	广元—合川	603	四级	
	合川—重庆	95	三级	
5. 乌江	乌江渡—涪陵	594	四级	
6. 沅水（清水江）	三板溪—分水溪	114	四级	
7. 汉江	安康—白河	164	四级	
8. 右江	剥隘—百色	80	四级	
	百色—南宁	355	三级	
9. 北盘江—红水河	百层—来宾	678	四级	
	来宾—石龙三江口	63	三级	

续表

航道名称	起讫点	规划里程（千米）	规划等级	备注
10. 柳江—黔江	柳州—桂平	284	三级	
二、地区重要航道		5 569		
1. 金沙江	攀枝花—水富	785	三级	远景
2. 渠江	达州—渠河嘴	357	四级	
3. 赤水河	白羊坪—狗狮子	170	六级	
	狗狮子—合江	78	五级	
4. 南盘江	纳贡—蔗香两江口	151	四级	
5. 都柳江	三都—榕江	104	六级	
	榕江—老堡口	165	五级	
6. 融江—柳江	老堡口—柳州	226	五级	
7. 桂江	桂林—阳朔	89	六级	旅游航道
	阳朔—旺村	232	五级	分段通航
	旺村—梧州	20	四级	
8. 左江	崇左—三江口	206	三级	
9. 澜沧江	普洱—243 号界碑	188	四级	
10. 黄河	门堂—潼关	2 798	五级	远景

资料来源：交通部研究院. 西部地区公路水路交通建设规划 [S].

（2）西部地区内河航道布局。西部地区规划建设的主要内河港口 6 个，分别为泸州港、重庆港、万州港、南宁港、贵港港、梧州港；规划建设的重要内河港口有绥江港、沿河港、宜宾港、乐山港、广元港、安康港、富宁港、百色港、百层港、柳州港、来宾港、景洪港、普洱港（原思茅港）等。

西部地区内河港口布局方案如表 8-22 所示。

表 8-22　　　　　　　　西部地区内河港口布局方案

省份	港口名称
一、内河主要港口	
1. 重庆市	重庆港、万州港
2. 四川省	泸州港
3. 广西壮族自治区	南宁港、贵港港、梧州港

续表

省份	港口名称
二、重要港口	
1. 重庆市	涪陵港
2. 四川省	宜宾港、乐山港、广元港
3. 贵州省	沿河港、百层港
4. 云南省	绥江港、富宁港、景洪港、普洱港
5. 陕西省	安康港
6. 广西壮族自治区	百色港、柳州港、来宾港
三、三级枢纽港	
1. 重庆市	江津港、奉节港、合川港、彭水港
2. 四川省	南充港
3. 贵州省	赤水港
4. 云南省	水富港
四、其他小港口	

资料来源：交通部研究院. 西部地区公路水路交通建设规划 [S].

西部地区水运通道的建设重点安排如下：

首先，大力推进长江航运基础设施建设，充分发挥长江黄金水道航运作用。努力把长江干线建成长江上游经济带乃至西南地区集装箱运输、大宗物质的主干道，建成西北地区集装箱运输、大宗物质的重要通道（通过公路、铁路、水路到重庆，进而由长江东去）。以长江干流为主轴，嘉陵江、乌江、岷江等为次轴，渠江、沱江、涪江等支流为地区性干线通道，构建连接东西、通江达海的长江上游航运骨架网，形成航道网络畅通、港口布局合理、技术装备先进的综合水运体系。一方面，要加快长江河道整治或渠化，提高航道等级，提高通航能力；另一方面，要充分规划岸线资源和港口布局，加强内河港口建设，提高出海通道能力，重点新建、扩建内河多用途泊位和集装箱泊位，重点建设重庆寸滩70万标箱集装箱，万州港沱口集装箱港区工程建设 3 000~5 000 吨级集装箱泊位 4 个。

其次，积极构建广西北部湾经济区港口通道整合体系，进一步完善大宗散货运输系统，继续推进深水航道建设，加快建设集装箱运输系统，提高港口货物吞吐能力。努力将广西北部湾经济区港口发展成为西南地区出海大通道的重要组成部分，西南地区原材料、能源等物质的集散枢纽，西南地区综合交通运输的重要枢纽，基本形成布局合理、便捷高效、功能完善、信息畅通的现代化港口体系。

一方面，要明确广西北部湾港口各自定位，实现港口的错位发展。广西壮族自治区要制定北部湾港口整体规划，防城港、北海港和钦州港要结合各地自然条件、工业园区、物流园区、城镇建设等布局和各自港口码头、仓库、基础设施等硬件规模，确定各自港口吞吐量和靠港船型，划分港区功能。

另一方面，加强北部湾港口之间的合作力度，并推进北部湾港口与区域外港口的合作。为了避免北部湾港口之间无序竞争、盲目竞争，港口间应当加强沟通协作力度，形成上游港口与下游港口之间，始发港与接卸港，大港和小港之间长期稳定的协作关系，实现北部湾区域内港口之间既有分工，又有竞争，在竞争中形成互补和合作的良好关系。广西北部湾港口要提升国际地位，提高港口的业务量，还需要积极加强与湛江港、海口港以及东盟主要港口之间的合作力度。在与国际港口合作方面，广西沿海港口可以与新加坡港、印度尼西亚雅加达港、菲律宾马尼拉港、越南各大港口之间的协作；在与国内相邻省份港口合作方面，广西北海港可以利用其地理优势，作为湛江港的喂给港，实现与其他港口的整合，这对于提高北部湾港口的业务量，提高对投资主体的吸引度等方面都大有益处。

8.3.2　加强水利基础设施建设

西部大开发 10 多年来，中央不断加大对西部水利基础设施建设投资力度，从 2000 ~ 2009 年底，国家对西部地区水利基础设施累计投入达 1 270 亿元，开工建设了尼尔基、沙坡头、紫坪铺等一大批标志性的水利工程。西部大开发以来共解决西部地区农村饮用不安全和饮用水困难人口接近 1 亿人，占同期全国解决饮用水问题农村人口的 43%。大力推进灌区配套和节水改造建设，灌溉用水有效利用系数大大提高，从 10 年前的 0.35 增加至 0.45。四川都江堰、武都引水二期等 100 多个大型灌区续建配套与节水改造项目相继建成。总体来说，西部大开发以来，西部地区水利基础设施建设取得明显成就。但西部地区水利面临的形势也较为严峻。洪涝灾害频繁依旧是心腹大患，水资源供需矛盾突出，农业灌溉用水效率低下，用水结构不合理，农田水利建设较为滞后，这些直接影响农民增产增收。

西部地区应当按照节约优先、有效保护、优化配置、合理开发的原则，加快水利建设规划和重点水利工程建设，把农田水利建设作为农村基础设施建设的重点任务，严格水资源管理，注重依法治水、科学治水，不断深化水利改革，力争用 10 年左右时间，基本建成水资源合理配置和高效利用体系、防洪抗旱减灾体系、水资源保护和生态脆弱河湖修复体系、灌区节水和农业高效节水灌溉水利建设体系，保障国家供水安全、防灾安全、生态安全和粮食安全，促进水利资源合理开发利用和水利可持续发展。

全面加强西部地区水利基础设施建设，当前和今后一段时期，西部地区应当重点做好以下几个方面工作。

第一，构建水资源合理配置和高效利用体系，保障西部地区供水安全。不断完善区域水资源调配体系，对于资源性缺水地区，建设跨区域调水工程；对于西南地区工程性缺水和西北地区资源性缺水问题，加快建设一批重点水利枢纽工程和骨干水利工程，推进这些地区水库建设。下大力气解决农村地区居民生活和牲畜饮水困难及饮水安全问题。在基本解决农村居民生活饮水困难的条件下，切实保障农村居民的饮水安全，有条件的地方推进集中式和城乡一体化供水。

第二，构筑严格的防洪抗旱减灾体系，提高西部地区抗灾能力，保障西部地区防灾安全。首先，加大干流、重要支流及水库治理工作力度。加强黄河等河流堤防建设，对易涝河流或河段进行治理，达到国家防洪标准，并注重对大中型病险水库出险加固。其次，加强重点蓄滞洪区建设。对于使用频繁、洪水风险较高、防洪作用突出的蓄滞洪区，要进行重点监测和治理。最后，充分运用现代科技、信息和管理等先进手段，健全综合防灾减灾体系，不断提高防洪抗旱减灾的科学化水平。

第三，构建水资源保护和生态脆弱河湖修复体系，保障西部地区生态安全。首先，加强水土流失治理与防护。继续巩固退耕还林成果，加大天然林保护，并要充分发挥大自然的自我修复能力，加大封禁保护力度。其次，推进生态脆弱河湖修复。西北地区在水资源较为紧张的严峻形势下，需要大力发展农业高效节水灌溉，大力推广喷灌、滴灌、管道输水和渠道防渗等技术，调整优化农牧业用水结构和农业种植结构，防止无序开发水资源和盲目扩大灌溉面积，从根本上转变农牧业用水方式，不断调整和优化种植结构。最后，实施地下水超采区治理。西部地区应尽快建立地下水监测网络平台，明确和划定限采区和禁采区范围，加大超采区治理和处罚力度，有条件的地区可以充分利用雨水、洪水、再生水等回灌地下水。

第四，构筑灌区节水和农业高效节水灌溉水利建设体系，保障国家粮食安全。首先，大力推进西部地区大中型灌区节水改造，尽快完成一批大中型灌区的续建配套和节水改造任务，加大田间工程建设力度。其次，积极推进农业高效节水灌溉。充分利用现代先进技术，在生态脆弱地区、水资源短缺地区、粮食主产区集中推广农业高效节水灌溉。最后，加强牧区水利建设。结合牧区水资源条件，在新疆维吾尔自治区、内蒙古自治区和青藏高原等牧区发展高效节水灌溉饲草料地，积极推进以灌溉草场建设为主的牧区水利工程建设。

8.3.3 搭建畅通快捷信息平台

自从 2000 年西部大开发以来，西部地区通信基础设施建设得到跨越式发展，取得了辉煌成就。随着西部地区光缆投入的不断加大，西部数字化城市、通信走廊、宽带服务和农村电话等通信工程的建设力度不断加强，从而大大提升了西部地区的通信技术水平和通信服务能力。西部地区通信基础设施和信息产业的快速发展，有力地支持着西部地区工业化和城市化发展。但与东、中部地区相比，西部地区信息基础设施建设仍显得较为落后，尤其是西部农村和边远地区通信基础设施和网络基础设施滞后，网络覆盖率很低，制约了西部地区信息技术水平的提高和西部地区经济的发展。信息化是推动社会经济变革的重要力量，是西部大开发战略实施的必经之路，也是西部地区产业的重要支撑，更是西部地区全面建设小康社会的必然选择。因此，西部地区应当抓住当前世界通信技术快速发展的契机，把信息基础设施建设作为当前西部地区基础设施建设的首要任务。

第一，政府积极鼓励和扶持企业参与信息基础设施建设。美国是世界上最早提出建设国家信息基础设施（NII）的国家，美国信息基础设施建设采取"强政府—强市场"的均衡发展模式，政府引导和企业主导是该模式的鲜明特点（陈文理，2011）。美国信息基础设施建设一直保持全球领先地位，其发展模式和成功经验值得我们借鉴。借鉴美国政府在信息基础设施建设中发挥的作用，中国政府应当为基础设施建设建立开放、竞争的法律环境和市场环境，制定一系列优惠政策和税收政策促进企业对信息基础设施投资，尤其是西部地区地方政府财力有限的情况下，可以制定更加优惠的政策引导企业对西部信息基础设施投资。

第二，加快建立以政府投入为主导、企业投入为主体、其他投入为补充的多元化信息基础设施建设投融资体制。在稳步增加政府对信息基础设施投入的基础上，不断加大对国家信息化发展急需的各类基础性、战略性领域投入，加大对西部地区投入。

第三，积极水平，以信息化提升和带动西部农村地区经济发展。西部地区应加大网络基础设施建设，推进电脑下乡工程，不断提高西部农村和边远地区的网络覆盖率，力争实现行政村基本通宽带，自然村和交通沿线通信信号基本覆盖。同时，西部地区应积极推进远程教育、电子商务、电子政务和医疗等信息综合应用。为了充分指导农民生产和生活，西部地区还应加强信息资源开发利用和整合，积极构建农村信息服务平台，形成贴近农民生产和生活实际的信息库。推进西部地区农村信息化基础设施建设，提高农村地区的信息化

第四，强化西部地区重点城市的数字化功能，加强重点城市的宽带高速传输网、数字电视网和无线移动互联网建设。加快推进数字化区域建设，建成地面、有线和卫星三位一体的广播电视传输网络，全面推进西部地区数字化电视业务发展。

8.3.4 改善城市基础设施条件

城市基础设施建设与居民日常生产生活息息相关，是城市赖以生存与发展的基础。加强城市基础设施建设不仅可以方便城市居民的生产和生活，还可以改善城市投资环境，为吸引人才和外资创造重要的物质基础和环境条件。国家一直高度重视供水供气、公共交通等城市基础设施建设。西部大开发以来，我国西部地区城市供水供气、污水处理等城市基础设施建设明显加快，快速的城市化和大规模基础设施投资，大大改善了西部地区城市基础设施水平，保障能力大大提升。然而，由于当今我国城市区域范围在不断扩大，城市化率在不断上升，高密度的人口、日益增长的服务和消费等需求对城市基础设施建设提出了更多更高的要求。西部地区城市人口也在迅速上升，但城市基础设施建设发展滞后于居民的日常生活需求，城市化发展仍处于短缺和失衡的状态。因此，加快西部地区城市基础设施建设，不断改善居民生产生活条件，是当前和今后一段时期必须加以重点解决的任务之一。

首先，应当大力发展公共交通。加强城市道路建设和改造，大力发展公共交通，形成便捷畅通的城市交通网络和公共交通运输体系。西部地区应当优先发展城市公共交通，重点建设重庆、成都、西安等大城市快速轨道交通设施。西部地区还应当加快城市之间公共交通和城市路网的全面无缝对接。以关中—天水经济区为例，该经济区可以加快西安—咸阳地铁建设，加快核心城市、次核心城市与三级城市、重点镇间的快速干道建设。

其次，加快城市节水建设。随着人民生产生活方式的改变和城市容量的不断扩张，城市对水的需求不断增长，缺水已经成为制约西部尤其是西北地区城市经济发展的障碍。提高用水效率、节约用水和加强水资源管理已经成为新形势下西部地区城市基础设施建设的重要内容。在城市供水管网改造力度不断加大的同时，西部地区应该全面推进节水型技术、设备的研究与应用，不断加强供水设备和用水设备的管理，进一步推进中水回用、雨水收集等水资源再利用基础设

施建设。

最后，加快供热、供电、供气、大气污染防治、污水和垃圾处理等市政公用设施地下管网。加快城市集中热源和管网等供热基础设施建设，支持西部有条件的城镇发展热电联产，加大管网改造力度，提高集中供热率。西部地区城市还可以运用先进技术改进和完善集中供热系统，在满足城市居民采暖需要的同时提高能源利用效率，进一步改善西部地区环境质量。

第9章

西部地区发展战略中的四川样本

9.1 四川区域发展格局的演变历程

9.1.1 五大经济区形成前的区域格局

改革开放以来，四川以省情为基础，在不同时期实施不同的区域发展战略，基本形态是点线推进，逐步向经济区和城市群格局发展。

1. "依靠盆地、开发两翼"的区域发展格局

20世纪80年代，国家实行沿海开放战略，四川省不再是国家生产力布局的重点区域，但中央十分重视攀枝花钢铁钒钛基地的建设和川南地区资源的开发，并开始酝酿长江三峡工程。盆地平原和丘区不但在地理区位上居攀西、川南和三峡工程开发区域之中，而且是当时四川省人口、工业、农业、城镇、交通最密集之地。于是"依靠盆地、开发两翼"的四川区域发展战略，在专家讨论和省委省政府决策下应运而生[1]。随后全省国土规划也确定了如下要点："调整成渝地区，开发攀西、川南两个片。"20世纪80年代后，四川区域发展不断有许多新的部署，但一直没有放松川南和攀西地区的开发建设。"依靠盆地、开发两翼"战略的适时提出，抓住了重点，考虑了协调，不仅进一步明确了攀西、川南有两个重点开发区的经济类型、发展方向和重点，而且对省内其他地区的发展，也做了相应的安排。同时，该战略为四川区域发展下一步有针对性的深化提供了参考，并为区域重点划分打下基础。

2. "一线两翼"和"两点两线两翼"的区域发展格局

"两翼开发"积极推进的同时，四川区域自然条件、交通条件、经济基础、

---

[1]　林凌. 依靠盆地，开发两翼——对四川省经济发展战略的建议 [J]. 国内外经济管理，1984 (22).

城市发展较好的成德绵乐经济带（成都—德阳—绵阳—乐山）上的国有企业和乡镇企业发展态势喜人；重庆三线企业成功转型，汽车、摩托车等支柱产业快速成长。面对这样的局面，重点推动条件较好的地区加快发展的"一线（宝成铁路江油—成都段、成昆铁路成都—峨眉山段）、两翼"政策应运而生。1992 年，四川省委省政府制定"发展县级（域）经济，先抓一条线"的方针，即从江油经成都到峨眉山一条线，把绵阳、德阳、广汉、成都、眉山、夹江等 11 个县市串联起来，形成四川中部的一条轴，加快发展和改革步伐，先行一步，以带动全省县域经济发展。省委省政府要求，"一条线"上的县（市、区），改革开放和发展速度都要走在全省前列，并首先在这条线上进行转换企业经营机制、企业股份制改选、粮食购销体制改革、农工商一体化、县级机构改革等一系列的改革试点。1995 年进一步改为"两点（重庆、成都市）、两线（宝成和成昆铁路、成渝铁路）、两翼"战略，由省长牵头设立办公室。在发展"两线"的同时，四川省并没有削弱对"两翼"开发和建设的力度。攀枝花是一座现代化的钢铁城市和钒钛钢铁基地，凉山西昌市是一个卫星发射中心，拥有一流的技术和先进的生产力——这两座城市对攀西地区经济发展起着引领作用。1992 年 10 月，四川省委省政府决定建立攀西综合经济开发区，开发区范围包括攀枝花全市、凉山州的西昌市、冕宁县、德昌县、宁南县、会理县、会东县、普格县及盐源县的右所区、盐井镇，面积达 2.96 万平方千米，人口 280 余万人，逐步把攀西地区建设成全国最大最重要的原材料生产基地。川南地区的自贡、泸州、宜宾、内江市也不断开发创新，逐步建成四川省的主要工业基地。

3. "一点一圈两片三区"的区域发展格局

20 世纪 90 年代是四川区域发展大变化时期。1997 年重庆成为直辖市，之后开展了大规模的向东、向南、向西北的铁路、高速公路建设和长江航道、港口建设，建立了两江新区，IT 产业崛起，为成为长江上游经济中心和成渝经济区未来的"一核"打下重要基础。重庆直辖后，其辐射力持续增强，但其政区腹地小，经济腹地深入四川毗邻地区，对四川区域发展格局产生重大影响，对川东北经济区和城市群的形成发挥了重要作用。四川区域发展格局也从"两点、两线、两翼"调整为"一点、一圈、两片、三区"，即"依托一点（成都），构建一圈（成都平原经济圈），开发两片（攀西片、川南片），扶持三区（丘陵区、盆周山区、川西北地区）"。

9.1.2 五大经济区的研究过程

2003 年，国家制定"十一五"规划时，国家发展改革委提出将各级行政区计划改为跨行政区规划的改革思路。四川省根据这个指导思想，开始在"十一五"规划编制中进行省域内经济区的研究，对区域发展格局进行新的调整。四川省学习广东省依靠珠三角、山东省依靠山东半岛、江苏省依靠苏锡常、福建省依靠厦漳泉带动全省发展那样，发挥成都、德阳、绵阳、乐山等经济中心的作用，扩大省委省政府经营多年的"一条线"的经济成果，形成一个有点、有线、有面的经济区。通过对成都平原经济圈的统筹规划，克服传统的行政区划对经济活动造成的分割和封闭，消除分割性、封闭性带来的"大而全"和"小而全"，实现市场经济所要求的专业化协作和社会化分工，带动全省快速发展。成都平原经济区的设想早在重庆直辖时就已提出，经过多年酝酿和论证，设立成都平原经济区已经顺理成章。川南经济区则主要以 1986 年编制的《川南国土开发规划》为基础形成。攀西地区一直是国家和四川省关注的建设重点，理应设立攀西经济区。甘孜州和阿坝州处于青藏高原地区，不宜大规模开发，只能发展生态经济，组成一个川西北生态经济区。剩下的南充、遂宁、广安、达州、巴中、广元 6 市如何划分存在一定争议。当时有一种建议是将南充、遂宁、广安 3 市划为川中经济区，达州、巴中、广元 3 市划为川北经济区。后来经过广泛深入的讨论，在"十一五"规划编制结束时，达成了建立川东北经济区的共识。

9.1.3 建立五大经济区后的发展格局

划分为五大经济区的格局是四川区域经济长期历史演变形成的结果。《四川省"十一五"规划纲要》明确提出，根据资源条件、地理区位和发展潜力，在充分发挥各地区特色与优势、保护好和引导好各地区加快发展积极性的前提下，通过发展经济和人口转移，逐步形成特色突出、优势互补的成都、川南、攀西、川东北、川西北生态五大经济区。当时，对五大经济区发展的总要求还是"加快发展、形成特色"。

"十二五"时期，恰逢国家发展改革委编制完成并发布《成渝经济区区域规划》，该规划将四川省的成都、德阳、绵阳、眉山、资阳、遂宁、乐山、雅安、自贡、泸州、内江、南充、宜宾、达州、广安 15 个市纳入成渝经济区规划中，并在规划中提出成都城市群、经济区南部城市群和经济区东北部城市群等区域概念。四川 15 市面积占成渝经济区规划面积的 75%，15 市经济总量占全省经济总量的 88%，显然，成渝经济区是四川区域经济发展的重要抓手。在《四川省"十二五"规划纲要》中，为与成渝经济区的整体发展格局相衔接，针对成渝经济区四川部分,四川省提出"一极一轴一区块"的区域发展构想,"一极",即成都都市圈增长极;"一轴",即成渝通道发展轴;"一区块",即环渝腹地区块,并以区县为单位,进行相应的区域划分。同时,延续了五大经济区发展格局,更加强调区域协调发展,积极培育新的地区增长点,构建比较优势突出、区域特色鲜明、区际良性互动的多极发展格局。四川省五大经济区经过"十一五"和"十二五"的10年发展,经济和社会各个方面取得了长足进步。

9.1.4 区域发展格局的争论和调整

四川省辖区面积辽阔,海拔从187~7 556米,地势地形复杂,有平原、丘陵、山地和高原,其中山地和高原占全省面积的82%。不同区域的经济社会发展程度差异很大,如何划分经济区一直存在不同观点。即使2006年1月在《四川省国民经济和社会发展第十一个五年规划纲要》中,首次提出构建"五大经济区+四大主体功能区+三个城市群"的区域发展新格局的设想,但相关争论并没有停止。

"十一五"规划纲要中的五大经济区是以市州为基本单位进行划分。成都经济区只包括成都、德阳、绵阳、眉山、资阳5市;规划确定的区域发展目标是以成都市为中心,构建成都平原城市群,逐步建成四川省乃至我国西部最强最大的经济密集区和人口密集区,使之成为四川省参与全国区域竞争的龙头和主体。川南经济区包括自贡、宜宾、泸州、内江、乐山5市;规划确定的区域发展目标是积极培育川南中心城市,构建川南城市群,在成渝经济区中快速崛起,成为四川省又一重要的经济、人口密集区。攀西经济区包括攀枝花市、凉山州、雅安市3个市(州);规划确定的区域发展目标是合理、适度地集聚经济和人口,成为四川省经济、人口相对集中的区域。川东北经济区包括南充、遂宁、达州、广安、巴中、广元6市;规划确定的区域发展目标是加快城镇化步伐,积极构建川东北城市群,成为四川省比较重要的经济、人口密集区。川西北生态经济区包括甘孜、阿坝2个州;规划确定的区域发展目标是建成特色鲜明、环境优美、人民富裕的生态经济区。"十一五"规划纲要中提出的城市群是成都平原、川南、川东北3个城市群。四川省经济区和城市群发展格局及调整如表9-1所示。

表 9 - 1 经济区/城市群发展格局及调整脉络

年份	来源	经济区和城市群格局	主导机构
2006	《四川省国民经济和社会发展第十一个五年规划纲要》	成都经济区：成都、德阳、绵阳、眉山、资阳5市； 川南经济区：自贡、宜宾、泸州、内江、乐山5市； 川东北经济区：南充、遂宁、达州、广安、巴中、广元6市； 攀西经济区：攀枝花市、凉山州、雅安市3个市（州）； 川西北生态经济区：甘孜、阿坝2个州； 重点发展成都平原、川南、川东北三个城市群	四川省政府
2006	《攀西经济区区域规划（2006~2020）》	范围包括攀枝花市、凉山州及雅安（荥经、汉源、石棉、天全、芦山、宝兴）6个县	四川省发展和改革委员会
2007	《成都经济区区域规划研究》	范围包括成都、德阳、绵阳、眉山、资阳及乐山（市中区、峨眉山、夹江），雅安（雨城区、名山县（现为名山区））	四川省发展和改革委员会 四川省社会科学院 西南交通大学
2009	《四川省"十二五"规划总体思路研究》	成都大都市经济圈：成都、德阳、绵阳、乐山、眉山、资阳、遂宁、雅安； 成渝通道发展轴：宜宾、泸州、内江、自贡、南充； 环渝腹地区块：达州、广安	四川省发展和改革委员会 四川省科技顾问团
2009	《川南经济区发展规划纲要（2010~2015）》	同"十一五"规划纲要范围；但认为乐山划分值得商榷	四川省发展和改革委员会 四川省经济发展研究院
2009	《四川省人民政府关于加快"一极一轴一区块"建设推进成渝经济区发展的指导意见》	成都都市圈：成都、德阳、绵阳、眉山、雅安，以及资阳市雁江区、乐至县、简阳市，遂宁市船山区、大英县、射洪县，乐山市市中区、沙湾区、五通桥区、峨眉山市、夹江县。 成渝通道发展轴：自贡、宜宾、南充，以及泸州市江阳区、纳溪区、龙马潭区、叙永县、古蔺县，内江市东兴区、资中县、威远县，乐山市犍为县、井研县、金口河区、马边县、峨边县、沐川县，遂宁市蓬溪县，广安市岳池县。 环渝腹地经济区块：达州，以及广安市广安区、武胜县、邻水县、华蓥市，泸州市合江县、泸县，资阳市安岳县，内江市隆昌县（现为隆昌市），遂宁市安居区	四川省政府
2010	《四川省国民经济和社会发展第十二个五年规划纲要》	成都都市圈增长极：成都、德阳、绵阳、眉山、雅安市＋资阳、遂宁、乐山的部分县（市、区）； 成渝通道发展轴：自贡、宜宾、南充市＋泸州、内江、乐山、遂宁、广安的部分县（市、区）； 环渝腹地经济区块，主要包括达州市＋广安、泸州、资阳、内江、遂宁的部分县（市、区）。 促进五大经济区协调发展；培育发展成都平原、川南、川东北、攀西四大城市群	四川省政府

年份	来源	经济区和城市群格局	主导机构
2011	《成渝经济区区域规划》	成都城市群：成都、德阳、绵阳、眉山、资阳、遂宁、乐山（部分区县）、雅安； 经济区南部城市群：宜宾、泸州、自贡、内江＋乐山（部分区县）； 经济区东北部城市群：南充、达州及重庆部分区县； 重庆城市群：重庆部分区县＋四川广安	国家发展改革委
2011	《成都经济区区域发展规划研究（2011～2020）》	成都经济区：成都、德阳、绵阳、乐山、眉山、资阳、遂宁、雅安；1＋7	四川省发展和改革委员会 西南财大
2011	《川东北经济区区域发展规划研究（2011～2020）》	广元、南充、广安、达州、巴中5市	四川省发展和改革委员会 四川省社会科学院
2011	《攀西经济区区域发展规划研究（2011～2020）》	攀枝花、凉山州及雅安6县（石棉、汉源、荥经、天全、芦山、宝兴）	四川省发展和改革委员会 西南交通大学
2011	《川西北生态区区域发展规划研究（2011～2020）》	同"十一五"规划纲要	四川省发展和改革委员会 西华大学
2011	《四川省"十二五"城镇化发展规划》	成都平原城镇群：成都、德阳、绵阳、眉山、资阳＋乐山（主城区、夹江县、峨眉山）＋雅安（雨城区、名山县）； 川南城镇群：自贡、泸州、内江、宜宾＋乐山（其余城镇）； 攀西城镇群：攀枝花、凉山＋雅安（其余城镇）； 川东北城镇群：广元、遂宁、南充、广安、达州、巴中6市	四川省政府
2014	《成渝经济区成都城市群发展规划（2014～2020）》	范围与成渝经济区区域规划一致。 成都、绵阳、德阳、遂宁、眉山、雅安、资阳＋乐山市中区、沙湾区、五通桥区、金口河区、夹江县、峨眉山市	四川省政府
2014	《成渝经济区川南城市群发展规划（2014～2020）》	范围与成渝经济区区域规划一致。 自贡、泸州、内江、宜宾＋乐山市犍为、沐川、井研、峨边、马边五县	四川省政府
2014	《川东北经济区发展规划（2014～2020）》	广元、南充、广安、达州、巴中5市	四川省政府 四川省发展和改革委员会

续表

年份	来源	经济区和城市群格局	主导机构
2014	《四川省新型城镇化规划（2014～2020年)》	加快发展四大城市群	四川省政府 四川省住房和城乡建设厅
2016	《四川省国民经济和社会发展第十三个五年规划纲要》	提出编制五大经济区"十三五"发展规划	四川省政府
2016	《川东北经济"十三五"发展规划》	广元、南充、广安、达州、巴中5市	四川省政府
2016	《成都平原经济区"十三五"发展规划》	成都、德阳、绵阳、乐山、眉山、资阳、遂宁、雅安；1+7	四川省政府
2016	《川南经济区"十三五"发展规划》	自贡、泸州、内江、宜宾，4市	四川省政府
2016	《攀西经济区"十三五"发展规划》	攀枝花市、凉山州	四川省政府
2016	《川西北生态经济区"十三五"发展规划》	甘孜州、阿坝州	四川省政府
2016	《成渝城市群发展规划》	成都—德阳—眉山—资阳同城化； 川南城镇密集区：自贡市、内江市、泸州市、宜宾市的市区和部分县（市）； 南遂广城镇密集区：南充市、遂宁市、广安市的市区和部分县（市）； 达万城镇密集区：达州市部分地区、万州区、开州区和云阳县部分地区	国家发展改革委 住房和城乡建设部

成都城市群的范围划分一直争议较大，自《四川省"十一五"规划纲要》首次提出由成都、德阳、绵阳、眉山、资阳5市构建成都城市群以来，《成渝经济区区域规划》《四川省国民经济和社会发展第十二个五年规划纲要》《四川省"十二五"城镇化发展规划》《成渝经济区成都城市群发展规划（2014～2020)》

等对成都城市群①都提出过不同的范围主张。总的来讲，范围在不断扩大，至"十三五"时期，成都城市群已包括成都、德阳、绵阳、乐山、眉山、资阳、遂宁、雅安8市。

9.2　四川区域发展的新趋势

9.2.1　总体判断

西部大开发战略以来，四川省持续性对重大交通基础设施发力，"蜀道难"的情况整体上已有巨大改观。机场、高铁、港口、高速公路建设，特别是修建中的天府新机场、川南城际高铁、成（攀）昆高铁、蓉（宜）昆高铁、成兰铁路、兰渝铁路、成西高铁、成贵高铁、川藏铁路、成安渝高速、川南港口、南充港等，对四川省时空距离产生巨大影响，从而给四川区域发展格局带来变化。

1. 经济区间的联系持续增强

在自贸试验区和全面创新改革试验区的框架下，成都经济区与泸州、宜宾港口城市为代表的川南经济区的联系在加强；攀西经济区与川南经济区各自发挥资源和港口优势，在南向通道上合作意愿十分强烈；天府机场的修建促进南充市、遂宁市与成都市的联系更加紧密。

2. 成渝双核间的联系合作将发生新变化

成渝高铁350千米时速已经使相隔308千米的两个核心城市进入1小时通勤范围；即将竣工的成安渝高速更将两城距离缩短至270千米。成渝双城的时空距离从过去12小时，5小时，2小时，到现在的1小时，成渝双核的区域关系将逐渐发生新的变化。

3. 区域经济一体化、协同化发展意愿增强

在成都平原经济区，随着全面创新改革试验区重点区域的推进，以及成德绵高铁的开通运营和成西高铁建设，绵阳市、德阳市与成都市协同发展的意愿明显增强。川南城际铁路建成后，川南经济区空间一体化发展格局将有突破性变化。目前制约经济区一体化、协同化发展的最大障碍还是体制机制问题。

---

① 部分文件也称为"成都平原城市群"或"成都都市圈增长极"，在此我们认为与成都城市群为同一概念。

4. 四川区域增长极的重头戏在成都平原经济区和川南经济区

未来 5 年成都平原经济区的极化效应还将增强，成都国家中心城市建设，四川自贸区试验区，一类口岸等还将持续增强成都市引领四川省发展的能力。川南经济区有成为新兴区域增长极的潜力，如果在区域发展体制机制上有所突破，川南经济区有可能成为未来四川省区域经济发展的新亮点。

9.2.2　成都经济区/城市群一体化加速，"扩容"蓄势待发

受"一带一路"倡议和长江经济带宏观战略的双重影响，在核心城市经济持续增长、转型过程中，成都经济区区域空间系统会重组，其辐射边界会发生变化，城市间经济关系也将发生改变，向着区域全面一体化方向迈进。

1. 核心城市空间持续外扩，结构优化

近年来，成都市以打造西部经济核心增长极、建设现代化国际化大都市和国家中心城市为目标定位，率先探索转型升级之路，综合实力大幅提升，辐射带动能力持续增强。第一，成都经济总量已跨入万亿规模，成为全国 9 个超万亿元的城市之一，人均 GDP 超过 1 万美元，人均地方公共财政收入超过 GDP 增速，经济效益明显提升。第二，现代产业体系持续优化，高新技术产业成为重要支撑，电子信息、汽车、机械、食品产业主营业务收入实现过千亿，新一代信息技术、生物医药、节能环保等战略性新兴产业占比明显提升，金融、会展、物流等生产性服务业保持良好发展势头。第三，天府新区建设和北城改造促进产业再造，并持续优化城市空间格局，加快从单中心向多中心组团共兴突破。常住人口城镇化率超过 70%，进入城镇化成熟期。第四，开放平台更加丰富，"蓉欧快铁"向昆明、厦门和上海等地延伸，联通世界的航空枢纽、铁路枢纽、公路枢纽和口岸服务中心地位日益凸显，四川自贸区开始运行。第五，创新成为城市发展的持续动力，国家全面创新改革试验区、国家自主创新示范区等重大示范试点工作全面启动，创新型城市建设取得进展。上述几个方面为核心城市空间外扩创造了条件。

近年来，成都三圈层的"县改市"，二圈层的"县改区"、简阳市的托管和天府新区的设立，成都市空间已由 7 区 12 县演变为 13 区 4 县 5 市[①]。伴随家庭

---

① 7 区 12 县指：锦江区、青羊区、武侯区、成华区、金牛区、龙泉驿区、青白江区；新津县、双流县、金堂县、新都县、郫县、蒲江县、大邑县、崇庆县、邛崃县、彭县、灌县、温江县。13 区 4 县 5 市指：锦江区、青羊区、武侯区、成华区、金牛区、龙泉驿区、青白江区、高新区、天府新区成都直管区、双流区、新都区、郫都区、温江区；新津县、金堂县、蒲江县、大邑县；崇州市、邛崃市、彭州市、都江堰市、简阳市。

汽车时代来临，以及地铁通勤网络外延，天府新区、天府国际空港新城等市域设施的建设和国家中心城市功能分区的持续完善，城区边界外扩趋势日益明显。《成都市"十三五"国民经济发展规划纲要》也明确成都主城（中心城区和天府新区直管区）双核共兴发展格局。2017年，成都市第十三次党代会提出围绕"建设全面体现新发展理念的国家中心城市"总体目标，采取"东进、南拓、西控、北改、中优"① 城市空间战略，促进城市可持续发展，成都市必须增强西部经济中心、西部科技中心、西部金融中心、西部文创中心、西部对外交往中心、综合交通通信枢纽等"五中心一枢纽"支撑功能。为了避免造成新的城市病，必然由中心城区周边的天府新区、天府国际空港新城、北部新城等区域分担"五中心一枢纽"功能。至此，核心城市空间外扩，结构优化已是必然趋势。

2. "都市圈"层面形成"德资眉"卫星城

成都市2013年开始研究编制《成都市域城镇体系规划》时提出在二、三圈层范围建立8个卫星城②。从发展态势看，除都江堰市外，随着城市的膨胀，这些区（市、县）大多数正在被融合，难以保持其独立城市基因，不能成为真正意义上的卫星城。受制于自然资源和环境等因素，核心城市要素资源必然向周边溢出，在成都周边100千米范围以内，承载能力足，产业互补性强，空间相隔适度的城市将发展成为新的卫星城。当前，从四川省区域发展趋势看，"德眉资"成为成都卫星城是大势所趋，"十三五"末将构建起以成都为中心，成德、成眉、成资为半径的大都市圈③发展格局。

首先，国家战略规划《成渝城市群发展规划》，《四川省"十三五"规划纲要》和《成都平原经济区"十三五"发展规划》都提出了同城化发展的相应目标要求。同城化发展是核心城市拓展经济增长空间，完善城市功能，优化经济结

---

① "东进"，就是沿龙泉山东侧，规划建设天府国际空港新城和现代化产业基地，发展先进制造业和生产性服务业，开辟城市永续发展新空间，打造创新驱动发展新引擎。"南拓"，就是高标准、高质量建设天府新区和国家自主创新示范区，优化空间结构，完善管理体制，建成行政政务服务中心、科技创新中心、国际会展中心、区域性总部基地、高新技术产业服务基地。"西控"，就是持续优化生态功能空间布局，大力发展高端绿色科技产业，提升绿色发展能级，保持生态宜居的现代化田园城市形态。"北改"，就是建设提升北部地区生态屏障，保护好历史性、标志性建筑，加快城市有机更新，改善人居环境。"中优"，就是优化中心城区功能，降低开发强度、降低建筑尺度、降低人口密度，提高产业层次，提升城市品质。

② 《成都市域城镇体系规划》提出建设的8个卫星城是：龙泉驿、温江、新都、青白江、郫县（现为郫都区）、双流、新津、都江堰。

③ 此前根据2013年四川省人民政府发布《四川省主体功能区规划》，成都都市圈的范围为成都行政区。在2016年国家发布的《成渝城市群发展规划》和四川省发布的《成都平原经济区"十三五"发展规划》才确认将成都都市圈范围扩大至德阳市、眉山市、资阳市范围。

构，增强综合竞争力，扩大辐射带动能力，构建核心增长极的战略选择；也是次级城市借力赶超，破除发展"瓶颈"，提升发展质量的战略举措。德阳、眉山、资阳 3 市在各自的"十三五"国民经济发展规划纲要中将与成都市同城化发展作为本市的"一号工程"。推进同城化发展已成为各级官员的政绩考核内容。同城化发展为构建"主—卫"型城市关系奠定了基础。

其次，城市间协同发展意愿十分强烈。2015 年，德阳市确立了城市新定位：将德阳市建设成为成都现代化国际化大都市北部新城。产业发展上，以服务成都发展总部经济为取向，将德阳市打造成成都产业疏解基地。德阳市提出，在产业方面坚持与成都市错位发展、融合发展，成都市搞科研，德阳市搞孵化；成都市搞总部经济，德阳市搞产业基地。2013 年签署《成都德阳同城化发展框架协议》《关于共建工业集中发展区的协议》；2016 年签署《成德同城化发展产业协作协议》，编制《成德同城化空间发展规划》。眉山市"十三五"时期延续"融入成都、同城发展"的原则。2017 年 3 月签署《成都眉山协同发展框架协议》，确定在交通互联互通、新型工业化、现代农业、旅游产业、商贸物流、社会事业、生态保护利用等领域加强合作，加速眉山市融入成都同城发展，迈向"新天府"时代。资阳市第四次党代会确定了"成资一体化"是资阳市今后 5 年加快发展的"一号工程"。2016 年 10 月两市签署《成都资阳全面合作协议》，成都市与资阳市将共同打造与天府国际机场配套的航空服务、空港物流、货物与服务贸易等为重点的临空产业链和服务业产业集群，要实现"两城"协同、临空经济区和天府新区"两区"互动、天府国际机场和双流机场"两场"联同的发展格局，把资阳市建设成为成都市一个较大的卫星城。

最后，"成—德资眉"一主三卫结构为同城化发展提供坚实的空间支撑。南向，天府新区建设将眉山市与成都市连成一片。成都市轨道交通 11 号线东坡支线、成都市轨道交通 5 号线眉山延伸线、仁寿至黑龙滩轨道交通快线等 3 条轨道交通建设缩短了成—眉时空距离。5 年后，眉山市与成都市之间的道路将从 14 条增加至 50 条，实现无缝对接。北向，成都城市北中轴线逐渐形成，天府大道北延线已经开工，向北穿过成都北部"金三角"①向德阳市城区延伸。德阳市定位于建设成都现代化国际化大都市北部新城，未来，成德动车公交化运营，以及成都市地铁 1 号线、3 号线、5 号线、15 号线还将向德阳市延伸。东向，天府国际空港新城建设正如火如荼，成安渝高速、资潼高速、成都市地铁 18 号线资阳

---

① 成都北部"金三角"指成都北部的新都区、青白江县、广汉市，作为"成德同城化发展的边界试验区"签订边界战略合作协议，开始"同城化发展"的探索。

线和多条快速通道，将资阳市与天府国际机场和成都国家中心城市紧紧相连，加速资阳建成成都紧密型卫星城。

3. 适度扩容的物质条件正在形成

从宏观看，"一带一路"和长江经济带等，不仅有利于成—渝—西"西三角"经济区和成—渝—西—昆"菱形经济区"的形成和抱团发展，更强化了成都经济区作为战略支点，完善交通枢纽体系，支撑国家战略的要求。

长期以来成都经济区存在一定的弱势：一是相对于成渝经济区双核结构，四川盆地范围划分为成都、川南和川东北三个经济区，实际上是以降低成都经济区的层级，压缩其腹地为代价，顾全四川省区域划分的整体性。二是成都经济区缺乏对外交通二级枢纽来分担核心城市的枢纽压力。三是成都经济区缺乏与"一带一路"和长江经济带对接的门户和港口枢纽城市来发挥纽带作用。

随着四川省"西部综合交通枢纽"工程的持续推进实施，交通基础已经有了巨大变化，周边城市与成都的时空距离已经大幅拉近。广元从古至今都是北向进出川通道的主要门户，大西南连接大西北的重要物资集散中心。不久，铁路将形成西成、兰渝、广巴达万、宝成铁路齐聚广元的态势，广元进入成都1.5小时经济圈范围。在交通和物流领域，广元对四川盆地的作用，如同在水利领域，都江堰对成都平原的作用一样重要。宜宾、泸州则是四川位于长江干流的两大港口城市，川南两大铁公水综合交通枢纽。不久，成贵高铁、渝昆高铁和川南城际高铁将陆续建成，川南城市将进入成都1.5小时经济圈。时空距离的改变促进成都经济区腹地向川南、川东北大幅延伸的趋势日益明显。

9.2.3　川南一体化发展条件和时机趋于成熟

随着国家长江经济带发展战略和四川省多点多极发展战略的深入推进和《长江经济带规划纲要》的发布实施，川南片区战略通道地位更加凸显。川南"铁三角"都市圈逐渐成形，区域一体化认同感持续增强，将成为成渝经济区向滇黔结合部投射影响力的重要支撑，连通东南亚经济区大通道的桥头堡。成渝双核对川南腹地的争夺将更加激烈。

1. "铁三角"都市圈加速推进一体化发展

川南4市经济总量都在千亿元以上，"十二五"年均增速和"十三五"预期增速都高于全省和全国平均水平。川南中心城市区位比较集中，四大城市间平均距离为83千米，依托川南城际高速路网，将构建起多中心1小时经济圈，各市在"十三五"规划纲要中均提出加速推进川南经济一体化发展进程，区域认同感明显增强。尤其是内江市和自贡市，中心城区直接相邻（内江市市中区与自贡市大安区接壤），相隔仅 30 余千米，两市同城化相向发展是优化城市空间的必然趋势，有利于形成成渝中部支撑极，并与两大沿江城市一起构建三角形的都市圈空间结构。川南城际铁路已经开工建设，"十三五"末前后陆续通车，届时川南中心城市间通达时间将缩短为半小时。

2. 与成都经济区协作互补性持续增强

川南地区是成都经济区走向长江干流，打通东南亚通道的战略要地。川南与成都经济区在区域功能定位上，互补性强。成都经济区迫切需要长江干流航运港口和南向枢纽来发挥连接纽带和分担物流的功能。由于受重庆港航运市场的挤压，川南沿江港口腹地迫切需要向成都经济区延伸。新设立的四川自贸区将泸州港、天府新区、蓉欧快铁枢纽纳入同一个试验区的框架来一体化发展，进一步拉近成都经济区与川南经济区的全方位协作。

3. 成渝双核对川南腹地的辐射更加显著

川南腹地不仅对成都市，而且对重庆市的吸引力也在不断增强。重庆港扼住长江上游"咽喉"，长江水道是其与上游港口城市形成天然的联系，其航运发展也需要上游港口的协同配合。因为同属一个省，成都市与川南地区则在政府主导的合作体系上更有优势。在"十二五"和"十三五"期间，成渝双核有多条高速公路和高铁覆盖川南，助力川南经济区完善内部网络的同时，增强川南与成渝双核和南贵昆经济区外部通道能力。特别是蓉昆高铁、成贵高铁和渝昆高铁，串起川南城市的同时，都将川南纳入自己一小时高铁经济圈范围。此外，以重庆为中心的沿江经济带的打造和以成都为中心的成德绵乐经济带向川南的延伸也将强化这一态势。

9.2.4　川东北区域发展"碎片化"特征明显

川东北经济区 5 市经济实力相当，过去 5 年，南充市经济总量最大，广安市人均水平最高，巴中市经济效益增长最快，总体发展水平处于同一层级。"十三五"期间，5 市均处于工业化加速期，工业强市成为共同选择，经济区内部竞争远大于合作。经济区产业发展缺乏内部协同机制，工业类型趋同更加严重[①]。由于区域发展的"碎片化"，区域认同感较弱，缺乏辐射带动经济区整体发展的核

---

① "十三五"规划纲要中，5 市都提出要发展生物医药、新材料、新能源产业；4 市提出发展电子信息；3 个市提出发展清洁能源汽车、节能环保、能源化工、建材和高端装备制造产业。

心城市，区域发展呈现各自为政的散乱状态。

1. 广安市持续向重庆大都市区融合

广安市由于直接与重庆市主城区毗邻这一独特的区位条件，将持续以融入重庆城市群为区域发展方向。"十三五"时期，将在基础设施、产业发展、城市建设、公共服务、生态环境等领域深化与重庆市的合作，向重庆大都市区的一体化发展趋势迈进。

尽管广安市的区域发展方向十分明确，但在实施过程中也面临一些困惑，注定广安市融入重庆一体化发展之路还很漫长。一是鉴于广安市的区位和经济上客观需要，国家发展和改革委批准《川渝合作示范区（广安片区）建设总体方案》时明确提出，"广安纳入重庆城市群统一规划"；四川省出台实施意见表示"支持广安市纳入重庆城市群统一规划，加强规划和政策的对接协调"。可能是由于政区经济的固化思维和体制障碍等多种原因，重庆市发展和改革委员会主任曾说过"统一规划并不是一体化"①，而且在 2015 年重庆编制的《重庆大都市区规划》中广安市也没有被纳入。二是从经济发展的影响力来看，重庆市对广安市的影响显然比南充市更大，联系更紧密，而且广安市直接与重庆市主城区接壤，理应成为重庆大都市圈的一部分，但《成渝城市群发展规划》却将广安市划入"南遂广城镇密集区"。

2. 达州市在竞争中构建区域中心城市

达州市作为四川连接"一带一路"和长江经济带距离最近的城市，是川东北腹地通往中原和西北地区的门户枢纽，将以打造成为四川省、重庆市、湖北省和陕西省结合部区域中心为区域发展方向。

达州市是巴人文化发祥地，文化上与重庆一脉相承，经济上与重庆相亲，区位上与重庆毗邻，常常被看作开展川渝合作，融入重庆市发展的先行区。其实，达州市依靠重庆市发展并非那么容易。一是达州市虽然与重庆市毗邻，但接壤的区域是重庆三峡库区，库区经济本身也比较落后，毗邻地区的竞争非常激烈，重庆市主城区的辐射带动功能短期内很难深入达州市境内。二是达州市邻近的区位上还有一个重庆"第二大城市"万州市，由于属地关系，重庆市的支持会向万州市倾斜。这从"渝西高铁东西线之争"和"达万城镇密集区中心城市"两个事件上可见一斑。

3. 南充市积极打造川东北经济区龙头

南充市定位于成渝经济区北部区域中心城市和川东北经济区核心城市，更加

---

① 参见"广安将纳入重庆城市群统一规划"［N］. 重庆晨报，2012－12－01.

注重构建产业体系的"独立性",经济上对接成渝双核但又不依附双核发展,"十三五"期间川东北首位城市轮廓开始显现,但辐射带动川东北经济区整体发展的实力仍然不足。

南充市是川东北经济区第一大城市,但城市首位度不高,"十三五"期间,首位度还有下降的可能。2015年,南充市经济总量占到川东北经济区的30.4%,首位度两城指数①仅为1.1,首位度五城指数也只有0.4,达不到带动区域整体发展的实力。从川东北5市"十三五"期间的GDP预估增速来看,南充市预估年均增速为8.5%,仅高于达州市,低于广安市、广元市和巴中市,在"十三五"末南充市首位度还有降低的可能。因此,南充市能否发展成为川东北核心城市还有待观察。

4. 广元市与成都经济区的联系更加紧密

广元市仍然是四川最重要的进出门户,是大西南连通大西北的咽喉之地,更是成渝经济区对接丝绸之路经济带的桥头堡,是成渝两大中欧快铁的通道枢纽。"十三五"期间随着兰渝和西成高铁的通车,以及多条高速公路在广元市汇聚(广元—成都、广元—重庆、广元—西安、广元—兰州、广元—巴中—万州),广元市的川陕甘区域中心城市和交通枢纽地位将进一步增强,与成渝经济区和关天经济区联系更加紧密,并很可能融入成都经济区发展。

广元市作为集中连片贫困地区、革命老区、秦巴山区,发展滞后,脱贫攻坚任务难度大,人均GDP2.3万元在川东北地区位列倒数第二,仅相当于成都经济区的45%。地方财力薄弱,财政支出主要依靠上级转移支付。特色优势产业规模小、链条短,部分传统产业产能严重过剩,自主创新能力不强,转型发展动力不足。广元市要走出这一困境,在区域发展战略的选择上,正如国家编制的《川陕革命老区振兴发展规划》中所言,应该"引领老区融入成都经济区和丝绸之路经济带"。

5. 巴中市力争成为川陕结合部次级枢纽

巴中市是川陕革命老区的中心,秦巴山集中连片贫困山区,国家编制的《秦巴山片区区域发展与扶贫攻坚规划2011~2020》将巴中市列为秦巴山片区三大中心城市之一;《川陕革命老区振兴发展规划》对巴中等老区发展给予大力支持。

---

① 城市首位度在一定程度上代表了城镇体系中的城市发展要素在最大城市的集中程度。"首位度两城指数"是用首位城市与第二位城市的规模之比的计算方法:S = P1/P2。"首位度五城指数"计算方法是:S = P1/(P2 + P3 + P4 + P5)。首位度两城指数尽管容易理解和计算方便,但不免以偏概全,五城指数的优势是涵盖川东北所有地级市,更能全面反映城市规模的特点。按照位序—规模的原理,能发挥区域核心城市功能的两城市指数是应该2以上,五城市指数应该是1以上。

巴中市未来 5 年将形成 7 条对外辐射的高速公路线，4 条铁路线，与成都、重庆、西安等周边主要中心城市时空距离大幅缩短，将逐渐发展成为川陕结合部的次级交通枢纽。

巴中市经济发展水平位于川东北经济区最后一位，人均 GDP 只有广安市的一半，脱贫任务难度很大。尽管初步形成了高速公路交通枢纽，但是这些经过巴中市的高速线路主要是支线，枢纽地位不高，交通辐射范围十分有限。巴中市区位条件较差，相邻区域几乎都是国省贫困县，受成渝经济区和关天经济区辐射很弱，区域发展面临严峻挑战。

9.2.5 攀西经济区从要素驱动走向转型发展

《长江经济带规划纲要》要求以生态优先、绿色发展为统领，把保护和修复长江生态环境摆在首要位置。攀西经济区作为长江上游生态功能区的核心区，金沙江水电开发主战场和西电东送基地，生态经济在经济社会发展中的重要性更加凸显，发展道路上面临新的选择。从"十一五"到"十三五"，攀西经济区的发展趋势主要表现在三个方面：一是工业以矿产资源初加工和传统钢铁工业为支柱行业，向矿产资源精深加工，综合利用，以钒钛产业为支柱的战略新兴产业转变；二是从强调以扩大工业规模为重点的区域发展战略，向创新驱动发展和全域阳光康养生态基地的区域发展思路转变；三是区域形象从传统钢铁工矿区，向全域阳光康养产业发展的生态度假区转变。战略资源的综合利用与精深加工，面临的技术"瓶颈"难以在短期内突破，转向与外地联合创新，攀西孵化，以此解决攀西人才不足，创新能力弱等问题。同时，攀西阳光康养的独特资源价值在逐年攀升，伴随快速交通通道日渐完善，"阳光康养＋三次产业"的发展模式将对攀西经济区未来发展带来根本性的改变。

9.2.6 川西北生态经济区走向全新发展道路

川西北生态经济区是长江上游生态功能核心区，是青藏高原东南缘高山原和高山峡谷区，川西北生态脆弱，在功能分区上主要是禁止开发区和限制开发区。但该区域群山争雄、江河奔流，孕育着古老与神秘的文明，汇聚了诸多神奇的自然风光。曾经，川西北地区热衷于发展工业，物流、技术、市场、人才都不占优势，工业效益不佳，还造成环境的破坏和资源的浪费。近年来，川西北生态经济区的发展环境发生着悄然变化：一是我国经济发展的环境容量日益枯竭，生态在经济社会发展中的重要性更加凸显；二是随着国家宏观政策转向，尤其是党的十八大五中全会提出"绿色发展理念"后，"绿水青山就是金山银山"的观念逐渐深入人心；三是川西北生态资源的开发价值在人们的需求转型中持续提升，生态产品市场将出现爆发态势；四是南水北调西线工程被国家高层叫停，川西北地区水生态得以维系。在大的趋势推动下，川西北生态经济区从"十一五"时期倡导"加大矿产优势资源合理开发力度"来发展工业，经过"十二五"时期"点状开发矿产资源"，到"十三五"时期调整为"走依托生态优势实现可持续发展的特色之路……积极发展生态文化旅游……加强高原生态安全屏障建设，有效修复和提升生态功能"，工业向"发展飞地经济"转变。川西北生态经济区逐渐找到一条崭新的发展道路，向着生态文明发展方向迈进。

9.3　四川区域发展格局面临的主要问题

随着一系列涉及四川省的国家战略的实施，给四川省区域经济发展带来新机遇和新环境，同时，新情况也引发一些新思考，带出一些新困惑。

9.3.1　成渝城市群规划对两大城市带的安排会不会导致失衡

2016 年国家发布的《成渝城市群发展规划》将成渝城镇空间发展格局划分为"一轴两带、双核三区"①，作为上位规划对四川省的区域发展具有很强的指导性。仔细对比规划中的空间布局，我们发现"两带、双核"呈现明显的"失衡"状态，四川省 14 个地级市中仅有 5 个定为区域中心城市，四川省城市群显得较为"弱势"，一些空间结构问题被暴露出来。这种布局的偏差，未来可能会束缚成渝城市群的协调发展。

1. 两大城市带上区域中心城市布局失衡

以重庆都市区为核心的沿江城市带（为论述方便，以下简称重庆城市带）上布局有 4 个区域中心城市，并通过万州、宜宾、泸州三大区域中心城市将两大城镇密集区（达万城镇密集区和川南城镇密集区）武断地纳入重庆城市带辐射范围，呈现"一核四中两区"发展格局，忽略了在现代高铁和高速公路的影响

---

① 即，成渝发展主轴，沿江城市带和成德绵乐城市带，成都核心和重庆核心，川南城镇密集区、南遂广城镇密集区、达万城镇密集区。

下，成都核心对川南和川东北的辐射带动，以及腹地拓展的实际情况。事实上，未来重庆城市带不可能独立主导川南经济区和川东北经济区的发展走向，成都对这两个区域的影响正日益增强。反观以成都都市圈为核心的成德绵乐城市带（以下简称成都城市带），仅布局两个区域中心城市，呈现"一核两中心"发展格局，空间形态和结构显得十分单一，腹地范围也受到局限。显然，此布局不利于成渝城市群协调发展。

2. 两大城市带的空间跨度差异太大

重庆城市带涉及三个城市群：重庆城市群、川南城市群和川东北城市群。成都城市带则限于成都城市群范围内。再以城市带上两端区域中心城市与核心城市的陆上交通距离为标准来进行比较，差异十分显著。重庆城市带上，重庆主城区距离万州和宜宾分别是 272 千米和 260 千米，总跨度 532 千米；成都城市带上，成都主城区距离绵阳和乐山分别是 120 千米和 137 千米，总跨度 257 千米，不到重庆城市带的一半，不符合成渝城市群双核发展的实际情况。

3. 四川部分区域中心城市未被得到认可

如果客观从市辖区城镇常住人口规模和经济总量来看，成渝中部的自贡市、遂宁市、内江市已经与现有区域中心城市相当，甚至超过。如果成渝中部的自贡、内江和遂宁能成为区域中心城市，更有利于承接两大核心的辐射，带动中部"塌陷"地区经济崛起，也更有利于成都增长极的腹地向纵深扩展。川东北的达州市，其两个市辖区的城镇常住人口规模分别超过涪陵、永川、乐山、宜宾等区域中心城市的城镇常住人口规模，但仅被认定为节点城市。类似的情况还有，眉山市、德阳市、资阳市与渝东南区域中心城市黔江的比较，如表 9-2 所示。

表 9-2　　　　　　　　　　成渝城市群相关城市比较

地区	市区城镇常住人口（万人）	市区常住人口总规模（万人）	市区经济总量（亿元）	《成渝城市群发展规划》定位
南充市：嘉陵区、高坪区、顺庆区	110.5	193.1	543	区域中心城市
绵阳市：涪城区、游仙区、安州区	110.3	178.8	925	区域中心城市
泸州市：龙马潭区、江阳区、纳溪区	103.3	142.8	715	区域中心城市
重庆市：万州区	100.2	160.7	828	区域中心城市
达州市：通川区、达川区	84.3	165.4	423	节点城市
自贡市：大安区、贡井区、自流井区、沿滩区	80.2	134.9	735	节点城市
宜宾市：翠屏区、南溪区	79.6	119.4	619	区域中心城市

续表

地区	市区城镇常住人口（万人）	市区常住人口总规模（万人）	市区经济总量（亿元）	《成渝城市群发展规划》定位
乐山市：五通桥区、市中区、沙湾区、金口河区	75.2	122.8	628	区域中心城市
重庆市：涪陵区	72.8	114.1	813	区域中心城市
重庆市：永川区	71.2	109.6	570	区域中心城市
遂宁市：船山区、安居区	70.4	131.4	373	节点城市
内江市：东兴区、市中区	65.9	128.6	435	节点城市
眉山市：东坡区、彭山区	60.5	115.7	475	节点城市
德阳市：旌阳区	49.8	74.7	456	节点城市
资阳市：雁江区	43.0	87.8	446	节点城市
广安市：广安区、前锋区	35.2	87.1	295	节点城市
雅安市：雨城区、名山区	31.5	63.3	201	节点城市
重庆市：黔江区	21.3	46.2	203	区域中心城市

注：城市以市辖区常住城镇人口规模排序。

资料来源：人口规模和经济总量为 2015 年数据，来源于《四川统计年鉴 2016》和《重庆统计年鉴 2016》。

9.3.2 成都经济区范围是否应该扩大

从"十一五"提出成都经济区/城市群"1+4"[①] 空间范围到"十三五"的"1+7"[②] 的格局，其间，政府部门的研究报告和各类规划文件对其范围的界定出现过多种版本，总的方向是逐渐扩大范围。这说明成都经济区/城市群范围划分争议较大，但是随着形势的变化而相应调整范围又十分必要。当前新的发展环境下，扩大成都经济区/城市群范围具有诸多"利好"，但也面临调整五大经济区是打破区域发展平衡的质疑。

1. 扩大范围有利于增强成都经济区纽带功能

从经济区位上讲，北丝绸之路经济带的起点是西安市，南丝绸之路的起点是成都市，长江上游经济中心是成都市和重庆市。四川省是丝绸之路经济带与长江经济带的重要纽带，具有联动东西、带动南北的区位优势。而成都经济区作为四

---

① "1+4"指：成都、德阳、绵阳、眉山、资阳 5 市。

② "1+7"指：成都、德阳、绵阳、眉山、乐山、资阳、遂宁、雅安 8 市。

川省最重要的产业发展聚集地,理应对连接南北经济带起到关键性作用。当前,成都经济区北向应支持广元市成为连接丝绸之路经济带的交通枢纽,南向加强与长江干流港口的衔接,避免纽带功能受到局限。兰渝铁路建成后,始发于成都市和重庆市,辐射到厦门、上海、昆明、贵阳等地的中欧班列将在广元汇聚,再加上西成客专和广元至兰州高速,广元市连接丝绸之路经济带的枢纽地位不言而喻。

不久的将来,在成都经济区南面,随着成贵、渝昆、宜西等各项铁路规划建设逐渐变成现实,宜宾市将成为四川省长江干流上的"铁公水"联运交通枢纽,而且宜宾港的腹地未来也将主要集中在成都经济区和攀西经济区。因此,如果将广元纳入成都经济区,同时,将成绵乐城市带向川南延伸,加强成绵乐城市带与长江干流港口城市的经济联系,能极大增强成都经济区连接"一带一路"和长江经济带的纽带功能。

2. 扩大范围有利于更多城市享有核心城市辐射带动

在四川省范围内,能产生全域辐射带动影响的城市只有成都市,如果考虑四川盆地范围,则应加上重庆市,即国家战略层面提到的成渝经济区双核带动。四川省社科院利用重力模型对全省各地区之间经济联系强度进行测算后发现,成都经济区除现有 8 个城市外,成都市与内江、自贡、南充 3 市的经济联系强度要强于这些城市在川南和川东北经济区内的经济联系强度,说明将这 3 市纳入成都经济区,符合市场发展规律,具有一定的经济支撑,既能让更多城市享有成都的辐射带动优势,还能将成渝中间地带尽可能地纳入成都核心的辐射范围,壮大成都核心增长极的实力。

3. 四川自贸区拉近泸州市与成都经济区的经济联系

"成自泸"高速通车后,成都到泸州的距离缩短至 260 千米,与成都到宜宾 254 千米相当。在四川省新设立的自由贸易试验区中,仅涉及两个城市:成都市和泸州市。之所以自贸区选择这两个城市布局,重点考虑物流通道和口岸的配套和协同发展。成都市的两大片区分别依托双流空港口岸和青白江铁路口岸,泸州片区则依托航运口岸,这三大片区无疑代表四川省最重要的三大口岸和物流通道。毋庸讳言,泸州经济与重庆市联系紧密,但是作为四川省唯一设立自贸区的航运港口城市,可以预见,泸州市与成都经济区的联系将变得非常紧密。

9.3.3 川南经济区港口如何定位与协同发展

在长江上游的港口群中,重庆港规模最大。泸州港、宜宾港,以至于后来的水富港如何协调发展，合理定位的问题，长期困扰着川南经济区的港口开发和长江航运业的发展。就市场规律而言，如果是一般性货物（非特殊大件货物），在成渝经济区日益便捷的公路和铁路运输条件下，重庆港的腹地远大于泸州港、宜宾港、水富港任何一个港口。就拿泸州港来说，其班轮频次，运费，耗费的多余时间（重庆—泸州段）等成本，与多跑几十甚至百千米高速成本不能相比。泸州港腹地可以延伸到成都平原经济区，但是，川中和川东北地区市场可能更多地选择重庆港，这种倾向不能全部归于重庆的补贴因素。这也是为什么泸州港运输能力长期"吃不饱"的根本原因。

此外，泸州港与宜宾港的关系。泸州与宜宾相距更近，当前体制下，内斗难免。两个港口，现在又加上水富港，在一个狭小，而且经济发展水平不是很高的区块市场下争夺，必然都"吃不饱"，活不好。因此，川南地区水运如何发展，如何推进宜宾、泸州、乐山港口的整合，实现长江上游港口的合作还需要更加全面的筹划。

9.3.4　川东北经济区"碎片化"格局的未来走向

川东北经济区区域类型较多，区域主导性较弱，城市分布较散，区域空间呈"碎片化"发展格局，在相对较长时期内都难以形成带动整体发展的区域增长核心。

首先，从发展阶段看，川东北地区三次产业结构为 19.5：49：31.5，人均GDP 为 3 464 美元[1]，在四川省五大经济区中略高于川西北生态经济区，远低于其他三个经济区，仅相当于同期全省人均 GDP 的 64%，全国的 48%，工业化程度较低，还处于库兹涅茨定义的工业化初期阶段[2]。与这一阶段相对应，在区域经济发展过程中，空间结构呈发散状态，且发展不平衡，集聚与规模经济为经济活动的主要特征，区域通道建设加快，以城市为基础的国民经济工业化过程已经开始，城市经济结构比较简单，城镇间联系仍以不同等级之间的纵向联系为主。综上所述，川东北地区呈现的区域发展状态是五个行政区各自为政，城市虹吸效应十分显著，没有形成一个能带动整体的区域增长极。

其次，从区域类型看，川东北经济区地处四川、重庆、陕西、甘肃 4 省市结合部，既有广袤深丘地区，又有大片盆周山区；既是巴人文化发源地，又是蜀汉

---

① 根据 2015 年数据测算，汇率为 1 美元 = 6.8 元人民币中间价。
② 发展的阶段标准，请参阅 S. 库兹涅茨. 现代经济增长 ［M］. 北京：北京经济学院出版社，1989.

文化的承载地；既毗邻重庆市主城区，又是川陕苏区核心区、秦巴连片贫困地区、边远山区为一体的欠发达区域。各种区域类型都不占绝对主导地位，发展需求不同，从而使川东北地区在各类国家和省发展战略中呈现出"碎片化"的局部参与状态。

最后，从各种发展规划看，川东北地区在诸多上位规划中被分解为多个小的区块，展现出"碎片化"规划特征。川东北经济区的五大行政区中，南充、广安、达州3市被纳入《成渝经济区区域规划》；巴中、广元、达州、南充4市被纳入《川陕革命老区振兴发展规划》；广元市和巴中市，以及南充市的仪陇县，达州市的宣汉县和万源市被纳入《秦巴山区区域发展与扶贫攻坚规划》；《成渝城市群发展规划》将达州市划归以万州市为中心的达万城镇密集区，南充市和广安市划为南遂广城镇密集区，分解得更为凌乱。而依照国家发展和改革委批准的《川渝合作示范区（广安片区）建设总体方案》，广安市作为川渝合作的示范区则被纳入重庆城市群统一规划。当然，川东北"碎片化"发展的症结不在规划上，但对经济区发展的影响值得深思。

直到"十三五"时期，四川省编制的《川东北经济区"十三五"发展规划》才首次将川东北5市作为一个整体进行规划。但此规划执行效果有待观察。川东北地区面积6.4万平方千米，相当于77%的重庆市面积和74%的成都平原经济区面积。这么大的区域，如果没有强有力的核心增长极和多个区域中心城市整体带动，很难发展成为一个成熟的经济区。否则，总是各自为政，难以形成经济区的合力。

9.3.5 战略资源创新开发如何激活攀西区域经济

攀西地区铁、钒、钛、稀土、石墨等战略矿产资源丰富，无疑给区域经济发展提供了良好的基础条件，但攀枝花从建市到现在已经51年，面临的紧迫问题是资源城市转型发展，这不得不引发对以矿产资源开发为主要内容的区域经济发展方式的反思。

攀西地区经济发展对矿产资源的依赖性很强，经济类型比较单一。而长期以来，攀西战略资源的下游产业发展技术"瓶颈"未能突破，对下游市场价格也不具备话语权。资源开发和工业发展上，要素驱动有余，创新驱动不足，总是倾向于数量规模型发展，而攀西地区技术创新能力较弱，质量效益型发展能力不足。攀西的钒钛产业水平与国际差距还很大，在整体上缺乏原始创新和系统创新。钒深加工产品少，特别是化工、材料和有色合金品种少。航天航空级钒铝合金产品只有德国和美国能生产。在钛产业方面，钛白粉在生产技术、工艺、装置、品种、品牌等方面与国际先进水平均存在较大差距。例如，世界先进国家生产工艺以氯化法为主，攀西地区则以硫酸法为主。整个行业存在结构性过剩，即锐钛型产品产量过大，低档金红石型钛白粉产量较多，高档金红石型产品较少，每年还要进口 20 余吨。海绵钛和钛材品种、质量属中低档次，质量不稳定，产品缺项较大，产品品质、产品结构、产品档次与发达国家相比存在明显差距。资源利用率较低，缺乏高效清洁利用流程和产业化技术，缺乏产品深加工和市场应用开发。目前，在钒钛磁铁矿提钒工艺中，钒的回收率选矿过程为 80%、高炉冶炼过程为 78%、炼钢过程为 75%。因此，从原矿至钒渣钒的回收率只有 47% 左右。另外，高炉冶炼钒钛磁铁矿对 TiO_2 含量要求严格，冶炼困难，且高炉渣中的 TiO_2 随炉渣废弃。钒渣之后的提钒工艺过程涉及多次焙烧，能耗大，钠化焙烧过程中还产生大量污染性窑气，治理难度大。钒渣中的伴生有益元素，如铬、锰、钛不能被同时提取利用，过程中的废水、废渣不仅污染环境，也造成资源浪费。攀西地区传统产业经济效益不佳的同时，在矿产的开发中却对地区生态产生诸多负外部性。

攀西地区经济转型有两个方向：一是扩展产业类型，利用资源开发所积累的资金、技术和人才，或借助外部力量建立起基本不依靠原有资源的全新产业群；二是延伸产业链条，在原有资源开发产业的基础上，发展下游产业，建立起资源深加工和利用的产业群。两个方向同时发力，区域经济发展最终从根本上摆脱对资源的依赖。

要实现攀西经济的转型和振兴还必须解决两大难题：产业发展所需的创新研发人才不在本地，即创新发展的根基和动力不在本地；资源性产品的开发应用不在本地，即主导产业与区域经济的后向关联性不强。人力资源是支撑所有产业发展的基础要素，而研发环节的创新型人才资源是任何产业向高端发展的关键要素。通过改善宜居环境和区域内文化娱乐休闲设施，增加对人才的吸引力，通过大力发展教育，培养本地化人才，来增加攀西地区人力资源质量。重点发展本地技术和人才都能支撑的产业领域。从钒钛产业价值链看，钒钛材料产品的开发应用处于产业价值链上的最高端，技术含量高，附加值高，效益最好，发展潜力最大。例如，应用于航空航天器、海水淡化、原子能发电、船舶换热器、高端日用品等领域的钒钛材料零部件的开发。因此，攀西钒钛等战略资源型产业链向钒钛高技术应用环节延伸对于地区经济发展具有重要的推动作用。

9.4 四川区域发展策略

9.4.1 做大国家中心城市，力促成德眉资大都市圈一体化发展

四川省区域经济中心——成都市，既是四川省区域经济发展的首位城市，又是国家中心城市，更要以龙头城市地位带动"德眉资"一体化发展，打造成为现代化、国际化大都市圈。当前，随着城际交通的巨大变化，成都和周边城市一体化发展的条件和基础趋于成熟，城市间一体化发展意愿日益增强，一体化合作发展的共识日益扩大。建议以"成德眉资"都市圈一体化发展为示范，构建同城化的交通网络，一体化的产业布局，整体化的生态保护，便利的社会公共服务机制，协同的行政管理体制，为四川省各经济区协调发展、一体化发展提供经验和蓝本。上述都市圈是四川省区域格局中最关键的一个"点"，此外，还有一条"带"和一幅"面"①。这个"带"就是"成德绵乐"城市带，又是四川省的科技创新带。与《成渝城市群发展规划》中的沿江城市带相比，成德绵乐城市带呈现跨度短、腹地小、区域中心少等短板。建议四川省支持这一最重要的城市带、创新带向南北两端延伸，不要囿于成都经济区范围。向北，延伸至广元市，增强与北丝绸之路的纽带关系；向南，延伸至宜宾市和泸州市，加强与长江经济带港口城市的经济联系。扩大四川省主城市带腹地范围，增强竞争实力，并且，实现借助科技创新带弥补其他经济区创新能力不足的问题。

9.4.2 推进川南一体化进程，构建川渝滇黔结合部区域经济中心

川南地区的战略地位在区域发展格局中已显著上升，四川省应顺势而为，赋予川南经济区更多体制改革任务，督促和鼓励内江—自贡同城化发展，加快推动沿江和南向开放门户建设，打造形成省域副中心城市，拓展发展新空间，更好地对接国家战略，带动川南城市群整体崛起，与成都都市圈和重庆都市圈形成同振共兴格局。探索设立川南银行、川南投资集团和川南振兴发展基金，重点投向重

---

① 本书认为四川省区域格局中"点、带、面"分别有最关键的三部分。关键点是"成德眉资"都市圈；关键带是"成德绵乐"城市带，延伸后为"成德绵乐—宜泸"；关键面是成渝经济区的四川板块。

大基础设施、新兴产业、生态环境、公共服务等领域。推动城际铁路加快建设、基础设施互联互通、产业分工协作、公共服务对接共享、生态环境共建共治。充分利用区位优势和港口优势，大力发展沿江经济，加强与攀西地区、昭通市、毕节市、六盘水市等长江上游区域间互联互通和产业联动，加快建设川渝滇黔结合部区域经济中心。

9.4.3　打造中部城市群"南遂广"，培育省域副中心城市

"南遂广（安）"3 市距离较近（类似于川南），又是《成渝城市群规划》中的南遂广城镇密集区，建议四川省鼓励和支持 3 市抱团发展，打造四川省中部"南遂广（安）"城市群，加快内部快速通道建设和一体化进程，培育省域副中心城市，毗渝区域既要接收重庆辐射，也不能忽视进入成都发展体系。南充市"十三五"末，经济总量预计达 2 100 亿元，中心城区实现向百万人口大城市跨越，要拓宽天然气用途，加强与外部的交通纽带建设，以及南充港与德阳市的大件路建设；遂宁市能起到成都城市群与川中城市群联系纽带作用，建设成中部大城市；广安向高水平的中等城市发展。

9.4.4　促进"广巴达"特殊区域加快发展

"广巴达"是四川省非常特殊的区域，连片贫困的程度深，面积广，距离中心城市远，基础设施欠账多。"广巴达"要抓住中央推进川陕革命老区振兴发展战略这一历史机遇，推进广元—巴中—达州基础设施建设和区域一体化发展，强化"广巴达"一线与万州市的互联互通，构建秦巴山南麓的经济走廊，形成川陕革命老区出海的大通道。广元市的交通区位非常重要，历来是北向出川的门户，要积极打造成为四川省北向开放合作的桥头堡。不久，成都—西安、重庆—兰州的高铁在广元市汇聚，广元市与中心城市的时空距离将大幅缩短，在区域格局上，广元市融入成都经济区的条件逐渐趋于成熟。达州市经济实力相对更强，"十三五"末经济总量预计达 2 000 亿元以上，应打造成为四川东向开放合作的桥头堡。巴中市是川陕苏区的核心区。在逐步形成和完善巴中市与周边城市，广元、达州、南充、绵阳、汉中的高速通道基础上，应加强与成渝经济区和关天经济区，特别是毗邻地区汉中市、安康市的联系。利用好秦巴山的绿色资源、革命老区的红色资源，积极创建国家生态公园，积极争取巴中市与成都市高速铁路的互联互通。

9.4.5 积极推进攀西地区建成四川省南向开放的桥头堡

攀西经济区地处四川省最南端,是四川省通往南亚、东南亚,实施南向开放合作的桥头堡。首先,要打通攀西地区和川南经济区的大通道,改变攀西地区东向的封闭状态,更好地推进攀西地区的风、光、水互补的可再生能源基地建设,发挥攀西地区的战略作用。其次,加快打通攀西地区与周边云南省市州的旅游环线通道,打通攀西地区与成都市从而与昆明市及南下快铁大通道,推进攀枝花市建设川滇结合部区域经济中心。然后,要大力推进攀西彝区脱贫工程,长期不懈推进"9+3"教育扶贫,完善基础公共医疗服务水平,防止贫困的代际传递。更重要的是,多维度挖掘攀西特色资源潜力,提升攀西地区立体气候、战略矿产、阳光康养三大特有的资源开发的科技含量,大力引进新材料应用开发的下游产业,建设国家阳光康养基地,积极发展立体农业,从根本上实现攀西地区区域经济的腾飞。

9.4.6 在稳定和安全的基础上推进川西北地区生态经济发展

川西北地区要以生态保护和民族融合发展为目标,大力巩固民族团结,保持社会的和谐稳定。同时,川西北地区地质结构复杂,灾害多发,应加强灾害预防、治理和生态恢复,不宜居住地区坚定实施灾害和生态移民工程,推进牧民定居和藏区城镇化居住工程。围绕生态资源,发展民族融合性产业,重点推进全域旅游、生态农牧业和风、光、水电等产业发展,实施"旅游+农牧业""旅游+民俗文化""旅游+特产加工业"等旅游与多种产业的融合。加大支线机场和高速交通、城镇、通信、能源基础设施的建设投入,加快推进川藏铁路、汶川—马尔康高速、雅安—康定高速、绵阳—九寨沟高速建设,实施乡乡通油路工程,为全域旅游发展创造良好条件。

第10章

建议及展望

10.1 建 议

10.1.1 发展内陆深加工业改变贸易商品结构

内陆地区，特别是西部地区的支柱产业往往与优势资源开发密切相关，而资源价格和配额受国家行政管控程度较高，制约内陆地区资源加工业的发展。价格是市场经济资源配置的"信号灯"，是调节市场行为的有力杠杆。要进一步深化资源性产品价格改革，理顺煤、电、油、气、水、矿产等资源性产品与下游制造型产品的价格关系，使其更好地反映市场供求关系、资源稀缺程度和环境损害成本。通过资源价格体制改革，保障经济平稳运行，推动节能减排和结构调整。建立对中西部地区资源分配的新政策。在考虑资源东送的同时，需要考虑到中西部地区已经进入城镇化与工业化的加速时期，应该从加大中西部地区资源深加工，改善中西部地区产品输出结构着手，鼓励资源在中西部地区深加工利用。引导和支持资源型省份，延伸能源矿产品和农产品原料初加工产业链，变目前主要生产输出"量重体大值低"的能源矿产品（如原煤）和农产品原料（如棉花），为主要生产输出"量轻体小值高"的加工型产品。如引导投资者，在原煤主产省份，建设坑口发电厂、煤制气厂和煤制油厂，就地就近对原煤初加工，并铺设电网和管道，变目前这些省份主要向东部省份输送量重的原煤，为主要输送量轻的电、煤气和油。又例如，引导东部地区纺织企业适时适度向新疆维吾尔自治区及其邻近省份转移，就地就近对棉花初加工，变目前新疆维吾尔自治区主要向东部制造型省份超远距离输出体积大的棉花，为输出体积小的纱和布。如此，可显著降低货物运输总重量和运输费用，使社会物流总费用与 GDP 的比率显著下降，并且显著降低货物运输中的能源耗费、二氧化碳排放和大气环境污染；同时还能促进内陆地区输出产品从资源品向资源深加工产品转变，更加符合科学发展观和转变发展方式要求，有利于区域的协调发展。

10.1.2 鼓励民间投资增强区际贸易供给能力

2011 年我国天然气对外依存度是 21%，石油是 56%，保障能源供应和运输已成为关系国家能源安全的战略问题。煤层气、页岩气、煤制天然气等非常规天然气产量如果能大幅提高将对提高我国能源自给率具有重大意义。西部基础能源领域，国有经济比重很高，说明这些领域限制了民间投资，抑制了产出水平，产出潜力还有很大空间。从四川省的石油和天然气开采业，以及电力、燃气、水的生产和供应业等可见，国有经济从业人员占本行业从业人员均超过一半以上（见表 10 - 1），西部其他省份的情况也类似。例如，四川天然气开采主要有中石油和中石化两大国有集团公司，不利于发挥市场竞争机制，一定程度上抑制了产出水平和创新动力。

表 10 - 1　　　　2009 年国有控股工业企业主要指标行业占比　　　　单位：%

行业名称	工业总产值比重	资产总计比重	主营业务收入比重	利润总额比重	从业人员比重
石油和天然气开采业	98.93	99.30	99.14	95.26	98.89
化学纤维制造业	50.16	67.63	49.37	29.48	61.65
电力、热力的生产和供应业	89.52	82.98	89.90	66.80	84.90
燃气生产和供应业	50.34	53.11	50.91	49.36	56.63
水的生产和供应业	66.81	71.04	69.52	44.44	80.12

资料来源：作者根据《四川统计年鉴 2010》计算。

10.1.3 完善综合物流体系提高贸易运输效率

加强投资建设，延伸交通干线，改进管理方式，提高交通运输网通畅程度，同时引导物流运输企业优化组合运输方式，提高货物远距离运输总体效率。首先，应增加内陆投资，加强交通运输基础设施建设，延伸干线，打通省份边界断头路，形成通畅高效的运输干线网。其次，中央政府应回购地方政府和企业掌控的高速公路路段产权，理顺产权关系，为统一并降低通行收费标准创造条件；并且导入电子不停车收费系统（ETC），实行地市间省份间联网不停车收费，提高通行速度和运输效率。最后，目前中国除管道外，货物运输方式的吨千米能耗和二氧化碳排放量，由低到高的排放顺序是：水路—铁路—公路—航空。单位吨千米能耗，水路货运约是铁路货运的 66.0%，公路货运的 11.3%；铁路货运约是公路大卡车货运的 17.0%①。因此，政府应运用经济政策杠杆，大力发展便捷的综合物流体系，激励优先选择单位能耗和二氧化碳排放量低的运输方式，形成优化组合，提高货物全程运输的总体效率，从而降低能耗和二氧化碳排放量，减少对大气环境的污染。

10.1.4　助推内陆地区增长极促进区际贸易健康发展

无论区域间的供需互补性如何增强，垂直型供需互补性中输出基础资源型产品的地区始终存在巨额的利益流失，处于贸易劣势，加之资源型行业后向关联度低，前向关联度高，对地区经济带动能力弱，不利于区域间协调和可持续发展。如果能在内陆重点经济区形成多个有分量的加工制造基地，推动内陆地区与沿海地区形成水平形供需互补性并不断增强，至此才能真正缩小区域差距，促进区域协调和可持续发展。内陆地区地域广阔，实施西部大开发战略和中部崛起战略不可能各地齐头并进，更不能搞遍地开花，也要贯彻区别对待、分类指导的原则，才能有效地缩小地区差异。在开发重点区域选择上，要突出抓好条件较好的内陆地区重点经济区的培育壮大，着力推进以成渝经济区、关中—天水经济区、广西北部湾经济区、中原经济区、武汉城市群、长株潭城市群、皖江城市群等为代表的内陆增长极的建设，在这些优势区域加快形成能与沿海地区竞争的良好投资环境，促进现代先进制造业、高技术产业、新兴产业向内陆地区重点经济区集聚，形成较强的供给能力。在全国经济一体化的总趋势下，形成产业内的配套协作关系，最终实现我国区际贸易的协调和可持续发展。

10.2　展　　望

10.2.1　新一轮西部开发将提升内陆在区际贸易中的产品结构

2017 年 1 月，在西部大开发"十三五"规划中，国家更加强调西部地区提

---

①　资料来源：仇保兴谈抑制三大领域刚性碳排放［EB/OL］．住房和城乡建设部网站，2009－12－07. 郭剑彪．在杭甬运河建设第 5 次工作会上的讲话［EB/OL］．浙江省交通厅网站，2011－07－03.

升创新驱动能力，构建协调协同的空间格局，保护绿色和谐的生态资源，统筹衔接"一带一路"和长江经济带等重大机遇，以及民生为本的理念。

新一轮西部大开发将把充分发挥资源比较优势和加快调整经济结构结合起来，把建设国家能源、资源深加工、装备制造业和战略性新兴产业基地与推动产业结构优化和技术升级结合起来，依靠科技进步和人员素质提高，提升产业整体技术水平和竞争力，坚持在高起点上加快发展，坚持走资源节约型和环境友好型的新型工业化道路。新一轮西部大开发模式将从资源开发向资源开发与资源加工制造并重转变，从资源初加工向深加工转变，从资源依赖型增长向科技与人力资本依赖型增长转变。西部中心城市的新区建设，如两江新区、天府新区、西咸新区、兰州新区等均将先进制造业、高技术产业作为发展重点，纷纷提出产业倍增计划，已经拉开了西部产业大规模集聚的序幕。因此，新一轮西部大开发战略将显著推动和促进西部加工制造型产业的发展，必然极大地提升内陆地区在区际贸易中的产品结构。

10.2.2　沿边开放和向西开放将改变内陆地区的贸易区位劣势

内陆地区与15个国家接壤，有长达18 000多千米的边疆地带，西部地区是中国另一个通向世界的"门"。2011年，国家支持云南省加快建设面向西南开放的重要桥头堡，又在新疆维吾尔自治区设立喀什、霍尔果斯特殊经济开发区和阿拉山口综合保税区，形成向西开放的三大"新特区"；国家把"内陆开放"作为成渝经济区和关中—天水经济区重要的战略定位。向西开放战略将西部从我国对外开放的后方基地推向前沿阵地。与周边国家在经济、技术、文化等方面的交流合作不断推向纵深，广西壮族自治区东兴市、云南省瑞丽市、内蒙古自治区满洲里市等重点开发开放试验区快速发展，内陆地区内陆开放型经济不断增长，重庆市、成都市、西安市、昆明市、南宁市等内陆开放型经济战略高地正在形成。国家一系列的战略措施和战略布局无一例外地说明内陆地区在我国对外开放战略中的地位空前提升。正如李克强总理在俄罗斯大学所讲，我国"把沿边开放、向西开放作为新一轮开放的重点"。

内陆地区通过"沿边开放、向西开放"构筑立体的交通运输大通道，进一步从陆上通向欧洲，北接丝绸之路经济带，南连21世纪海上丝绸之路，协同衔接长江航运水道的西部陆海新通道正在形成，从而使内陆地区的内外联系变得相对便捷。交通的改善极大地增强了内陆地区对外资企业的吸引力。以具有代表性的四川省来说，过去"蜀道难，难于上青天"，现在，省内城市间的高速公路已四通八达，出川高速 10 余条，从成都到昆明、成都到兰州、成都到西安、成都到贵阳、成都到重庆以及四川到西藏的铁路，是四川省通向西部各地和亚欧大陆的大通道，几年之内大部分可以通车。中欧班列的顺畅运行，使西部地区成为向西开放的前沿和中心。未来若干年，四川通向东南亚、南亚、西亚、中亚的铁路将以成都为中心展开。成都双流机场已成为全国第四大空港，轻质的电子信息产品由此飞往世界各地，显示了物流成本的优势。长江上游航运已经完成改造任务，集装箱运输已经开通。四川省对外开放的"三地一中心"建设正在加快进行。三地就是：西部地区外商投资首选地；西部地区最具国际影响力的产业聚集地；西部地区最重要的入境旅游目的地。一中心就是：西部地区最大的国际商务中心。四川省的产业特别是新兴高端产业，如电子信息产业、汽车产业、新材料产业等正在蓬勃发展。全世界著名的电子信息企业，如英特尔、戴尔、联想、富士康、仁宝、纬创、德州仪器等全球知名电子信息产业品牌商和制造商及相关配套企业都在四川省集聚，协同发展。"十三五"末四川电子信息产业有望成为万亿元产业。同样，德国大众、一汽大众、韩国现代、吉利沃尔沃等一批品牌汽车企业集聚四川，四川正在成为全国重要的汽车生产制造基地。同时，一大批新能源、新材料、节能环保和生物产业重大项目落户四川。西部的开放将极大地改善四川贸易输出结构，缩小东西差距，奠基四川省长远发展。到目前为止，世界 500 强企业中已有 243 家落户四川。四川省外经外贸实现重大跨越，进出口总额连续三年跨越百亿美元台阶，出口跻身全国十强。

不仅仅是四川省，面向西南开放的云南桥头堡建设，新疆维吾尔自治区三大"新特区"建设，广西壮族自治区、内蒙古自治区开放开发试验区建设，重庆市、陕西省、甘肃省的内陆开放试验区建设等，内陆地区从开放的后方迅速转变成为开放的前沿。战略地位的转变，以及由此带来的大规模"产业西进"和贸易通道建设，将极大地改变内陆地区的贸易区位劣势。

10.2.3 建设内陆地区增长极将推动东中西部地区产业内贸易快速增长

2008 年以来，国务院相继批准在西部地区设立北部湾、关中—天水、成渝三个国家级经济区，以此作为带动西部发展的三大增长极。这三大经济区不仅将对西部地区产生吸引、聚集、扩散、辐射的重要作用，而且将与东部的长三角、珠三角、京津冀三大增长级形成东西犄角鼎立之势，对全国经济社会发挥着区域协调和优势互补的重要作用。中部地区南有武汉城市群、长株潭城市群、环鄱阳湖城市群三大城市群，北有横跨五省，总面积 28.9 万平方千米的中原经济区，也都先后得到国务院的批准。中西部的这些区域性增长极具有良好的产业基础、科技实力和丰富的人力资源，中西部的制造业也主要集中在这些地区。进入国家战略层面后，受国家政策支持，战略地位不断提升，产业结构纷纷从传统制造业向现代先进制造业、高技术产业和战略性新兴产业转型。在国家批复的区域发展规划中，成渝经济区定位于"全国重要的现代产业基地"，大力发展现代制造和高技术产业集群①；关中—天水经济区定位于"全国先进制造业重要基地"，以装备制造与高技术产业为重点②；中原经济区则以发展先进装备制造业，改造提升原材料工业，集群化发展中高端消费品工业，着力提升装备制造、有色钢铁、化工、食品、纺织服装五大战略支撑产业发展，建设全国重要的先进制造业基地③；皖江城市带作为承接产业转移示范区，在产业结构方面明确把装备制造业、原材料产业、轻纺产业、高技术产业、现代服务业和现代农业作为重点发展的六大支柱产业④；武汉城市群定位于全国重要的先进制造业基地、高新技术产业基地、优质农产品生产加工基地、现代服务业中心⑤；长株潭城市群区域规划中的战略重点是发展先进制造业、高新技术产业和现代服务业，提升基础工业，发展现代农业⑥。可以说，内陆部分重点地区在发展战略性新兴产业和高新技术产业方面并不落后于沿海地区，甚至在部分领域还有领先。以此为基础，大力推动内陆重点地区加快发展，一定程度上就打破了我国内陆地区与沿海地区间的"资源型"与"制造型"垂直分工格局，促进东中西部产业内贸易的快速增长。

---

① 参见《成渝经济区区域规划》，《国家发展改革委关于印发成渝经济区区域规划的通知》.

② 参见《关中—天水经济区发展规划》，《国家发展改革委关于印发关中—天水经济区发展规划的通知》.

③ 参见中原经济区发展规划纲要［EB/OL］. 中共河南省委农村工作办公室网站，http：//hnswnb. gov. cn/news/ShowNews. aspx？classid＝22&newsid＝345.

④ 参见国务院批复皖江城市带承接产业转移示范区规划［EB/OL］. 中央政府门户网站.

⑤ 参见《国务院关于武汉城市圈资源节约型和环境友好型社会建设综合配套改革试验总体方案的批复》.

⑥ 参见长株潭城市群区域规划 2008～2020，湖南省人民政府关于印发《长株潭城市群资源节约型和环境友好型社会建设综合配套改革试验总体方案》的通知.

参 考 文 献

[1] 钟昌标. 国内区际分工和贸易与国际竞争力 [J]. 中国社会科学, 2002 (1).

[2] 温家宝. 开拓创新 扎实工作 不断开创西部大开发的新局面 [R] // 温家宝总理在纪念西部大开发五周年的讲话. 人民日报, 2005 - 02 - 05.

[3] 周殿昆. 中国东西部市场关系与协调发展 [M]. 成都: 西南财经大学出版社, 1998.

[4] 俄林. 地区间贸易与国际贸易 (中译本) [M]. 北京: 首都经济贸易大学出版社, 2001.

[5] K. B. 巴普洛夫. 国际经济关系理论与域际相互关系 [J]. 国外财经, 1999 (1).

[6] 刘树成. 现代经济辞典 [M]. 南京: 凤凰出版社, 2005.

[7] 宋则. 中国流通创新前沿报告 [M]. 北京: 中国人民大学出版社, 2004.

[8] 蔡丛露. 我国区际贸易发展的现状分析及其对策 [J]. 亚太经济, 2003 (3).

[9] 邓健, 王新宇. 区域发展战略对我国地区能源效率的影响——以东北振兴和西部大开发战略为例 [J]. 中国软科学, 2015 (10): 146 - 154.

[10] 黄新飞, 舒元. 国际贸易与中国省区经济增长 [M]. 北京: 科学出版社, 2010.

[11] 谭周令, 程豹. 西部大开发的净政策效应分析 [J]. 中国人口·资源与环境, 2018, 28 (3): 169 - 176.

[12] 波特. 国家竞争优势 [M]. 北京: 华夏出版社, 2002

[13] 王俊松. 集聚经济与中国制造业新企业区位选择 [J]. 哈尔滨工业大学学报 (社会科学版), 2011 (11).

[14] 牛艳华, 许学强. 高新技术产业区位研究进展综述 [J]. 地理与地理信息科学, 2005 (5).

[15] 李国平, 赵永超. 梯度理论综述 [J]. 人文地理, 2008 (1).

[16] 周真刚. 从"支援边缘"到"自生中心"——"一路一带"视域下西部大开发的经济地理空间 [J]. 广西民族研究, 2017, 136 (4).

[17] 魏后凯. 欧美日韩在华制造业投资的区位决定 [J]. 经济研究参考, 2001 (39).

[18] 梁琦. 跨国公司海外投资与产业集聚 [J]. 世界经济, 2003 (9).

[19] 许罗丹, 谭卫红. 外商直接投资聚集效应在我国的实证分析 [J]. 管理世界, 2003 (7).

[20] 桂安生, 朱尚林. FDI 区位选择和产业集聚关系的实证分析 [J]. 中国商界, 2010 (9).

[21] 余珮, 孙永平. 集聚效应对跨国公司在华区位选择的影响 [J]. 经济研究, 2011 (1).

[22] 黄肖琦, 柴敏. 新经济地理学视角下的 FDI 区位选择 [J]. 管理世界, 2006 (10).

[23] 徐康宁, 陈健. 跨国公司价值链的区位选择及其决定因素 [J]. 经济研究, 2008 (3).

[24] 汪建成, 丘凌峰. 成本变动与跨国公司在华区位选择倾向 [J]. 国际经贸探索, 2010 (10).

[25] 徐雪. FDI 在中国的区位选择 [J]. 贵州财经学院学报, 2010 (1).

[26] 茹玉聪, 等. 合约实施效率、外资产业特征及其区位选择 [J]. 管理世界, 2010 (8).

[27] 霍强, 韩博. 区域经济发展的动力机制、模式识别及演化规律——基于西部大开发以来 12 个西部省份数据的分析 [J]. 云南社会科学, 2019.01.

[28] 张松林, 李清彬. 从区位选择到空间集聚: 一个基于分工视角的分析框架 [J]. 未来与发展, 2010 (7).

[29] 姚凯. 论高技术产业的区位因素 [J]. 对外经济与管理, 1996 (1).

[30] 何春, 刘来会. 区域协调发展视角下西部大开发政策效应的审视 [J]. 经济问题探索, 2016 (7).

[31] 全毅. 丝绸之路经济带建设与西部大开发: 协同发展, 青海社会科学, 2016 (4).

[32] 范剑勇. 市场一体化、地区专业化与产业集聚趋势 [J]. 中国社会科学, 2004 (6).

[33] 周怀峰. 《国内贸易对大国区域产业成长的影响研究》[M]. 北京: 人民出版社, 2007.

［34］林发勤，崔凡．克鲁格曼新贸易理论及其发展评析［J］．经济学动态，2008（12）．

［35］张毅，焦秀红．迈克尔·波特的"国家竞争优势"理论［J］．商业研究，1998（3）．

［36］安虎森，等．《新区域经济学》（第二版）［M］．大连：东北财经大学出版社，2010．

［37］王兆峰，陈盼．西部地区省际贸易空间差异与经济协调发展研究［J］．科学·经济·社会，2011（2）．

［38］梁双陆，杨先明．中国西部地区省际贸易逆差研究［J］．经济界，2004（5）．

［39］朱泽山．区际贸易差额与区域经济协调发展［J］．西南大学学报（人文社会科学版），2007（3）．

［40］周学．从贸易理论创新看西部经济发展战略［J］．经济学家，2001（1）．

［41］王梦奎，李善同．中国地区社会经济发展不平衡问题研究［M］．北京：商务印书馆，2000．

［42］卢名辉，周明生．中国国内贸易与经济增长均衡关系研究：1952—2007［J］．社会科学辑刊，2009（2）．

［43］熊贤良．国内区际贸易与国际竞争力：以我国制成品为例的分析［J］．经济研究，1993（8）．

［44］中国社科院财贸所"中国省际投资与省际贸易"课题组．中国国内市场发展研究：省际投资与省际贸易格局［J］．财贸经济，1993（7）．

［45］朱泽山．西部开发应注重建立和拓展东西部的市场互补关系［J］．经济体制改革，2000（4）．

［46］叶裕民．中国区际贸易冲突的形成机制与对策思路［J］．经济地理，2000（11）．

［47］Sandra PONCET．中国市场正在走向"非一体化"？——中国国内和国际市场一体化程度的比较分析［J］．世界经济文汇，2002（1）．

［48］白重恩，等．地方保护主义及产业地区集中度的决定因素和变动趋势［J］．经济研究，2004（4）．

［49］刘刚．我国省际贸易壁垒的演进：1988～2008［J］．兰州学刊，2010（11）．

［50］黄赜琳，王敬云．基于产业结构区际贸易壁垒的实证分析［J］．财经研究，2007（3）．

[51] 李秉强. 省际贸易、经济地位与市场分割 [J]. 太原理工大学学报（社会科学版），2008（3）.

[52] 张辑. 区际贸易壁垒成因的博弈分析 [J]. 国情观察，2008（1）.

[53] 孙久文，彭薇. 基于区域贸易联系的国内区际贸易合作 [J]. 社会科学研究，2010（6）.

[54] 赵永亮，徐勇. 国内贸易与区际边界效应：保护与偏好 [J]. 管理世界，2007（9）.

[55] 徐康宁. 当代西方产业集群理论的兴起、发展和启示 [J]. 经济学动态，2003（3）.

[56] 刘静. 我国企业区位选择与区域布局问题探讨 [J]. 当代经济研究，2010（7）.

[57] 高然. 外商直接投资在中国的区位选择研究综述 [J]. 甘肃联合大学学报（社会科学版），2012（3）.

[58] 姜海宁，等. 中国制造业企业500强总部空间格局及区位选择 [J]. 经济地理，2011（10）.

[59] 熊文，等. 我国高技术产业枢纽的区位选择 [J]. 科学学研究，2010（9）.

[60] 王宏. 集聚效应与农业外商直接投资的区位选择 [J]. 国际贸易问题，2012（3）.

[61] 课题组. 近年来我国耕地变化情况及中期发展趋势 [J]. 中国社会科学，1998（1）.

[62] 崔村丽. 我国煤炭资源及其分布特征 [J]. 科技情报开发与经济，2011，21（24）.

[63] 中华人民共和国水力资源复查成果总报告简要本 [Z]. 2005.

[64] 曹新元. 我国主要金属矿产资源及区域分布特点 [J]. 资源产业，2004，6（4）.

[65] 中国非金属矿产资源简介 [EB/OL].（2010 - 03 - 24）. http://www.ky114. cn.

[66] 国家发展改革委. 可再生能源发展中长期规划 [R]. 2007.

[67] 钱学锋. 国际贸易与产业集聚的互动机制研究 [M]. 上海：上海人民出版社，2010.

[68] 高新才，张婷婷. 产业区位选择因素研究综述 [J]. 中国流通经济，2009（2）.

［69］王伟凯. 制造业外资企业地理集聚及其区位选择［J］. 哈尔滨工业大学学报（社会科学版），2011（11）.

［70］徐圆. 中国工业地区专业化程度分析［J］. 产业经济研究，2008（3）.

［71］王黎黎，朱泽山. 广西区际贸易不平衡的成因分析与经济发展战略调整［J］. 商业时代，2012（7）.

［72］樊福卓. 地区专业化的度量［J］. 经济研究，2007（9）：71-83.

［73］贺灿飞，谢秀珍. 中国制造业地理集中与省区专业化［J］. 地理学报，2006（2）.

［74］林秀丽. 中国省区工业产业专业化程度实证研究：1988~2002［J］. 上海经济研究，2007（1）.

［75］简新华. 产业经济学［M］. 武汉：武汉大学出版社，2001.

［76］靖飞. 中国产业内贸易指数放大效应的测度［J］. 统计与决策，2010（20）.

［77］史丹. 能源工业改革开放30年回顾与评述［J］. 中国能源，2008（6）.

［78］大卫·李嘉图.《政治经济学及赋税原理》［M］. 丰俊功，译：北京：光明日报出版社，2009.

［79］李凌浩. 我国当前社会物流成本过高的成因与解决对策［J］. 中国科技信息，2011（15）.

［80］姜旭. 日本的物流成本管理［C］//2008年中国物流年鉴. 物流出版社，2008：51-54.

［81］亚当·斯密. 国富论［M］. 唐日松，译. 北京：华夏出版社，2005.

［82］伯特尔·俄林.《区际贸易与国际贸易》［M］. 北京：商务印书馆，1986.

［83］熊文，等. 我国高新技术产业枢纽的区位选择［J］. 科学学研究，2010（9）.

［84］金祥荣，朱希伟. 专业化产业区的起源与演化［J］. 经济研究，2002（8）.

［85］李立辉，等. 区域产业集群与工业化反梯度推移［M］. 北京：经济科学出版社，2005.

［86］陈敏，等. 中国经济增长如何持续发挥规模效应？——经济开放与国内商品市场分割的实证研究［J］. 经济学（季刊），2007（10）.

［87］陈秀山，张若，杨艳. 西北地区贸易联系与空间流向分析［J］. 经济理论与经济管理，2008（3）.

[88] 马歇尔. 经济学原理 [M]. 北京：商务印书馆，1964.

[89] 张建华，程文. 中国地区产业专业化沿边的 U 型规律 [J]. 中国社会科学，2012（1）.

[90] 冯根福. 我国东中西部地区间工业产业转移的趋势、特征及形成原因分析 [J]. 当代经济科学，2010（3）.

[91] 刘红光，等. 区域间产业转移定量测度研究 [J]. 中国工业经济，2011（6）.

[92] 林凌，刘世庆. 西部大开发面临的新挑战 [J]. 西部开发评论，2002（1）.

[93] 刘世庆. 中国经济发展新格局与西部大开发 [A]. 自：四川区域综合竞争力（2009）[M]. 北京：社会科学文献出版社，2010.6.

[94] 陈栋生，魏后凯等. 西部经济崛起之路 [M]. 上海：上海远东出版社，1997.

[95] 王洛林，魏后凯. 未来 50 年：中国西部大开发战略 [M]. 北京：北京出版社，2002.

[96] 刘世庆. 中国西部大开发与经济转型 [M]. 北京：经济科学出版社，2003.

[97] 赵曦.21 世纪中国西部发展探索 [M]. 北京：科学出版社，2002.

[98] 白永秀. 西部大开发中的体制创新战略研究 [M]. 北京：经济科学出版社，2005.

[99] 江世银. 西部大开发新选择 [M]. 北京：中国人民大学出版社，2007.

[100] 江世银. 增强西部地区发展能力的长效机制和政策 [M]. 北京：中国社会科学出版社，2009.

[101] 林凌. 中国经济的区域发展 [M]. 成都：四川人民出版社，2006.

[102] 刘卫东等. 深入推进西部开发的战略思路研究 [J]. 经济地理，2010（4）.

[103] 魏后凯. 未来十年中国西部大开发新战略 [J]. 西部论坛，2010（7）.

[104] 劳承玉，张序. 西电东送与西部水能资源的有偿使用 [J]. 金融与低碳经济，2010，（5）.

[105] 白永秀，邵金萍，吴振磊. 关于建设"关中—天水经济区"的几点思考 [J]. 西北大学学报（哲学社会科学版），2009（6）：29－33.

[106] 韦海鸣. 广西北部湾经济区经济整合研究 [M]. 北京：中国经济出

版社，2009.

[107] 姚慧琴，任宗哲. 中国西部经济发展报告（2010 版）[M]. 北京：社会科学文献出版社，2010.

[108] 李子彬. 西部大开发新十年构建"西三角"战略区 [J]. 四川大学学报（哲学社会科学版），2010（5）：23－24.

[109] 邵锋. 西三角经济区建设—建设纵横交汇的反梯度发展区域 [M]. 北京：中国人民大学出版社，2010.

[110] 陈栋生. 以科学发展观统领西部大开发战略——西部大开发十年回顾与前瞻 [J]. 区域经济研究，2009（3、4）.

[111] 柳长顺等. 近 20 年我国有效灌溉面积动态分析 [J]. 资源科学，2006（3）：8－12.

[112] 国务院办公厅. 2006～2020 年国家信息化发展战略 [M]. 北京：中国法制出版社，2006.

[113] 陈文理. 美国信息基础设施发展中的政府行为及其借鉴 [J]. 湖北社会科学，2011（1）：35－37.

[114] 王小强，白南风. 富饶的贫困 [M]. 成都：四川人民出版社，1986：2.

[115] 林晖. 六盘山等 11 个连片特困区占全国 70% 以上贫困人口. 2011－12－06，www.fjsen.com.

[116] 曾勇，吴财芳，陈伟. 矿产资源在西部大开发中的战略地位 [J]. 中国矿业，2003（12）.

[117] 周民良. 西部抉择—西部大开发的回溯与前景 [M]. 北京：煤炭工业出版社，2000：32－35.

[118] 丁德科，李振平. 以军地融合高新技术产业促进西部产业结构优化升级的思考 [J]. 西安财经学院学报，2008（7）.

[119] 刘世庆. 要素流动弹性　西部产业选择 [J]. 重庆社会科学，2001（5）.

[120] 林凌. 建设西部对外开放战略高地 [J]. 中国西部，2010（11）.

[121] 陈永忠，王磊，胡晶晶. 西部地区提高自主创新能力和发展优势产业研究 [M]. 北京：人民出版社，2009.

[122] 中国社科院西部发展研究中心. 西部地区经济结构调整和特色优势产业发展研究 [R]. 2005.

[123] 方敏. 合理开发利用西部地区的矿产资源 [J]. 地质技术经济管理，2000，22（2）：38－43.

[124] 严良，李伟.论西部矿产资源开发利用的中观管理 [J].中国国土资源经济，2008（6）：10-13.

[125] 侯林，汪雄武.西部矿产资源开发利用存在的问题及对策 [J].国土资源科技管理，2009（8）.

[126] 耿林，鹏润民.青海矿产资源可持续开发利用战略对策研究 [J].青海师范大学学报（自然科学版），2006（2）：93-96.

[127] 中国西部经济发展报告2006 [M].北京：中国社会科学文献出版社，2007.

[128] 倪志凌等.产业转移背景下对西部大开发的反思 [J].科学经济社会，2008（3）.

[129] 胡晓登.西部资源型国有工业经济发展方式转变的主要困难与对策——以贵州省为典型实证 [J].贵州社会科学，2011（10）.

[130] 邵忍丽.西部资源开发与环境保护的"共生机制" [J].广西社会科学，2009（2）.

[131] 邱鹏.西部资源环境承载能力的评价 [J].统计与决策，2009（19）.

[132] 周兵.西部地区产业结构演变与经济增长研究 [J].重庆工商大学学报（西部论坛），2009（2）：24-28.

[133] 钟劲松.产业转移视角下我国中西部地区生态循环经济发展问题研究 [J].经济问题探索，2011（3）：153-156.

[134] 刘修军.区域产业转移与中国西部地区产业结构调整 [D].青岛大学，2009：51-60.

[135] 杨先明.为什么FDI没有西进—从产业层面分析 [J].经济学家，2009（3）：52-61.

[136] 尹磊.西部地区承接东部产业转移过程中存在的问题及对策研究 [J].新西部，2009（22）：48.

[137] 林凌.依靠盆地开发两翼——对四川省经济发展战略的建议 [J].国内外经济管理，1984（22）.

[138] Alfred Weber. Theory of the Location of Industries [M]. Translated with and notes by Carl J. Friedich, the University of Chicago Press, Chicago&London, 1968.

[139] Walter Isard. A General Location Principle of an Optimum Space – Economy [J]. *Economica*, 1952, 20.

[140] Glaeser E, Kallal H D, Scheinkaman J A, et al. Growth in Cities [J].

Journal of Political Economy, 1992, 100 (6).

[141] Chien – Hsun Chen. Regional Determinants of Foreign Direct Investment in Mainland China [J]. *Journal of Economic Studies*, 1996, 23 (2).

[142] Cheng, L. K. , Kwan, Y. K. What Are the Determinants of the Location of Foreign Direct Investment? The Chinese Experience [J]. *Journal of International Economics*, 2000 (2).

[143] Harry G. Broadman, Xiaolun Sun. The Distribution of Foreign Direct Investment in China [J]. *The World Economy*, 1997, 20 (3).

[144] Chunlai Chen. Provincial Characteristics and Foreign Direct Investment Location Decision Within China [C]. Chinese Economy Research Unit Working Paper No. 97/16 (University of Adelaide), 1997.

[145] Sung Jin Kang, Hong Shik Lee. The Determinants of Location Choice of South Korean FDI in China [J]. *Japan and the World Economy*, 2007, 19 (4).

[146] Naughton B. How Much Can Regional Integration Do to Unify China's Markets [D]. *Memo University of Califomia*, San Diego. 1999.

[147] Young, A. The Razor's Edge: Distortions and incremental Reform in the People's Republic of China [J]. *Quarterly Journal of Economic*, 2000, 115 (4).

[148] Sandra Poncet. A Fragmented China: Measure and Determinants of Chinese Domestic Market Disintegration [J]. *Review of International Economics*, 2005, 13 (3).

[149] Dunning, John H. Explaining International Production [M]. London: Unwin Hyman, 1988.

[150] Krugman, P. Geography and Trade [M]. Massachusetts, MIT Press. 1991a.

[151] J. Imbs and R. Wacziarg. Stages of Diversificationg [J]. *American Economic Review*, 2003, 93 (1).

[152] Venables, A. J. Equilibrium Locations of Vertically linked Industries [J]. *International Economic Review*, 1996 (37).

[153] Venables, A. J. and N. Limao. Geographical Disadvantage: A Heckscher – Ohlin – Von Thunen Model of International Specialisation [C]. World Bank Policy Research Paper, No. 2256, 1999.